达善之旅

周仁康 著

光明日报出版社

图书在版编目（CIP）数据

达善之旅 / 周仁康著. --北京：光明日报出版社，2024.8. -- ISBN 978-7-5194-8191-9

Ⅰ.D267

中国国家版本馆 CIP 数据核字第 2024PT6228 号

达善之旅
DASHAN ZHILÜ

著　　者：周仁康	
责任编辑：刘兴华	责任校对：宋　悦　李佳莹
封面设计：中联华文	责任印制：曹　净

出版发行：光明日报出版社
地　　址：北京市西城区永安路 106 号，100050
电　　话：010-63169890（咨询），010-63131930（邮购）
传　　真：010-63131930
网　　址：http://book.gmw.cn
E - mail：gmrbcbs@gmw.cn
法律顾问：北京市兰台律师事务所龚柳方律师
印　　刷：三河市华东印刷有限公司
装　　订：三河市华东印刷有限公司
本书如有破损、缺页、装订错误，请与本社联系调换，电话：010-63131930
开　　本：170mm×240mm
字　　数：235 千字　　　　　　　　印　张：16.5
版　　次：2024 年 8 月第 1 版　　　印　次：2024 年 8 月第 1 次印刷
书　　号：ISBN 978-7-5194-8191-9
定　　价：78.00 元

版权所有　　翻印必究

序　言

老子曰："上善若水，水利万物而不争。"此语的基本意思是最高境界的善行就好像水一样。水善于滋润万物而不与万物相争。

孟子曰："穷则独善其身，达则兼济天下。"此话是说一个人在不得志的时候，要洁身自好，注意提高个人修养和品德；一个人在得志显达的时候，就要想着造福天下百姓。

笔者曾经为之奉献十年青春的余姚市东风小学，其首名"达善学堂"之"达善"二字，就源自孟子名言。创办者给学校取名为"达善学堂"，顾名思义就是寄托了对蒙童、教师和后继校长的期望。笔者在此奋斗十载，既提升了自我，也发展了学校，或许基本实现了取名者的愿望。

今天，笔者赋予"达善"新的含义，就是将它当作一个动词，含有"成长与发展"的意思。这是笔者将自己的回忆录取名为《达善之旅》的原因。

有人说，人生是一次单程的旅行，无法回头，票人手一张。不要相信那些不劳而获的童话，真正强大而成熟的人，他们信奉的是天道酬勤。

有人说，人生就像一场旅行，不必在乎目的地，在乎的应是沿途的风景以及看风景的心情。一辈子是场旅行。短的是旅途，长的是人生。旅行，能让人遇到那个更好的自己。

有人说，人生就是一场旅行，我们在不断的出发与抵达中，体验生命的奇妙与美好。

回忆自己的前半生，何尝不是一次"达善"之旅。只需举两个小小的例

1

子就能证明。我的买车经历是：自行车—摩托车—汽车—新能源汽车。这是千千万万个中国人所经历的，无须阐述。我的后续学习经历是：高中（肄业）—普师—大专—本科—研究生（课程），这是我们这一代教师求学途中留下的脚印。

个人如此，社会也如此。改革开放给中国社会带来了巨大的变化。大家亲眼看见城市扩大了，高楼林立；道路拓宽了，阡陌交通；百姓富裕了，精神抖擞……这何尝不是一次次"达善"之旅。

长风破浪会有时，直挂云帆济沧海。祝祖国的明天和每个中国人的明天会更好！从此进入达善之旅的快车道。

目 录
CONTENTS

第一章　名邑问祖：故乡何处是，忘了除非醉 ················ 1
　　第一节　东南名邑 ··· 1
　　第二节　畎周溯源 ··· 2

第二章　童少时光：少年初长成，自在恰如风 ················ 8
　　第一节　困难时期 ··· 8
　　第二节　学校生活 ·· 10
　　第三节　家庭影响 ·· 15

第三章　务农岁月：锄禾日当午，汗滴禾下土 ··············· 20
　　第一节　辍学前后 ·· 20
　　第二节　农业劳动 ·· 22
　　第三节　副业创收 ·· 26
　　第四节　生活趣事 ·· 28

第四章　杏坛初登：诲尔谆谆，听我藐藐 ····················· 31
　　第一节　招录前后 ·· 31
　　第二节　相互为师 ·· 32
　　第三节　教学初探 ·· 33

1

第四节　往事如云 …………………………………………… 37

第五章　师范印记：及时当勉励，岁月不待人 ……………………… 41
　　第一节　报考前后 …………………………………………… 41
　　第二节　初临师范 …………………………………………… 43
　　第三节　勤学秘诀 …………………………………………… 44
　　第四节　课余生活 …………………………………………… 46
　　第五节　友谊久远 …………………………………………… 48

第六章　马渚耕耘：随风潜入夜，润物细无声 ……………………… 55
　　第一节　马小印象 …………………………………………… 55
　　第二节　教学日常 …………………………………………… 57
　　第三节　教改尝试 …………………………………………… 59
　　第四节　教导工作 …………………………………………… 69
　　第五节　辅导学校 …………………………………………… 71

第七章　实验回忆：康节名天下，流芳到子孙 ……………………… 75
　　第一节　初到实验 …………………………………………… 75
　　第二节　始教数学 …………………………………………… 78
　　第三节　教科管理 …………………………………………… 81
　　第四节　关注育人 …………………………………………… 90
　　第五节　和谐集体 …………………………………………… 94
　　第六节　大专函授 …………………………………………… 97

第八章　达善奋斗：丈夫志四海，万里犹比邻 ……………………… 99
　　第一节　初遇东风 …………………………………………… 99
　　第二节　百年校庆 …………………………………………… 102

第三节	新建校园	116
第四节	特色培育	133
第五节	队伍建设	149
第六节	素质教育	158
第七节	校长培训	163
第八节	学校规划	169
第九节	专著出版	180
第十节	达善故事	190

第九章 学区作为：石以砥焉，化钝为利 …… 197

第一节	凤山攻坚	197
第二节	兰江努力	215
第三节	学术领衔	218
第四节	生活花絮	229

第十章 退休赋闲：莫道桑榆晚，为霞尚满天 …… 233

第一节	阅读欣赏	233
第二节	回归田园	235
第三节	旅游休闲	237
第四节	房奴故事	244
第五节	悦事连连	247

后 记 …… 250

第一章

名邑问祖：故乡何处是，忘了除非醉

参天之木，必有其根，怀山之水，必有其源。寻根问祖，敦亲睦族，慎终追远，民德归厚，是中华民族的优秀传统。一个叫周仁康的普通人，出生与生长在什么地方？周姓氏族又来自何方？下面听我娓娓道来。

第一节 东南名邑

余姚，素有东南最名邑的美称。它地处宁波西部的姚江流域，南枕四明山脉，西毗绍兴上虞，北濒杭州湾。中心地理坐标为东经121°，北纬30°。余姚属亚热带季风气候。境内气候温暖湿润，四季分明。

"餘姚"之名裁取了句餘山之"餘"，姚江之"姚"，一山一水合称为"餘姚"。中华人民共和国成立后改用简体字，成了"余姚"，沿用至今。

余姚历史的文献记载从虞舜开始，先后有"舜耕历山""禹藏秘图"之说。春秋时期余姚属越国，战国时期余姚成了楚国辖地。余姚秦时置县，建县已有2200余年历史。

余姚是浙江省历史文化名城，历史悠久，文化灿烂，余姚有三张金名片。

第一张金名片："河姆渡文化"。距今7000年前，余姚先民创造了辉煌的史前文化——"河姆渡文化"，使余姚成为中华文明的发祥地之一。它与良渚文化一起被誉为浙江史前文化的两朵"奇葩"。

第二张金名片:"姚江文化"。自汉以来,余姚硕儒辈出,群彦争辉。汉代高士严子陵、明代著名心学家王阳明、中日文化交流先驱朱舜水、明末清初著名思想家黄宗羲,就是其中的杰出代表。余姚也因此被誉为"东南最名邑"和"文献名邦"。

第三张金名片:"浙东红色文化"。余姚也是一方红色的土地。抗战时期,余姚梁弄成为全国19个抗日根据地之一。根据地人民在中国共产党的领导下,在浙东大地上燃起了抗日烽火,为中国人民的抗战胜利谱写了壮丽的诗篇。

"钟山风雨起苍黄,百万雄师过大江。虎踞龙盘今胜昔,天翻地覆慨而慷。"1949年5月23日,伴随着解放战争的隆隆炮声,中国人民解放军第22军65师、66师成功进驻姚城,余姚宣告解放!经过"土改",广大农民获得了土地,饱受苦难的底层百姓终于翻身做了主人。从此余姚人民为了美好的明天,在中国共产党的坚强领导下,艰苦奋斗,几经曲折,百折不挠,走上了中国特色社会主义的致富之路,开启了70余年的达善之旅。

第二节　畈周溯源

农历丙申年七月初七(公历1956年8月12日),我出生在余姚县丰北乡畈周村的一个贫穷的农家。尽管新中国成立后贫下中农翻身做了主人,有了政治地位,但物质生活仍非常贫乏。

据母亲讲,那天早晨长辈们刚拔早秧回来我就出生了,因为农忙时农民开工都早。按此推算,我的出生时辰应该是卯时。老一辈的人讲,卯时出生的"猴子"以后比较操心和忙碌,这大概是我的宿命。

在我出生后第3年,我大妹出生了,父母给她取名为周利芬。我的小妹比我小10岁,取名为周雪芬。我的父母是文盲,取名就随大流。当时取"芬"

"娟""花""红""芳"之类的名在农村是很普遍的。

1956年是一个不平凡的年份。截至年底，中国共产党在全国范围内完成了对农业、资本主义工商业和手工业进行的社会主义改造，标志着我国基本上实现了将生产资料私有制转变为社会主义公有制，中国初步建立了社会主义基本制度，从此进入社会主义初级阶段。这是中国社会发展史上的一个重要里程碑。

1956年9月，中共八大在北京召开，参会代表1026人，代表全国1073万党员共商国是。开幕式上毛泽东作了激情澎湃的讲话："我们这次大会的任务，是总结七次大会以来的经验，团结全党，团结国内外一切可团结的力量，为建设一个伟大的社会主义的中国而奋斗。"①我想这也是中国共产党探究建立新制度的达善之旅。

畈周是分布在宁绍平原上的许许多多村庄之一，距当时余姚县城中心的桐江桥十里，在县城的西北方向。村落之间常是绵延一两里的繁茂的稻田。

村东二三里是候青门江，江对面是康山村。大江从老方桥方向往东一直流进余姚县城里的武胜门桥。此江是本村重要的交通水道，我务农时常在这里划船去余姚城里办事。距村二华里，南面是巍巍的丰山，山脚下的村落是何高畚，我的大妹周利芬嫁到了这个村子里。村西二三里是逶迤的后山，沿山是岙岱口与叶家山两个自然村。村北间隔一里是陶家村与太平桥。

畈周之村名，顾名思义村民大多姓周。据查，周氏的图腾如下：

周姓图腾记载了周始祖"弃"诞生的传说和"周"字最初的含义。

黄帝后人帝喾娶炎帝后裔姜嫄为妻。有一天，姜嫄在本氏族部落所在地郊游，见平地有巨人脚印。当她举步踏踩这串脚印时，猛觉腹中有了胎动。胎儿出生后，姜嫄感觉儿子来历古怪，以为不祥，

图1-1 周姓图腾

---

① 开幕词发表于1956年9月16日《人民日报》头版

屡弃被救。后又差人把其子丢在冰面上欲冻致死。但天空中展翅飞翔的鲲鹏与若干小鸟却飞下来用温暖的羽毛呵护这个孩童。其母见状，认为这孩子可能是神或神灵的使者，是上天特别的恩赐，便抱回精心抚养。因为一开始想扔掉他，其母便为其取名曰"弃"。弃擅长农业耕作，帝尧便赐封其官位为农稷，随父姓姬氏，号后稷。

相传周姓出自姬姓，为上古帝喾之子后稷苗裔，至太王姬亶父邑于岐周，后周文王以国为氏，被奉为开族鼻祖。东周初年，周平王之子姬烈封于汝南，汝南遂为周氏郡望。唐末，有一支汝南周氏迁居湖广永州府道州营道县营乐乡钟贵里石塘桥濂溪之畔（今属湖南省道县），北宋著名理学家、《爱莲说》作者周敦颐即出自此族。

《余姚丰山周氏宗谱》①告诉我们：丰山周氏，迁姚始祖周祯，字求善，号营乐居士，系周敦颐长子周寿第四子。北宋末自山东青州迁居余姚丰山，号"承志堂"，南宋绍兴年间，周祯曾孙周圣（谱名仁卿），在离丰山北二里处构别墅隐居。在别墅左右各建一池，左池植菱曰菱池，右池植荷曰荷花池。周圣卒后，其子周敬初改丰山南麓的旧宅为墓庐，而家于别墅。历六世，分四房：菱池房，居菱池东北；菱堰房，居菱堰右；荷花池房，居荷花池西北；太平桥房，初居荷花池东，后徙居太平桥。

浏览宗谱，终于解开了一个小时候的谜团。在我读小学的时候，常常看到家家户户祖传的精致物件中，都有"汝南"两字，我那时百思不得其解。那时阅读量小，知识面窄，并不知道"汝南"是个地名，属今天河南省的驻马店市。我们的祖先曾在那里生活过，标上"汝南"是为了让后人知道我族的渊源，不忘来处。

几千年以来，中国的居民逐渐从北方迁徙到南方。中华民族一再南迁的原因很多，如南方土地肥沃，塞外游牧民族入侵，人口的大量繁殖，等等。余姚丰山周氏先民从河南到湖南，从湖南到山东，再从山东到浙江，这一路

---

① 此书是由周子蔚等纂修的，于清光绪二十八年由承志堂印发的活字印本。

迁徙的原因后人难以得知，但适者生存的法则是永远不会改变的。走上南迁的达善之途是本族先人们的必然选择。

据传旧时余姚境内共有周姓十八支，号称"十八周"。余姚周姓主要有丰山周氏，号"承志堂"；水田周氏，号"承恩堂"；开元周氏，号"大本堂"；乐安周氏，号"景濂堂"；孝义周氏，号"雍睦堂"；横江周氏，号"四序堂"；上林周氏，号"敦伦堂"；云楼周氏，号"保极堂"；西河周氏，号"续述堂"；东蒲周氏，号"务本堂"；等等。

儿时，听村里的老人们说，在我们村庄的西南方向，丰山余脉与后山之间的山峡的坡地上，葬有最初来姚的十八个周姓先祖。小时去南面走亲戚经常经过那里，还看到过耸立的牌轩与墓园的石条。可惜于"文革"时遭到了破坏，后在建筑梁周公路复线时坟地变成了路基，传说是真是假，现在已无法考证了。

畈周是个大村庄，全村有160余户人家，其村墟顾名思义构建在田畈的中央。据我所知，余姚周姓世居的村落也都构建在田畈中央。这与先祖后稷是农耕官员可能存在一定的联系。

我的祖屋在畈周村河西岸田屋里，据村中老人讲，我们田屋里是从菱池房分离出来的，因为人口繁殖快，菱池房的祖屋已容纳不下子孙，只得在河西岸另辟新居，让部分子孙搬迁入住。

村东有一条南北方向的石板大路，印象深刻的是大路高出农田足有两尺，路面由一块块宽60厘米长80厘米左右的青石板铺设而成，大路紧紧邻着村庄。这条路是本村的主要交通干道，向南转东绕过丰山能进入县城，向北直达太平桥头，连接着杭州湾方向大大小小的村子。到了今天，大路虽然变了模样，拓宽了，用水泥硬化了，也有了路名——畈周中路，但今天依然是人们小汽车出入村子的要道。现在虽然取名为畈周中路，但如果我小时候给此路起名的话，应该会起名为畈周东路。因为路东就是一望无际的田野，没有百姓的村舍，只有2处周氏宗族的公产：乾位的公产是畈周庙，坤位的公产是畈周祠堂。南北2处公产相距一里，并在一条中轴线上。庙前和祠堂

5

前各有一个池塘，挖出的塘泥可垫高房舍的地基，池水还可用于消防，古人的智慧真是无穷呀。

中华人民共和国成立前，庙与祠堂之间还有一大片公田，这些公田的收成用作公益项目及祭祀等活动。据老人们讲，在本村与姚城中间，有一个叫五里庄的凉亭，是本族用公田的收成构筑的。五里庄凉亭在我10多岁时还保持完好。印象中凉亭朝东，有两间平房，建造比较精致，亭内设有长条的凳子。村民们往返余姚，中途都会在五里庄歇一歇，擦把汗，拉拉家常，既避风雨，又防日晒。凉亭是真正的公益事业啊！

据考证，丰山周氏尊周从远为一世主，周智强为二世主，周怀成为三世主，周敦颐为四世主，周寿为五世主，周祯为六世主（丰山支祖）。我们家在丰山周氏族中辈分是非常小的，我应该排到第三十六世。周氏族中有规定：族中最有权威的是族长太公，族中的大事、纠纷都由族长太公一锤定音，因为他辈分最高，这是他的分内事。族长太公是个老头吧？那可不一定。我们周氏的族长太公其实与我伯父同龄。族中辈分最小的一辈的第一个男丁为长孙。长孙的分内事是动手操办族中的事务。我大伯曾是族中的长孙。他刚成年，就被要求为祠堂里一次重大的祭祀活动操办酒席，所用费用自然是公田的收成。据祖母讲，因为那次重大祭祀活动的酒席操办得很成功，伯父从此在族中崭露头角。

畈周村水陆交通便利。村中有两条呈十字形的河流，河汊上随处是石桥，河的两岸则满是垂杨绿柳，河堤则是村中的主道，河边的柳荫下常有人悠闲地垂钓。我与一群年龄相仿的小伙伴也经常学着垂钓，不过，我们的钓具是自制的：从母亲的针线盒里偷偷拿来一根针，在煤油灯的火焰里煨红，折成弯钩；再从邻居家的竹园里砍一根小竹子；用一根五六尺长的线系住钓钩和竿子，这样就大功告成了。"蓬头稚子学垂纶，侧坐莓苔草映身。路人借问遥招手，怕得鱼惊不应人。"唐朝诗人胡令能的《小儿垂钓》的确是我们那时情境的真实写照。

我五六岁时，村里还没有抽水机，更没有通电。依稀记得农田灌溉的情境：一头老黄牛慢慢地踱着方步，绕着转动的牛车，把河水汲到水槽里再送往农田。

村子的四周是农田，一年四季景色宜人。

春天，只要一到村口，就能望见万物复苏，大地染上了一层亮丽的绿色，美丽春景如同画卷般展开。空气中弥漫着花香和泥土的芬芳，杨柳依依，燕语呢喃，春意盎然。

夏天，夏日的美景如诗如画，那金黄的早稻在阳光的照耀下摇曳生姿，稻浪滚滚，仿佛是大自然的一首赞歌。那是村民最繁忙的季节。

秋天，不知是谁为大地披上了一件五彩斑斓的花衣，一大片晚稻成熟了，好似金色的大海闪着光芒，涌起了一阵阵金色的波浪，送来一缕缕稻米的清香。抬眼望见丰山北麓漫山遍野的红叶装点着秀美的山川，仿佛让人置身于仙境。

冬天，大地常被白雪覆盖，仿佛披上一块白色的绒毯，杨柳的柔枝上挂满了晶莹剔透的霜花，如同一件件冰晶玉雕。寒风卷起雪花翩翩起舞，营造出一个银装素裹的世界。

这就是我的家乡畈周，在这里我整整生活了20余年，它给了我许许多多珍贵而美好的回忆，虽然时间已流逝了40余年，但有关家乡的点点滴滴总是不会忘却。

第二章

童少时光：少年初长成，自在恰如风

回首过去，我们都有过天真的童年与青涩的少年时期。那些时光里的无忧无虑和羞涩懵懂，如今已成为我们内心深处最珍贵的回忆。童年逢困难时期，少年遇"文化大革命"，这是我们这个年龄段的人的童少时光。

第一节　困难时期

在我的童年时代，物质条件非常差，经济落后。我出生的第二年，1957年10月27日，《人民日报》发表社论，首次提出了"大跃进"的口号。1958年5月，中共八大二次会议正式设立了社会主义建设总路线，通过了十五年赶超英国的目标，通过了"苦干三年，基本改变面貌"等口号。会后，"大跃进"在全国范围内从各方面实行起来。在"大跃进"运动中，高指标、瞎指挥、虚报风、浮夸风盛行，各地纷纷设立工业"大跃进"和农业"大跃进"的不切实际的目标。在农业上，不断宣传"高产卫星""人有多大胆，地有多大产"，粮食亩产层层拔高。在工业上，全国掀起了"全民大炼钢铁运动"，其结果却事与愿违。"大跃进"打乱了国民经济秩序，浪费了大量的人力物力，造成了国民经济比例严重失调，使社会主义事业受到了重大损失。这场运动使中国共产党在探索建设社会主义过程中遭受了严重挫折。虽然党的出发点是强国富民，但其结果却不尽如人意。

1958年8月，中共中央政治局在北戴河举行扩大会议作出了《关于在农村建立人民公社问题的决议》。北戴河会议以后，全国农村出现了"人民公社化运动"高潮，只用了一个多月就基本实现公社化。截至年底，全国74万个农业合作社被2.6万个人民公社所代替，全国99%以上的农户参加了公社。人民公社的特点是"一大二公"。所谓大，就是规模大。它的组织结构是人民公社、生产大队、生产小队。所谓公，就是公有化程度高。

1962年，我6岁。那是一段难以抹去的记忆，人民公社办大食堂，实行供给制。我们小队的公共食堂办在七间楼，离我家直线距离约100米。刚开始大家还很乐观，放开肚子吃饱饭。很快问题出现了，生产小队仓库里的粮食不多了。大食堂只得调整策略，由原来的供给制改为饭票制，由原来的一日三顿白米饭改成了早晚两餐粥，中午白米饭。但是，月底还未到，许多家庭的饭票就用完了。

我家还算幸运，因为父亲外出去四明湖修筑水库，那里是供给制。全家4个人的定额饭票由在家的母亲与我们兄妹（那时，小妹还未出生）使用，每月勉强够用。有一天傍晚，母亲在生产队劳动还没有放工，我为了减轻母亲的辛劳，主动担起去食堂打饭的工作。我准备了一只小篮子，篮子里放了一个瓦罐，手里攥着饭票去食堂打饭。虽然说是去打饭，但其实打来的是白米粥。不幸的是，在返回的途中，我不小心摔了一跤，膝盖上掉了皮，篮子打翻了，瓦罐也破了，白米粥撒了一地……

当我懵懵懂懂地回到家时，母亲也放工回家了，见此情景，母亲流下了眼泪，既疼惜儿子，也疼惜粮食。一家三口哭成一团。虽然已过去了60余年，但那时的情景至今仍历历在目。

到后来，食堂连一粒粮食也没有了。那时，村民们为了生存，什么都吃，米糠、草根、树皮、番薯藤……

不久，村里有人饿死了，更多的人是排泄不出。他们从山上挖了红刺狼藤根填肚子，而木本植物的根在胃里是消化不了的。

成年后才知道，这次大饥荒不仅发生在畈周，还发生在余姚，是全国性的一次大灾难,是一段经历那个时代的人难以忘却的伤痛。究竟是什么导致了这场灾难呢?有专家分析大概有三方面的因素。

一是自然灾害因素。1962年,我国正面临着连续的自然灾害,有旱灾、水灾、虫灾等,导致粮食产量严重下滑。在自然灾害面前,人类的力量显得格外渺小。这一时期,农业生产严重受损,从而导致粮食供应困难,加剧了饥荒的严重程度。

二是政策失误因素。在大饥荒发生的前几年,我国进行了一系列的政策调整,包括农村集体化运动、"大跃进"等。这些政策在一定程度上影响了农业生产的正常进行,导致农村经济下滑。同时,当时实行的计划经济政策,使资源分配不合理,加剧了供需矛盾,进一步推动了饥荒的产生。

三是人口增长因素。新中国成立后,我国人口快速增长。人口的快速增长意味着人民对粮食的需求迅速上升,而在粮食产量减少的情况下,供需矛盾越发尖锐。这使饥荒迅速蔓延,造成了严重的社会问题。

第二节　学校生活

1963年秋,我上了小学。小学设在畈周庙。那时,畈周祠堂是丰北乡人民公社的所在地。祖上的公产用作了公共事业,大概祖宗也不会有意见吧。

畈周庙是个四合院。坐北朝南的是个大殿,原来菩萨就被供奉在这里。庙宇的大殿摇身一变成了学校的大会堂。其他三面是厢房,成了教室。庙前是个半亩大小的池塘,学校的生活用水与消防用水全靠它。庙宇西边的一块农田改为学校的操场。因为邻村的何高岙、岙岱口、叶家山、陶家4个村都没有学校,因此畈周小学生源充足,规模较大。我读一年级时,班上有60余位小朋友,年龄参差不齐。大的比我大四五岁,小的比我小1岁,跨度足有6岁。

我们班的教室在校园的西南角,是个大教室,教室门在北边,黑板挂在西面的墙上，南边是窗，靠上一截是木栅栏，光线是从这里透进来的。下边用木板做墙，冬天的时候，木板收缩，木板间会形成手指宽的缝隙，小朋友们都冻得瑟瑟发抖。

那时没有学习汉语拼音，直接从识字开始。第一课学的是"日月水火"，接着学习"山石田土"……

我的启蒙老师是位女老师，20多岁，姓施，小朋友都亲切地叫她施老师。她是个很有亲和力的老师，小朋友们都喜欢她。大概是同村的原因，她特别关照我。

郑炎昌老师是学校的负责人之一，我不清楚他是校长还是教导主任。他经常来我家找父亲聊工作，因那时父亲担任村党支部书记。一来二去，他俩成了好朋友，后来他调到家乡城北的小学工作，还与父亲保持着联系，退休后特意多次前来看望我父亲。他们在工作中相识，在交往中成为挚友。我想，这是一种人与人相处的理想状态。

当我读到高年级的时候，我们的校长是戚林老师，他好像当过兵，脸上显瘦，但很精神。他的头发有一种独特的质感，那是一种经过精护理发之后的光滑与自然。他的皮鞋总是擦得锃亮锃亮的，在强烈的太阳光下会反光，那也是我一生中印象最深的一双皮鞋。他教我们语文，那时"文革"正如火如荼，很多学校停课闹革命，原先使用的教材也遭到了批判，正常的教学秩序遭到了严重破坏。

幸好乡间民风淳朴，畈周小学还能继续上课。戚校长又是我们的语文老师。《毛主席语录》与《毛主席诗词》就成了我们的语文教材。记得《毛主席语录》第一个语段是："领导我们事业的核心力量是中国共产党，指导我们思想的理论基础是马克思主义。"这是多么深刻精辟的话语，但那时的我还似懂非懂。

《沁园春·雪》是我学习《毛主席诗词》中印象最深刻的。因为报考师范的试题上有"山舞银蛇，_____，欲与天公试比高。须晴日，看_____，_____。"的诗句填空。感谢戚校长对我们的严格要求——

诗词一定要背诵。

满头白发的丁玄龄老师教我们五六年级的算术。他总是戴着白袖套，显得格外醒目，那是"文革"时代的印记。尽管如此，也没有影响他教书育人的热情。他一头银发，总是红光满面，精神抖擞。他的算术学科专业水平在余姚全县算术教师中是数一数二的。新中国成立后，他曾经参加编写浙江省编的小学算术教材，他是省编算术教材的编委之一。他教算术思路清晰、步骤有序、娓娓道来、通俗易懂、和蔼可亲，学生们都很喜欢听他的课。他教繁分数让我印象颇深。分数的分子是分数，分数的分母也是分数，这样"楼上楼下"好几层。那时的繁分数题目难度比现在数学教材的难度大得多。但在他的指导下，我们还是能水到渠成地算出答案，成就感满满。

许多村民都称丁老师为丁先生，他在老百姓中口碑很好，大家都很敬重他。他一生都在丰北乡的几个小学任教，从年轻一直教到退休，他的学生遍布丰北大地。成年后，我在畈周小学当过7年民办教师，在丰北教育系统，没有人对丁老师是不敬仰的，这正是人们对丁老师人格的充分肯定。由此我想到了管仲的一句名言："善人者，人亦善之。"

五年级第一学期开学时，我发现班上来了几位新同学，据老师介绍，他们是从仙桥那边转来的，那边的学校不完备，只设有一至四年级。依稀记得有黄文奇、周小根、陈松桥等。成年后，黄文奇成为一名老师，周小根成了泥瓦匠，十几年前还为我家砌过围墙。

在20世纪60年代，农民对小孩读书不是很重视。班上陆陆续续辍学的同学很多，其原因是复杂的，有的是跟不上学业了，有的是家庭碰到困难了，等等。小学毕业时，我所在的班只剩下13位同学，其中包括了从仙桥转来的几位。

6年的小学学习生涯是轻松的、愉悦的。那时，教育质量没有得到应有的重视，在6年中，我没有做过一次课外作业，每天放学，放下书包，挎上篮子，飞奔田野。那时家家户户都养猪，不少家庭还养羊，我家就养了一头猪两只羊。用来喂猪的米糠是远远不够的，因此割草是小伙伴们的主要任务，每天必须有一篮草料来充作饲料。

田野上、河塘边、山脚下，总有三个一堆四个一群的孩子活跃着，大家你追我赶地割草。没过多久，篮子就装满了。傍晚的田野开始热闹起来了，小伙伴们也都聚在一起，开始在田头的土埂上嬉戏打闹。夕阳红得像团火，染红了半边天，映在我们的身上，像是披了一层红纱。我们一个个咧着嘴笑，笑声回荡在醉染的红霞里。大家自由自在、无忧无虑、简单纯粹，那真是一段快乐的时光。夕阳西下，小伙伴们才恋恋不舍地从田野告别。

在读小学的那段时光，我们基本没有课外读物，学校里只有几本连环画，粥少僧多，很难借到。农民家庭哪有什么书籍，整个小学时段，我唯一的课外读物是父亲文件箱里放置的浙江省委组织部编写的《共产党员》杂志。记得低年级时，有一次我在《共产党员》杂志上看到了一幅猿猴在树林间玩耍的插图，晚上就做了个梦，梦见自己被猿猴追赶，快要被抓住时梦醒了，惊出了一身冷汗。

暑假里，我常常与四五个年龄相仿的孩子在一起玩耍。跳房子是我们常玩的游戏，人多时，就玩老鹰抓小鸡。冬天，玩打剎坯（旋螺），我们的旋螺都是自制的。锯一段二寸长的树枝，一头削尖，在尖顶钉上一枚铁钉，旋螺就制作完成了。有时候会取下家里的大门作球台，打打乒乓球；有时候也会谈谈理想，长大后想干什么。有要当解放军的，有想当科学家的，有想当工人的……问到我的时候，我不假思索地说："我要当老师"。小伙伴们都祝每个人梦想成真。

1969年，公办小学下放到农村生产大队，大部分教师被调回原籍任教，称作"回队任教"。那年秋季，村里办起了初中，与原先的小学合称"民主学校"（因为村子与相邻的四个村合并后，叫"民主大队"）。

因此，我们6名小学毕业生，成了民主学校的第一届初中生。初一那年，初中部仅有一个班6名学生，都是男生。周定华、周定鉴来自岙岱口自然村，他俩是堂兄弟，叶建新、叶国华、魏新华来自叶家山自然村，畈周自然村就我一个。

初一年级的教室是学校中的"雅间",是庙宇西厢房最南边那一间,教室门朝东。这间房子是学校唯一铺有地板的教室,也是整个庙宇中唯一的地板房。

"十年动乱"期间,正常的教学秩序遭到破坏,没有统一出版的教材,全凭老师们各显神通。

朱婉庭老师教我们初一语文,她原来是彭桥社校的校长,回队任教调到了我们学校。她娘家与我家同在一个生产小队,两家相距百来米。那时她父母还健在。

当过校长的人确实不一般,她工作特别负责。为了让我们学好语法,她特意跑去上海,在旧书摊上买了相关书籍,给我们做语法知识的专题讲座。朱老师严而有度,内心充满对我们的关爱,大家十分敬仰她。后来,她还是我爱人的语文老师。几年后,她先后到丰北社校和县城的龙山小学担任校长,在她任职期间,这两所学校的工作开展得有声有色。她在教职工中有很高的声望。

几十年后,在朱老师80岁生日那天,我们夫妻俩特意赶到嘉善去贺寿,以表达我们那种"谁言寸草心,报得三春晖"的心情。

余文年老师教我们数学,魏国瑞老师教我们物理,马金法老师教我们初二语文。三位老师是高中刚毕业或肄业,因为高中学校停课闹革命,没有机会读书,就回村当了民办教师。三位老师虽然是新手,没有什么教学经验,但他们的工作热情很高,为人可亲,总能与我们6个男孩打成一片。由于缺少英语老师和英语教材,学校没有给我们开设英语课,这实在是一大遗憾。

6位小伙伴就这样听课、做作业、活动、玩耍……

课间、午间,学校大会堂里摆放着的唯一的乒乓球台始终被我们"霸占"着,其他班的同学都望球兴叹,羡慕不已。

读初中那会儿,我开始通过各种途径借阅课外读物。四大名著、武侠小说、散文集、诗歌……只要能借到,什么都看。看得最多的还是武侠小说,至少阅读过40本。其中印象比较深的有梁羽生先生的《塞外奇侠传》、金庸先生的《射雕英雄传》、古龙先生的《绝代双骄》等。

开卷有益，阅读使我享受了文字的美妙和思想的深邃。书是良师益友，阅读让我获得了成长的力量，拓宽了视野，丰富了人生。

第三节　家庭影响

童年与青春时代的可塑性最大，因而家庭影响往往有决定性的作用。孩子的各种行为习惯以及思想观念，都会受到长辈的熏陶和感染。因为孩子在成长过程中，他的全部生活都离不开家庭，离不开亲人。孩子生命中许多美好的品格都是在家庭环境中潜移默化地塑造出来的。相应地，孩子不良的品格大多也受家庭与亲人的影响。大致来说，我所受的家庭影响是良好而健全的，并且带有一种农民特有的质朴。

我的祖母叫罗双英，她原先是余姚县城里的一位小姐，后来嫁给了我爷爷。爷爷周国祥英年早逝，留下了奶奶与三个幼小的孩子。爷爷过世那年，我大伯8岁，我姑姑4岁，我父亲2岁。这对一个从县城里出来的裹着小脚的女子来说无疑是一个晴天霹雳。那是民国时期，国民政府又没有一点救济措施，我们家里是名副其实的贫农，没有半分土地。爷爷在世时是位木匠，全家就靠爷爷给人家做木工挣钱养家。所有的知情者都为我祖母担忧，"天"都塌下来了，这家人怎么活下去啊？

在如此窘境面前，祖母没有被打倒，她撑着娇小的身子，坚强地担起了养活一家人的重任。我二舅公是个裁缝，祖母在未出嫁前也曾帮二舅公干活，或多或少学到了一些裁剪、缝补的技能。祖母让幼小的伯父去给人家放牛，自己在村中招揽裁剪、缝补、洗刷的活儿，不收工钱，只管吃饭。在那一段艰难而漫长的时光，全家人吃的是"百家饭"。除了正月初一，祖母全年几乎没有休息，村中的红白事中总会出现祖母忙碌的身影。冬天，天寒地冻，在河埠头还能看到祖母敲冰洗刷……越是接近年关，祖母的活就越多，因为农村的习俗，过年，每个孩子必须有一套新衣，有一双新鞋。因而家家户户都要请人做新衣。往往在农历年三十，祖母还在给人帮工。村中也有善良的人，干完活，除了管饭，还会施舍给祖母一小袋米，接济穷苦的一家。

尽管过得很艰难，但祖母依然特别善良，乐于助人。村中有户人家，女主人死了，留下了两个女孩，从此那个家庭的缝补洗刷祖母全揽下了，祖母非常关心这两个没娘的孩子，孩子生活中的大小困难都由祖母帮助解决，跟对待自己的孩子一样。这两个小孩特别感激我祖母，长大后逢年过节总会带上礼物来看望她，简直把她当作了母亲。

那时候，虽然我们家里很穷，但畈周村里的人们很是敬重我祖母，是祖母的坚强和品格感染了所有的人。祖母是靠自己的辛劳把三个孩子拉扯大的。孩子们也争气，新中国成立后，兄弟俩都入了党，伯父成为畈周村的大队长，父亲成为村党支部书记。村中有人说祖母的名字取得好，两个儿子果然是"双英"。

祖母对我的影响是终生的，是难以忘却的。人生路上，不管碰到多少障碍，遇到多大困难，每当想起祖母的经历与故事，就会给我增添无穷的力量和自信。

我伯父叫周明富，我父亲叫周忠寿。为什么兄弟俩的名字大相径庭，这也是我小时候好奇的问题。父亲出生于1928年9月9日，属龙。因为父亲的属相与家中长辈的属相相冲，根据习俗过继给了我的大舅公。大舅公家的孩子是"忠"字辈，因此父亲的名字中有个"忠"字。

小时候，我多次去过城里的舅公家。他们居住在老西门附近，"朱义庄"的北面，大概是现在余姚博物馆前面广场的位置。

父亲小时辛苦，8岁开始给人家放牛，打过短工，做过长工，在城里的榨油厂做过苦力，新中国成立前长期浸泡在苦水中。

他中等身材，干练，平时说话不多，没有文化，新中国成立后在夜校没识几个字，但父亲很睿智。新中国成立前夕曾给地下党传送过情报，是个进步青年；新中国成立后加入了中国共产党，逐步成长为畈周村党支部书记。

开会记录、传达会议精神、布置工作任务,是村干部的主要任务。这对一个文盲来说很不容易。翻开他的笔记本,看到的尽是天书,全是与甲骨文差不多的符号,只有他自己看得懂。他在村里的大小会议上,讲话条理清楚,生动活泼,听他讲话不会厌倦。他总能把上级的精神贯彻好,把本村的工作布置落实好。父亲去世后,有一位村支书跟我谈起过这件事,他表示非常佩服我父亲。

后来并村了,组织上考虑到父亲文化程度太低,让他担任了大村的党支部副书记兼农民协会主任。虽然是副手,但村民们还是把他当作主心骨,村里的大小事情总要征求和采纳他的意见。父亲一心为公,为村里的发展与改变劳心劳力,不计个人得失。

小村时,父亲为了发展集体经济,带领村民在丰山北坡上开荒,在坡地上种植桃树和梨树。村里还办起胶木厂,我伯父兼任了厂长。多种经营,增加村集体收入,村里的工作开展得红红火火。

有一年,电力主干线通到了"鲤鱼畈"。父亲为了让村里早日通电,亲自到大城市去采购电线电缆,一去就是10多天,终于拉来了电线电缆及辅材,家家户户都安装了电灯,邻村的村民们都很羡慕我们。

畈周村的地势很低,特别是我们畈周自然村。若下几天大雨,农田就会被淹。有一句顺口溜说"田种鲤鱼畈,一场大雨没田坎。种种一大畈,收收一大担",这是对我们村农田低洼的真实写照。抗击洪涝在我们村是常规行动,有时一年有好几次。

并村后,父亲看到了契机。他提出了沿山开掘水沟并修筑山塘的建议,得到了村领导班子的支持和全村人民的拥护。山塘的修筑,将山上的雨水直接排到了候青门江,有效地减少了本村的洪涝,保证了庄稼的丰收。

父亲还以县人民代表提案的形式,建议县里疏浚候青门江,以解决畈周一带的洪涝问题。特别强调了要深挖丰山东侧那一段,因为那里是候青门江的堵口。父亲的建议得到了县政府的高度重视并予以采纳,县水利部门很快落实了这项实事工程,进一步减少了畈周一带洪涝的发生。

父亲还是个实干家,以身作则是他一贯的作风。无论在哪个工作岗位上,他都能身先士卒。

四明湖水库,是本县最大的一座人工建造的水库,湖域面积20万平方公里,蓄水量是西湖的12倍。1958年,父亲接受组织的安排,去四明湖修筑水库,并担任了整个环城区的民工团团长。他每天安排好上千人的劳动任务后,就一头扎进了大坝工地,与普通民工一起劳动、挖土、运土、碾压坝体……哪里需要,父亲就会出现在哪里。父亲在民工中树立了共产党员的光辉形象,受到了四明湖建设工程指挥部的表彰和民工们的一致称赞。很多年后,当年修筑过四明湖的民工谈起我父亲,都会说一句话:"现在这样的干部很难找了。"

在"十年动乱"中,父亲退出政治舞台,回归家庭。

我的母亲叫郑凤娥,比父亲小9岁。1937年3月8日出生在余姚城北报房村一个贫穷的农民家庭。她个子较高,村里有人叫她"长脚"。母亲性格直爽,有什么说什么,心里藏不住秘密。

勤劳是母亲最大的特点。因为父亲一心为公,忙着村里的事情,家里的大小事情都落到了母亲身上。担水、做饭、洗衣、扫地、喂猪、养鸡……几乎所有的家务劳动都是母亲包揽的。为了改善生活,她还起早贪黑地做副业:纺麻、打草包、摇手套……凡是能挣到钱的加工活,她都会毫不犹豫地接下来。

父母的故事照亮了我人生的道路,无论在哪个工作岗位上我都会勤勤恳恳劳动,踏踏实实工作,永远奋进在达善的路上成了我人生的底色。

我的两位舅父也是我人生的榜样。小时候,外婆家住的是草房。雨天,外面下大雨,屋里下小雨,滴下来的水像酱油汤。我大舅10多岁时,外公就去世了。那时,我小舅还只有几个月大,我自然没有见过外公。他们兄弟俩人穷志不穷,用智慧和辛劳,彻底改变了家庭的经济条件,走上富裕之路,全家过上了幸福生活。舅父那种"天行健,君子以自强不息"的精神也时时刻刻给我以鼓励。

家庭是一个人成长的第一步，对于每个人来说，家庭与亲人对他们的成长是至关重要的。在我的成长过程中，我的家庭与亲人起到了非常重要的作用，他们深深影响了我的一生，使我成为一个积极向上，致力达善的人。

第三章

务农岁月：锄禾日当午，汗滴禾下土

日出而作，日落而息。5 年（1971 年 10 月—1976 年 6 月）艰辛的务农生活让我感慨万千。农耕岁月，朴实无华，却满载着我对生活的热爱和对大自然的敬畏。

第一节　辍学前后

1971 年，丰北公社与丰南公社已经合并，称作丰山公社。那年 9 月，我们初中同班的 6 个小伙伴如愿上了高中，高中设在点兵山脚下。点兵山在明朝以前只是座无名小山，因为民族英雄戚继光在此点兵抗倭，才让此山闻名于世。

这里是杭州湾腹地，点兵山是一个低矮的小山包，像一个搭在原野上的司令台，用来点兵倒是颇为合适。原来的丰山公社只有初中，我们是丰山公社兴办高中的第一届学生，只有一个班。生源来自丰山公社全域，原丰北公社的较多，原丰南公社的偏少，这大概与校址在丰北有关。

从畈周到点兵山约有五里路，在"传话靠吼，交通靠走"的年代，上学与放学，大家自然是步行的，没有人例外。这样早出晚归，风雨无阻，开始了我的高中学习生涯。

公社办高中，缺少师资，县里特别重视，调来了几名教学骨干。语文教师罗夏娣是从陆埠高中调来的，数学教师沈泉是从余姚中学调来的，其他学科的教师是从原丰南、丰北两所初中抽调的。

高中学习，碰到的第一个困难是学习英语。社校及其他学校来的初中生已经学习了两年英语，而我们民主学校毕业的6位同学是一张白纸。字母、单词、句式……学习英语几乎占用了我所有的课余时间。

论语文成绩，我在班上属于佼佼者，记得开学后的第一次考试，我的语文成绩93分，是全班第一。另外的一次作文测试中，全班只有我是优秀，罗老师在作文评讲中把我的作文作为典范，给予了高度评价。

其他几门学科在班上没有特别突出，但能保持在第一方阵。印象中，谷夏先同学的硬笔字非常漂亮，陈洪邈同学的数学思维比较敏捷，陈小龙同学学习成绩也很好……

俗话说，天有不测风云，人有旦夕祸福。那年秋天，我们生产小队建造仓库，自然少不了石料，队里的男劳力是搬运石料的主力军。那时，还没有拖拉机，更没有运输车，也没有可供手拉车通过的道路。小块的石料一个人挑，大块的石料2人或4人抬。那天，我父亲与另一个村民抬了一块石板，父亲在前，搭档在后，抬着石板下山。山路弯弯，崎岖不平，一不小心，父亲一只脚踩到了泥洞里，身体不由自主地向前倾，几百斤重的石板就压在了父亲的腿上，踝关节受到了重伤，脚筋硬生生地被拉直了。就这样，父亲丧失了劳动能力，只得躺在床上养伤，下不了地，更不用说走路。到处求医，不见好转。医生说：伤筋最麻烦，没有几年是很难痊愈的。

听说长河有个专治跌打损伤的名医叫劳强庆。一个星期天，我和母亲陪着父亲去求医。说是陪，其实是背。那时，交通不便，早晨，我将父亲背至离村三里远的汽油船停靠点，乘从孝义堰至余姚候青门的汽油船；到了余姚，再将父亲背到离码头二里远的汽车北站，乘汽车到长河镇；下了车，再将父亲背到诊所。看完医生，再原路返回，到家天已经黑了。

不久，就到了秋收时节，母亲每天要劳动，中午与傍晚放工时，还要将稻草挑回家来，一担，二担，三担……往返于田头与家之间，放下稻草担，就生火做饭，干家务。每当我放学回家，看到母亲这样劳碌，我的心像被揪住一样，隐隐作痛。

　　重重困难的愁云笼罩着全家人，那年，我16岁，大妹13岁，小妹6岁。作为晚辈中的老大，我怎么能无动于衷呢？于是我做出了人生的第一个重要决定，放下学业，参加生产队劳动，以增加家庭收入并分担母亲的辛劳。

　　劳动了一个星期左右，有一天傍晚生产队放工回家，家里来了两位老师，一位是我的班主任兼语文老师罗夏娣，另一位是学校教导主任施志鑫。他们是特意上门来了解情况并做工作的。老师们说了很多话，时隔50余年也记不清了，千言万语就是一个意思，让我尽可能坚持学业。他们告诉我父母，只要坚持到高中毕业，这个孩子一定会有大好前程的。但想到家庭的实际情况，父母又无可奈何。辛苦老师们白跑了一趟。

　　从此，我告别了学业生活，开始了我的务农岁月。

第二节　农业劳动

　　我在生产队参加农业劳动整整5年。从开始的6分工，逐渐到全劳力10分工。农村的所有农活我样样干过，拔秧、种田、割稻、挑谷担、捻河泥、筛垃圾、掏地、整畦、犁田、耙田、耘田、担粪、叠草蓬、割野草等。

　　在我们生产队，本来割稻与插秧较快的是年轻女性，小姑娘占多数。但从我加入劳动大军以后，她们就失去了夺冠的希望。每次割稻，我总能一马当先。每次插秧，我总是第一个插到田埂。为啥这么快，她们都不解。我的诀窍是二点：一是我的腰特别好，中途不用歇；二是出手快，收手迅捷。

　　生产队插秧是令人难忘的。在和煦的阳光下，我们头戴草帽，弯腰插秧。大家一手握着整捆的嫩绿的秧苗，一手不停地上下舞动，一排排秧苗就整齐地呈现在田野上，为这片土地带来了新的生机。

　　挑谷担是硬活，全凭力气，是衡量一个人是否为全劳力的标志。挣10分工分者，必须轮到挑谷担，这是不成文的规定。否则，不管你多大年纪，你永远不是全劳力。我从19岁开始就被评为"全劳力"。

生产队有一辆电动打稻机，全体女劳力割稻打稻，2个男劳力将打下的稻谷从田头挑到晒场。如果农田离晒场近一点，2位挑夫尚有歇歇的时间。如果离得远，那两位挑夫就辛苦了，往往是上气不接下气。特别是在夏收的时候，烈日炎炎，汗流浃背，全身的衣服都湿透了。2个挑夫你一担我一担，根本没有休息的机会。真是谁知盘中餐，粒粒皆辛苦。

我20岁那年夏收，被轮到了挑谷担。那天早上，太阳刚一出头，地上就像着了火。天气是那么炎热，仿佛一点火星就会爆炸似的。田野上，机器声隆隆，我们一担接一担地往返于田野与晒场之间。尽管今天收割的田畈有点远，但我们2个挑夫仍能完成任务。到了十一点半左右，收工了，最后一担轮到了我。我正挑着200多斤的谷子，拖着沉重的脚步，往晒场赶，刚到小桥头，突然，肚子疼得像刀绞一样。我放下担子，身子都直不起来了。好心的村民接过担子挑向了晒场。我强忍着疼痛，在母亲的搀扶下，来到了村卫生室，医生诊断我中暑了，就给我挂了一瓶盐水。这是我生命中第一次挂盐水，所以永远不会忘记。大概是平时不用药的原因，挂好盐水，药到病除，回家吃了2大碗米饭，下午又照样去做挑夫。

捻河泥是个古老的农活。它有两个作用：一是能疏通河道，清洁水源；二是河泥又是有机肥料，在化肥缺少的年代，河泥是重要的基肥。畈周水系畅通，河流纵横，在生产队，农闲时节，捻河泥成了一项重要的农活。

一只小船，2支河泥簖，2把长柄付斗，2个壮劳力，这是捻河泥必备的人与物。摇船到没有捻过河泥的河道，停稳船只，两个壮劳力按对角线站在两边的船帮，将河泥簖探入水底，张开河泥簖，双手使劲，将河泥簖插入河底淤泥，然后夹紧河泥簖，往上提至船边，借着水的浮力顺势往船里一拨，两臂分开杆子，黑黝黝的河泥就从船舱滑落。如此循环往复，舱里的河泥逐渐增多，直至满舱。亲身体验告诉我：2个壮劳力动作要同步，船才能稳，而且比较省力。

捻河泥的过程，只要两人协调，不会很费体力，真正劳累的是付河泥。将捻满的河泥船摇到筑有河泥仓的岸边，船的头尾用绳索固定在岸边。2个壮劳力呈一字形站在靠近岸边的船帮上。这时船微微向内倾，紧贴河岸。将长柄付斗插入舱中的淤泥，然后用力往前方抛去。付河泥的动作对2个壮劳力动作协调的要求更高。这样一插一抛，船身自然律动，一直将船舱里的河泥付干净。付河泥最担心的是退潮以后河水浅，船与河泥仓之间的高差就大了，付起河泥来就特别吃力。遇到浅水，只能怪运气不好。付过河泥，人两肋的肌肉要痛好几天。

捻河泥是以船记工分的，一般一天捻8船，多的时候要捻10多船。那时，为了在生产队多挣工分，自然是多多益善，根本不会惜力。

犁田更是一门技术活。一牛一犁一人。牛用肩部拉着犁，时快时慢地向前走，犁时高时低犁着地。人左手攥着牛绳，右手握着犁柄。初学犁田，不但牛不听话，连犁也不听话。往往不是犁得太深，就是犁得太浅，把握不了深浅度。但我悟性还好，不到半天就掌握了要领，犁田也变得轻松多了。

犁地时的情景也是美妙的。泥土在犁铧上翻滚，那种深深的褐色让人感到大地的厚重，新鲜土壤的气息弥漫在空气中，让人对生活充满希望。

一般犁地的人腰后系着个小竹篓，犁地时翻起的黄鳝、泥鳅就被装入这个小竹篓，就成了家中鸡与鸭的佳肴。

农闲时节割野草是那个时代特有的农活。野草堆放发酵后用作肥料，而且是很好的有机肥。本地的野草早就割光了，田塍、路边都是光秃秃的，割野草必须去外地。

去宁波割野草，那是一次难忘的经历。初夏的一天，8个年轻人，撑着一条大船，6个人拉纤，剩下2个人轮流掌舵。船儿通过候青门江，再过三江口，在姚江上行驶，向宁波进发。船过大隐，就到了宁波地界，我们发现那里野草比较丰茂，就将船停靠在水湾。停泊好大船，天空已被染上了暮色的深沉，淡淡的月光与星星在宁静中绽放。我们烧火做饭，拿出自带的咸菜等菜肴，在船上用餐。

晚上，就睡在大船里，4个人睡在前舱的踏板上，另外4个人睡在后舱的踏板上。席子作床，天空为帐。仰望天空，繁星闪烁着光芒，像是无数的银链悬挂在夜晚的天幕上。耳边时时传来微波荡漾的声响与"唧唧"的虫鸣声。一整天的纤夫生活，大家已累得像骨头散了架，没过多久，都进入了梦乡，成了蚊子的美餐。

第二天清晨，天刚破晓，淡青色的天空里还镶着几颗稀疏的残星，我们就起床割草了。我们发现了一条百来米长的水沟，这里的野草长得正好，绿意浓厚，茂盛至极，这些野草茎叶交织，生机勃勃，宛如大自然赐给我们的绿色宝藏。大家纷纷跳入水沟，挥镰割草，一捆一捆的野草被放到了田埂上。

水沟既是野草的天堂，更是蚊子的温床。随着挥舞的镰刀，一群蚊子迎面扑来，额头上、外露的手臂上、小腿上，全都布满了蚊子。大家挥手用袖子抹一下，继续挥镰……

太阳逐渐升起，天空慢慢染上了一层金黄色，为大地披上了一层薄薄的金纱。看着田埂上一捆一捆的野草，大家特别愉悦，也忘记了还没有吃早饭，兴高采烈地将野草挑到大船里去了……

第三天，继续割野草，直至傍晚才装满了大船，割草任务基本完成了，众人感觉需要庆祝一下。我们这次割野草的劳动是由复员军人周伟良带队的，他有个战友转业至宁波海洋渔业公司。于是，周伟良去那单位拜访了战友，并在渔业公司的食堂里买来了一大盆杂鱼。有小鳊鱼、小白虾、小黄鱼，还有我叫不上名的鱼，我们又在附近的小店购买了兰花豆与啤酒。就这样8个年轻人围坐在船后舱的甲板上，有滋有味地尝着海味，大口大口地喝着啤酒，仿佛进入了神仙世界。

第四天，天刚亮，就开始了我们的返程之旅……

农业劳动虽然很辛苦，但它实实在在地锻炼了我，磨炼了我的意志，使我在以后的人生道路上走得更坚定、更有韧性，它也为我的成长之旅夯实了基础。

第三节　副业创收

　　打个比方，通过水渠往鱼塘里灌水，一条水渠的水流量达到顶峰时，为了增加灌水量，唯一的办法就是再挖一条水渠，这挖开的另一条水渠就是副业。显然，搞副业是为了多一种渠道增加家庭收入。在我务农的岁月里，参加过很多副业劳动：纺麻线、摇手套、搞运输、打草包……什么活能挣到钱就干什么。

　　在众多副业中，工作时间最长的是打草包。打草包成本较低，稻草是自家的，自家的打完了再收一点，农村里多得是。草绳自己搓，不够也收一点。一切是那么方便与实惠。

　　打草包的原理跟织布差不多。用来打草包的机子也跟织布机差不多。不同的是织布是横向劳作，只需一个人；打草包是纵向劳作，需要两人合作。

　　打草包其实是先打草片。它的第一个步骤是串草绳，即将搓好的草绳串在机子上，使它成为经线。串好经线后，开始打草片，必须两人合作，一人主打，一人辅打。主打者把耙往前一推，经线就分为两列；辅打者马上配合，将一米左右的长梭前端槽中裹上草根在两列经线之间穿过去，随即抽回长梭，梭上突起部分带入稻草。主打者将提在手上的耙往下一砸，这是打草片的前半个环节。然后主打者把耙往后一拉，开始了打草片的后半个环节，如此循环往复。随着"啪啪啪"的声音，草片越织越长，直到完成。如果主辅两人协作顺利，一天能打30余片。我和母亲或大妹每晚都能打十几片。

　　打好的草片是半成品，还需要3道工序。首先是折边，我们称作刹边，即将草片的左右两个毛边折叠成光边。其次是缝包，即将2米长的草片对折，缝制成草包。最后是修剪草包，即将外露的散草用剪子剪去。通过这样几个步骤，一只成品草包才算完成。

　　打草包自然少不了收草绳。因为父亲腿伤未愈，收草绳成了我的工作。

每当收草绳时，我总是凌晨4点左右起床，带上钱，提上扁担与柴绳，匆匆走向姚城。我个子不高，胆子却不小，喜欢一个人前往，夜黑漆漆的，我也不会害怕。

收草绳有个约定俗成的地方，那就是江南直街的矮桥头，大约是今天的保庆路口附近。十多里路，一般步行一个多小时，五点半左右就到了目的地。这时，矮桥头附近的江南直街上，已三三两两摆放着一捆一捆的草绳，每天总有三四十摊。搓草绳也是近郊农民和附近居民创收的一种渠道。一般每束草绳能打一只草包，每束 5 到 6 分钱，根据质量定价，还要讨价还价。除了草绳的质量，价格的高低还决定于收客的多与少。这是我不愿与人结伴收草绳的原因。我认为成群结队去收草绳会抬高价格，不符合经济原则。

经过仔细观察，鉴别比较，终于收到了自己满意的草绳。分作两堆，用柴绳捆结实，插上扁担，再挑着步行回家。返回途中，在丰山脚下的五里庄凉亭歇一歇，擦擦汗。然后，继续赶路，在 7 点半左右到家。

匆匆吃碗泡饭，接着去生产队劳动。

打好的草包要卖出去，余姚磷肥厂是收购大户。磷肥厂收购草包每月有固定的日期。这个厂建在双岭堰，专门生产磷肥，草包用来装磷肥。它与余姚化肥厂相邻，而化肥厂开始也只生产氨水，后来才生产尿素。今天这两个厂都早已关闭了，厂区变成了今天的天德商都。

一只小船，满载一船草包成品，从畈周村中的河埠头出发，通过弯弯曲曲的河道，驶向磷肥厂，我使劲摇船，尽管两岸风光秀丽，但我无心欣赏。1 个小时后终于到达了磷肥厂的装卸码头。一到码头，系好小船，就急急忙忙地将草包背向收购的地点，一小船草包有 30 多捆（每捆 10 只），每次往返都是一路小跑，也得半个小时左右才能将草包全部运到收购处，汗流浃背是常态。

有时磷肥厂不收草包了，各家各户各显神通，拜托亲朋好友打开销路。哪里需要就卖给哪里。我家卖给过太平桥供销社、城北供销社，最远的一次卖给了马渚供销社，还是我父亲的表弟帮忙介绍的。

那一次我印象深刻，那时，父亲脚伤初愈，刚能下地，但尚不能用力。一船草包装船卸船都是我一个人。我负责拉纤，父亲撑船。我们从天未亮就出发，船从余姚中学西边向南过人寿桥再转西进入了中舜江，一直驶向马渚。返回时，我们的船向北进入长泠江，到孝义堰过船闸向东转入候青门江返回，这时已到了晚上10点。回到家，我整个人都不会动了，浑身酸痛了好几天。这一天的行程，仿佛是在纸上以畈周为中心，画了一个大椭圆。

搞副业挣了点小钱，改善了我们的生活，从中我懂得了开辟创收渠道的重要性，懂得了经营之道，懂得了以最小的成本去办成大大小小的事情是管理的至高境界。

第四节 生活趣事

青少年时期总是感到好奇，对社会上出现的新鲜事物总会跃跃欲试。在20世纪70年代初，农村几乎没有自行车出现，偶尔看到乡下的机耕路上有自行车驶过，那帮青少年都会露出羡慕的目光。我的大舅郑根彪因为外公的去世被迫于余姚中学肄业。他在县城也有许多同学，再加上他聪明能干，报房大队开石矿的时候，挑选他做外勤，即销售主管。外勤工作要走街串巷，往来城区，矿上给他配了一辆自行车。

大舅是个很重亲情的人，那段时间，常来我家探望我父亲，并询问有什么需要他帮忙处理的事情。他总是下午4点多过来，陪受伤在床的父亲说说话，解解闷。晚饭后，再跟母亲唠唠嗑，一般要到晚上8点才返家。

每次只要大舅来家，我总会抓住机遇，向大舅借车子，学骑自行车。邻近的伙伴都赶来了，大家相互帮忙，学骑自行车。生产队的晒谷场是我们初学时的最佳选择。我们沿着晒谷场的四周骑行，刚开始学，需要有人扶着骑，后来就不需要扶了。我骑几圈，你骑几圈，他骑几圈……跌倒了，爬起来，继续骑，学得可带劲了。

有点会了，心也大了。晒谷场已满足不了大家的欲望，终于骑向了田间的机耕路。这时，村南那条南北方向的机耕路成了我们学车的好去处。尽管路面坑坑洼洼，大家也都骑得不亦乐乎。天黑下来了也不管，肚子饿了也不管，仿佛学骑车就是头等大事。

村南的田野被一条东西方向的小河分作两半，一座小桥连接着两岸。那是一座用石条作桥板的小桥。两岸的景色非常美丽，绿油油的稻田，就像长达百里的华丽画卷。我们常在这里学骑车。有一次，我自北向南骑着，当我的车子骑到北桥头时，轮胎碰到了高出路面的桥板，随着"砰"的一声响起，自行车歪了，掉到了河里，我整个身体往河里俯冲出五六米。幸而会游泳，反应过来就往回游，一个猛子扎下水去，将车子打捞起来，在大家的帮助下上了岸。小伙伴们都惊出了一身冷汗，我自己倒没有感到害怕，自行车也没有摔坏。

我们在田间劳动的时候，常看到有猎人在丰山打猎。一个人，一把枪，一条猎狗。猎狗在前边走边闻气味，猎人慢悠悠地跟着，悠闲地抽着烟。猎狗一旦发现猎物，就会飞快地跑起来，扑向猎物。猎人也快步向前，举枪观察，如果发现猎物要逃脱，就果断开枪。我们常听到枪声，枪响后马上就能看到飞禽从空中掉下来。

喜欢模仿也是青少年的特点之一。一个冬天的晚上，我们五六个小伙伴聚在七间楼的大墙门头，其中一个小伙伴周渭章紧邻大墙门。我们天南地北地聊着，聊到了白天看到的山上打猎的情景。不知是谁突发奇想，提出我们也去打猎，这个建议得到了大家的积极响应。这个季节，田野上有野鸡、野鸭、野猫、黄鼠狼、土鼠……猎物是比较丰富的。说干就干，周渭章家有一条土狗，虽没有训练过，但抓捕猎物是它的本能。有人找来了一根棍子，作为打猎的工具。万事俱备，我们驱使着土狗，沿着灌溉渠，一路向东。出发约莫1000米就出了村，畈周庙已被抛在我们西北角。在离畈周庙200米处，土狗发现了猎物，就狂奔起来，我们也加快了脚步，向土狗追踪的方向奔去。跑着跑着，猎物一个急转弯，朝西北方逃去。我们也左转追向猎物。我从渠道的堤上向北跳去。"喵"的一声从我脚下传来，原来这一跳，一只先落地的脚正巧踩到了急窜过来的猎物。从1米多高跳下去，这个冲击力是很大的，猎物自然跑不掉了。小伙伴们都围了上来，借着朦胧的月光，仔细一瞧，原来是一只野猫，它挣扎了几下就死了。第一次打猎，我们就满载而归，大家别提多高兴了。从此，晚上去田野打猎成了我们的一大趣事。

那个时代，农村还没有电视。农村很少有文娱活动。丰山公社有一个放映队，有一台放映机。邻村的苏桂林是个复员军人，被公社招为电影放映员。今天在哪个村子放电影，明天去哪个村子放什么电影，这消息都是从他那里传出来的。

那时都是露天电影，生产队的晒场就是露天影院。晒场一端支起两根毛竹竿，挂上银幕，在距银幕十多米处放上放映机，一切就绪。附近的观众自带凳子、椅子，从远处赶来的人站在后面观看，站着的观众黑压压的一大片，几乎站满整个晒场。因为一个村子一年都放不了几场电影。所以只要听到哪里有放电影的消息，我们这帮年轻人一定会去，方圆十里，我们都去看。丰山以南的毛家、浒塘、张巷、七里浦、丰山前、下畈等村都是我们常去看电影的地方；鲁家山头、仙桥、河里、梁堰、潘巷、点兵山等村的晒谷场上都留下了我们的脚印。

虽然，那个年代的生活是艰苦的、贫乏的。但年轻人总能找到属于自己的乐趣。

第四章

杏坛初登：诲尔谆谆，听我藐藐

教师，一份神圣的职业，能成为其中的一员我深感荣幸。从1976年6月18日开始，我全力以赴，用我的知识和爱心为学生的成长助力。但初为人师，挂一漏万，遗憾不少。

第一节　招录前后

1976年，浅夏五月的一个午后，阳光懒洋洋地晒在大地上，蜻蜓翩翩起舞，从远处不时传来几声喜鹊的叫声，让人心生向往。此时，我与另一个小伙正在后江捻河泥。我们都是熟手，下探河泥簖，挟淤泥，收簖进舱，动作利索，协调一致。满舱了，就驶向河泥仓付河泥。不一会儿，就捻了两船。刚开始捻第三船时，北岸的河堤上路过了一位生产大队的干部，姓魏，他40多岁，为人非常纯朴，是民主大队的党支部委员。因为他比我父亲小几岁，我平时称他魏叔叔。看到我在捻河泥，他老远就跟我打招呼。我们停下了劳作，魏叔叔告诉我，他刚参加了大队党支部会议，会议决定招录我与周定华两人为民主学校的民办教师。原因是有两位民办教师是知识青年，他们已获得了返城的指标，即将返城，招录我们两人是为了顶替他们的岗位。听到这个消息，我喜出望外。"谢谢魏叔叔！感谢党支部的关心！我一定不会辜负组织的信任。"我如是说。

到了六月，我们两人就去学校报到。这时民主学校已在后山建设了新校舍。校舍建在山坡上，是角尺形排列的东南朝向的两幢平房，每幢有10多间。校舍前面的空地就是学校的操场。校舍的西边是学校的学农基地，有一亩多地，这里种着黄花菜。只见黄花菜在初夏的阳光下绽放，那金黄色的花瓣如同微型的扇子，轻轻摇曳着，仿佛在欢迎我们的到来。

山坡下是本村最大的水利工程——山塘。一条宽大的水沟蜿蜒流过，塘堤成了重要的交通要道。一座小桥连接着塘堤与山坡。上了坡就是学校的操场。

我们的校长叫周维臻，与我同村，他30多岁，身材挺拔，非常精神。那时，已近期末，学校没有安排我们上课，只参加了监考、阅卷等工作。暑期中，又参加了政治学习与业务培训。那个年代非常重视政治学习。从此，我走上了教育工作岗位。

第二节　相互为师

那个年代，民办教师的基础学历都比较低，有小学毕业的，有初中毕业的，也有高中生。其实离合格的教师有很大的差距，只读过半个学期高中的我自然也不例外。

那时候，小学学制五年。我教的第一个班是三年级，教语文。全班有50余名学生。据说一年级时有60余位学生，两年时间，已经有10多位学生辍学。

刚开始备课，我就心虚了，因为我们那时乡下学校没有合格的小学教师，就没有学过汉语拼音。见到拼音就蒙了，我只认识英文字母，根本不知道汉语拼音字母的读音，更不要说拼读。严峻的形势摆在我面前，怎么办？本性告诉我，不能不懂装懂，不能欺骗学生。

第一堂语文课上，我先做了自我介绍："同学们，我叫周仁康，是本大队畈周自然村人，是你们的校友。因为我们学校姓周的老师很多，为了避免混淆，大家就叫我康老师吧。"

接着我又说："这学期开始，由我来教大家语文。古籍《学记》中提倡教学相长，唐代大学问家韩愈继承了《学记》教学相长的思想，进一步提出了师生相互为师的观点，我很赞成韩愈的观点。今后，我是你们的老师，你们也是我的老师。如在汉语拼音这个领域，你们就是我的老师，因为我所接受的启蒙教学中，没有学过汉语拼音。"就这样，开始了我的语文教学生涯。

在之后的每堂语文课里，我总是请班上成绩优秀的学生范读与领读汉语拼音，自己与其他同学一起欣赏与跟读，学习态度很是端正。调皮的男同学课后还会模仿我的发音，我从不在乎这些。这样日复一日，一个学期下来，我基本掌握了汉语拼音的拼读方法，基本填补了这一领域的空白，但"半路出家"与"童子功"差距还是很大的，前后鼻音、平翘舌音我至今还会混淆。

第三节　教学初探

我在民主学校工作了7年，教过3届学生。当我是个民办教师，是个新人时，我就在内心时时提醒自己，决不能辜负家长的期望，决不能耽误孩子的前程，这就是我自觉探索教学规律的初衷。在日常工作中，我总能认真备课，悉心教学，循循善诱，及时批改作业，耐心辅导。

一、习作内容生活化的尝试

"文章必须从真实的生活里产生出来，把真实生活所不曾经验过的事勉强拉到笔底下来，那必然是失败的勾当。"从叶圣陶先生的至理名言中我们也可领会到"生活是习作的源泉"。为此，我在小学作文教学中，重视和加强对学生进行随机生活作文的指导，让学生从日常生活中挖掘习作素材，以解决学生作文时感到"无话可写"的问题和克服学生作文胡编滥造的问题。

经过多年的自主探索，我总结出了习作内容生活化的5条途径。

（一）调查社会生活，发掘习作素材

学生能否写出好文章，关键是手头有无好的材料。我充分利用社会环境，带领学生采访、调查、参观，让学生了解社会、了解家乡日新月异的变化，以发掘习作的素材。

（二）丰富班队生活，创造习作素材

我根据作文教学的需要，精心组织学生开展各种有益的班级活动，以创造作文素材。如组织学生为烈军属做好事，去敬老院慰问孤寡老人，组织大扫除，参加公益劳动，举行野炊活动，开展体育类、艺术类竞赛活动，等等。在活动中我有目的地引导学生用眼看、用手做、用耳听、用脑想，充分动用各种感官。这样，班级活动丰富了，学生作文素材也积累起来了。

（三）观察周围生活，摄取习作素材

周围的世界是丰富多彩的，但学生往往熟视无睹。周围的生活中许多引人深思的现象，往往是些细微的"小事"，也往往被学生所忽视。为此，我从三方面着手，引导学生仔细观察周围的生活，让学生从周围生活中获得习作素材。

1. 教导学生做生活的有心人，随时注意留心周围的人、事、物、景。四季变化、名胜古迹、工厂农村、花鸟虫鱼、先进人物、社会热点等都是观察对象。让学生在实际生活里养成精密观察和仔细认真的习惯，以更多地获得生活素材。

2. 引导学生做记录观察卡和写日记。俗话说："好记性不如烂笔头。"因为有的见闻往往稍纵即逝，如不及时扼要记载，就会很快遗忘。

3. 注重身教，与学生同做生活的有心人，使学生从中懂得"留心处处皆文章"的道理。

（四）留心个人生活，开掘习作素材

在作文教学中，我更重视引导学生留心自己的生活。我常引导学生留意自己的节假日生活。如暑期去过哪些地方、做过哪些有益的事、与小伙伴一起玩过哪些游戏等,告诉学生这些都是习作的好素材。此外,我还重视引导学生做生活的主人,以主人翁的态度热爱生活,积极参与生活。如引导学生积极投入"四自"活动,做到自己的事自己做,家庭的事抢着做,集体的事主动做,他人的事帮着做。这样,学生用自己的双手创造了生活,同时也创造了充满七色阳光的作文素材。

(五)创设情境生活,创造习作素材

我将李吉林老师的情境教学引入小学作文教学,在习作指导课里创设情境,再现生活中的某个片段,让学生当堂观察,随堂写作,从而为学生的习作创造素材。其主要方法有:情景再现、表演小品、组织游戏、实验演示等。创设情景生活使本来枯燥的课堂变得生动活泼,使本来不在眼前的事物展现在学生面前。这样学生的习作就能避免说空话、说假话的现象。

这一尝试,我尝到了甜头,学生作文不再无话可写,写真写实成了班上学生习作的主流。不少学生还在丰北乡与环城区的作文现场赛中获奖。如黄灵杰同学在丰北乡校组织的现场命题作文赛中取得了第五名的好成绩。

特别是周冠群同学在环城区校举行的现场作文大赛中,大显身手。这次现场作文赛组织者设计得很巧妙(后来据传是区校校长谷雨田亲自设计的),全区参赛学生到齐后,组织者先让学生在操场举行了一次体育达标活动,活动后带回教室,让学生以"记一次达标活动"为题写作。参赛者都亲身经历了活动,大家同一起点,赛前辅导准备的内容失去了效用,赛出了每个学生的真实写作水平,而周冠群同学的作文震惊了评审组老师。

作文开头开门见山写道:"达标,达标,顾名思义就是达到目标……"

看了作文,谷雨田校长认为,他的作文已达到了初三学生的水平,参赛的其他所有选手与他不在同一个等级上。

因为阅卷时是隐藏选手学校与姓名的,当拆开密封,现场的领导与评委大吃一惊,原来这次大赛遥遥领先的第一名是周冠群,他不是来自区校,也不是来自10个乡校,竟来自一个农村完小,简直不可思议。

从此,因为学生作文比赛冒尖,我在作文教学领域也崭露头角。

二、单元整组预习法的实践

我教过多版本的教材,有浙江版的、北京版的、人教版的。不管哪种版本的教材,其编排方式基本相似。每册教材一般分为 8 个单元,每个单元由导读说明、若干篇课文及语文园地组成。而课文又分为讲读课文、阅读课文、独立阅读课文 3 类。常规的教学方法是一课一预习,即在每教一篇课文前,让学生根据教师的具体要求预习本篇课文,再学习本篇课文,如此往复。

我认为,对于高年级的学生来说,还可以胆子大一点,可以尝试用单元整组预习法,激发学生的阅读兴趣,调动学生自主学习的积极性,切实培养学生的自学能力。因此,从 1981 年开始,在语文教学中,我就进行了单元整组预习法的实践。即在教学每单元课文前,提出 4 方面的预习要求,让学生对整单元内容进行预习。4 个预习步骤如下。

(1) 阅读单元导读,明确单元主题。这是让学生明白本单元学习的重点,明确学习目标。

(2) 初读本单元全部课文,用几句话写出每篇课文的主要内容。

(3) 关注本单元生字新词,读准字音,理解词语的意思。

(4) 默读课文,思考课后问题,在文中找出答案并做批注。

这一教学实践,培养了学生的自学能力和目标意识,明确了本单元的学习目标,提高了课堂教学效率。1982 年,本班学生周燕波等两人,在余姚市的小学生阅读竞赛中分别获得了二等奖和三等奖。我班学生在环城区校组织的全区期末考试中平均分排在了第五(当年全区有 60 余个毕业班),而且平均分排前三的班级都是小班,学生数是个位数。而当时我班参考的学生有 45 位。这一实践证明我的探索是有效的,更树立了我自觉进行行动研究的信心。

这个实践也导致了一个美丽的误会。1982 年,我省开展民师大整顿,对现有民师进行考核,分为 3 类,存优去劣,淘汰第三类民师,保留前两类民师。考核组人员来自异地。考核主要有 4 方面。一是全员根据所教学科,进行文化知识考试；二是考核组现场听课；三是考核组检查备课、批改等；四是考核组听取家长与其他教师的评价。

在现场听课时，我教的是人教版的课文《狼牙山五壮士》，因为是预先通知的，准备肯定充分，目标明确，课堂活跃，效果极佳。课结束后，自我感觉良好。

第三天下午，第一节是语文课，我正在板书课题《梅山脚下》。这时3位考核组老师推门进了教室，原来他们搞了个突然袭击，要再听一堂课。

《梅山脚下》是这组的独立阅读课文，是由军旅作家菡子的《妈妈的故事》改编的。课文描写了发生在梅山脚下史河沙滩的惨烈一幕，是一篇歌颂英烈壮举的课文。

我也没有多想，继续根据自己的预设进行教学：请学生快速浏览课文，检查预习，读准生字，理解新词，根据课后题讨论问题。然后又根据散文的特点，组织学生分角色朗读课文，将学生对先烈的情感推向了高潮。授课行云流水，一切进行得自然流畅。3个老师脸上露出了满意的微笑。

10多年后，我已被调动到余姚城区工作，有一次，遇到了当时民师考核组的一位成员，他给我讲了第二次听课的原因。因为我《狼牙山五壮士》教得太完美了，有的老师不太信，有没有弄虚作假？考核组难以统一意见。因此"杀了个回马枪"，不打招呼再来听课。听了第二节课，打消了猜疑，终于统一了意见。他还开玩笑说："如果当时不慎重，余姚今天就少了一个语文特级教师。"

第四节　往事如云

7年民师期间，发生过许许多多有趣或无趣的事情，人生的酸甜苦辣都尝过。"子在川上曰：逝者如斯夫！"40多年一晃而过，但发生在那个时代的几件往事却常在脑海中翻腾。

党的十一届三中全会后，在改革开放春风的吹拂下，我国的教育事业开始复苏，整个教育系统开始重视教师队伍学历的提升。那段时间，小学教师进修中师，初中教师进修大专蔚然成风。教师进修函授由县教师进修学校统筹，我也报名参加了中师函授。我们丰北有一个中师函授班，社校的教导主任毛步詹老师是我们的班主任，他还兼教语文及小学语文教材教法等课程，数学老师是进修学校的高子谦，教育学、心理学等学科都由进修学校的老师担任。

函授进修的机会对我来说，真是久旱逢甘霖。每堂面授课我都听得特别专心，还勤做课堂笔记。每本教材，我都反复阅读，书上已留下了思考的痕迹。

每项作业，我总是一丝不苟，认真完成。功夫不负有心人，文科类的每门学科考试我总是名列前茅，经常受到毛步詹老师的褒奖。要不是1983年考入了师范，我当年下半年就能取得中师函授学历。

函授进修，充实了我的知识储备，提升了综合素养和学习能力，拓宽了思维，增强了个人自信。

成为民办教师的头两年，我们暑假放学期间，需要到生产队劳动10天，后来这个要求取消了。因此暑期除了参加函授、政治学习与业务进修，尚有一个月左右的闲暇时间。这期间，我在化肥厂大修时做过小工，在候青门浇筑过马路，在小舅的喷漆厂当过帮工，还在运输船上做过纤夫……一切都是为了增加家庭经济收入。

在我所干过的众多苦力中，最劳累的是搞运输。一年暑假，小舅让我去他承包的运输船上干活。一条可装载几十吨货物的大船，就我和小舅两个人，小舅仅比我大一岁，往往是一人拉纤，一人摇船兼把舵。我们的运输船一天或两天往返于石矿与城区工地之间。船上装的要么是石块，要么是石子，要么是石粉，比较单一，都是石料。我们早上将大船摇到石矿，铺好跳板，开始搬运。一二百斤的石块一般都是一个人搬，弯下腰，双手抱住石块，挺直腰，走上跳板，迈步走向船舱。随着行进的步伐，跳板轻微颤动，到了船上，小心翼翼地将石块放下。遇到三四百斤的大石块，我们就一前一后用杠抬。抬大石块上跳板是很危险的，两人的步伐一定要整齐协调，容不得半点疏忽，否则，就会出事故。装满了大船，我们就摇船入城，到达需要的工地，泊好船，系好缆索，铺好跳板，开始将船里的石块搬运到工地。搬运石块的活，必须铆足劲，容不得半点松垮。

有时，石矿路途遥远，来回运输一次石料需要两天，我们只能风餐露宿。记得一个晚上，我睡在郑巷那边的桥板上。一天的劳累，身体已到了极限。在热气尚存的石桥板上，垫一张草席，躺上去不久，就进入了梦乡，虽然蚊子很多，但它们丝毫干扰不了我。还记得有一次，我们用在当地果园里买的梨果做晚餐，结果吃坏了肚子。

在计划经济时代，"票"是当时最流行的词。很多物资要凭票购买。有粮票、肉票、酒票、油票、糠票、布票、煤油票、水泥票、钢材票、红砖票……越是紧缺的物质，越需要票。没有票，你有钱也买不到想要的东西。

1979年10月，我获得了一张自行车票。这张自行车票是我们学校的校长周维臻帮忙搞到的，他有位亲戚是慈溪浒山供销社的经理。在一个阳光灿烂的星期天下午，我动身去浒山买车。这是我第一次去浒山，只知道大致方位。我先步行到余姚汽车北站，再乘车来到浒山，根据路牌找到供销社。出示自行车凭票，花125元购买了一辆永久牌自行车。我就地充好气，往南骑行。骑上车的那一刻，我特别愉悦。太阳暖暖的，微风徐徐吹来，让人神清气爽。一路南行，我也不知道会不会迷路，一个多小时后，我终于将车骑到了村口。

这时，太阳将要落下去，夕阳的余晖如诗如画，将天空染成了一片金黄的色彩，仿佛是一幅天然的油画。三三两两收工回家的村民，背着农具赶了过来，仿佛前来照看西洋镜。大家你一言我一语，这个摸摸车把，那个拍拍坐垫……因为这是本村的第一辆自行车。从此，这辆车子陪伴了我整整18年，直到1997年有了摩托车，它才"光荣退休"。

在民主学校教书的岁月，也是我们初中同学的婚恋期。初中6位同学，只有叶国华去了慈城工作，我们其余5人都在丰北当民办教师，而且4人又在同一学校工作。因此，我们比较热络，结婚大事还包揽了迎亲的任务。

有同学第二天要结婚，我们就前一天借好一组乐器：大锣、小鼓、唢呐、镗铃、哐璨。第二天一大早就去新郎家进行排练。大家先分好工，根据自己的特长选好乐器，然后定下敲打的节奏。就这样，一个迎亲班子组成了。迎亲敲打是有讲究的，从新郎家出发必须连续敲打，出了村四周是田畈可以歇一歇，途中遇到村子和人多的地方也必须敲打，到了新娘家所在的村口要连续敲打，一直进了新娘家才停下来，稍作休息。以后每过一刻钟就要敲打，表示催促新娘上轿。虽然那时已不时兴花轿，但催促新娘出发的意思是一样的。迎亲回来的路上，我们迎亲乐队走在最前面，接着是新娘与伴娘，后面是运送嫁妆的队伍，浩浩荡荡，多的有二十几担加七八杠。返回时敲打的规则与出发时一样，见村见人就敲打，仿佛在告诉人们，这个姑娘今天出嫁了。

1980年12月28日，我与黄素琴领取结婚证。迎亲的主角自然是我那帮初中同学。次年10月17日，诞下一个女娃，取名为俊婵。"俊"有两层意思：一是才智超群的；二是容貌秀美出众。"婵"字典里有三层意思：一是姿态美好；二是特称美女；三是指月亮。"俊婵"两字寄托了我们夫妻两人对孩子的期望。

第五章

师范印记：及时当勉励，岁月不待人

遇见你们是我的幸运，在浙江慈溪锦堂师范学习的两年（1983年8月—1985年7月）里，我有幸遇见了尊敬的老师和亲爱的同学。由于我们读师范，已过了读书的最佳年龄，所以大家都非常珍惜。

第一节 报考前后

1977年10月，根据邓小平同志的指示，教育部在北京召开全国高等学校招生会议，决定恢复已经停止了10余年的全国高等学校招生考试，以统一考试、择优录取的方式选拔人才。同年10月21日，中央人民广播电台等媒体以头条新闻发布了恢复高考的消息，这个振奋人心的消息很快传遍了全国各地。

恢复高考，是开创新局的分水岭，是弃旧图新的标志。这个消息，像秋天里的一声惊雷，唤醒了千万中国青年沉睡的梦。突然间，广大知识青年意识到自己的命运不再取决于他人，不再由出身和关系来决定，而是通过自己的努力来改变，通过公平竞争来决定，这确实是一个令人兴奋的特大喜讯。

"忽如一夜春风来，千树万树梨花开。"1977年的冬天无疑是中国教育史上的春天。知识青年欢欣雀跃，奔走相告，踊跃报名。

经过浴火重生，1977年的高考是中国教育史上最壮大的一次高考。10

余年的耽误与积压，一朝汇聚和喷涌。1977年的高考是从66届到77届12个年级的高中毕业生一起竞争。

恢复高考的喜讯也燃起了我的希望，心中也出现过跃跃欲试的念头，但仔细一想，刚燃起的火苗马上被扑灭。人家都是高中毕业，而且有12届，自己只是个初中生，怎么能同这么多高中生去同台竞争，真是不自量力。报名参加高考的念头很快被打消，还是安安心心地做民办教师吧！

那时，本乡高中毕业的同学纷纷报名参考，许多高中的同学相继考上了大学或中专。小伙伴周定鉴上了大学，魏新华也上了分数线，但可惜最终没有被高校录取，这样一晃几年过去了。

1982年冬天，不知从哪里传出一个消息说从民办教师中考录师范生的政策截止到明年，后年开始师范只招应届毕业生了。此刻，我开始心动，第二年要不要报考师范？在我犹豫不决时停招的消息越传越热，连社校的领导也相信这消息是真的，在会上也开始动员我们符合招考年龄要求的民办教师抓住最后的机会，明年一定要报考。

一个星期天，我骑车去余姚候青门粮站买糠，买糠也是要凭票。正在排队的时候，碰到了高中坐在我后排的陈洪逵同学。他那时已经是余姚师范的老师了，还成了学校的中层干部。同学多年不见，自然亲切。当谈到有关师范招考民办教师的事情，他鼓励我说，根据他对我文化基础的了解，考上的概率很大，鼓励我明年报考。他还列举了本乡前几年考上师范的个别民办教师，其实基础没有我扎实。一语惊醒梦中人，同学的话点燃了我的希望，坚定了次年报考的决心。

1983年春天，我填写了报名表，准备报考师范。那年由于领导的重视，丰北乡报考的民办教师特别多。

我读初中时正值"文革"，没有教材，文化基础很不扎实。备考复习必须从基础开始。于是我从表弟处借来了初中语文、数学等学科的教材（那年表弟已初中毕业），开始了我的备考复习。

那时，国家已实行了家庭联产承包责任制，即分田到户。我白天在学校教书，放学回家与星期天去承包田劳动，唯一的复习时间是晚上。复习只能在房间里进行，因为没有书房。我们住的还是低矮的平房，而且朝东。初夏的晚上，平房内闷热无比，犹如一座隐形的火焰山，炽热的气息弥漫着每个角落。蚊虫飞舞让人无法安下心来复习。怎么办？办法总比困难多。一般晚上8点左右，我就进入了复习时段。我穿上高帮雨鞋，穿着长袖衬衫，坐到写字台前面，写字台左边放一把芭蕉扇，右边放一杯浓茶，正中是复习用书和笔墨，就这样开始伏案学习。蚊子总是不放过我，"嗡嗡嗡"地绕着我转，不时落在额头上，脖子上，外露的小手臂上。这时芭蕉扇出场了，挥舞几下，蚊子就飞开了。政治读读背背，数学做做算算，语文看看写写……这种日子一直持续到考试。

1983年暑期，接到通知，告知我的成绩超过了分数线，并于8月8日体检，那年我28岁。体检中有称体重的项目，计量的工具是磅秤。我上了磅秤，秤梁低着头就是不上来。原来放着50公斤的砝码，这说明我的体重不足50公斤。"哪有这么轻的男人！"工作人员边说边换砝码，测量显示我只有49公斤。内科检查也出现了问题，医生说我肝肿大两指，一星期后需要复检。其实肝肿大一点也不奇怪，因为刚刚经历了夏收夏种。有人说：吃西瓜能消肝肿，家里买来了2个西瓜，让我一个人"吃独食"，连3岁的女儿也舍不得给她尝味道。休息了一个星期，复检时总算合格了。

第二节　初临师范

我们读师范的年代，交通很不发达。学校在慈溪东山头，余姚北站一天只有一个班次的汽车到东山头，全程36公里。乘坐汽车去上学很不方便。这样骑自行车上学就成为首选。余姚当年考入慈溪师范的有25人，而我们丰北就有5人（毛银龙、毛根和、施爱珠、宋伯军与我）。这样我们每周结伴骑车上学，周六下午骑车返家。骑车单程70多里，其中一半是砂石路面，大约要骑行 3 个小时。无论春夏秋冬，我们总是风雨无阻，这就是我们在师范学习两年的交通方式。

师范位于观海卫镇境内，东山头附近，是爱国华侨吴锦堂为振兴中华、启迪民智，于清光绪三十一年（1905 年）在家乡独资创建，学校依山临水。主楼平面呈口字形，两层西式建筑。外墙由红砖砌作，每间辟窗，映出方柱、窗帘。主楼正面中间突出半圆形抱厅，用柱廊拱圈；下为斗门，上为训导台。学校的四方形天井偏北有个小池，池中堆有假山，山中的珊瑚石与香蕉树相互映衬，生机盎然。夏秋季节，香蕉树亭亭玉立，宽大的叶片向天空伸展，仿佛在向我们展示其优雅的身姿。这香蕉，充满了热带风情的气息，大概是水土不服吧，我们没见过成熟的香蕉果实。

学校还建有操场、蓄水池、学堂河与农场。1984 年学校更名为浙江省慈溪锦堂师范。

我们入学那年，叶初江为校长，一年后，领导班子调整，许耀东为校长。当年学校招的全是有过民办教师经历的学生，来自余姚、慈溪与鄞州 3 个县。共有 155 人，分为 3 个班级，我被分到 85（3）班，班上有 51 位学生。

开学那年，宓维忠是我们的班主任，他兼教语文，爱好文学，人很和善风趣。第二年，班主任换成了一个刚从师范大学毕业的陈如飞老师，他教我们物理，有点稚嫩，但憨厚虚心，很受我们欢迎。沈宇锋老师教数学，他基本功扎实，教学思路清晰，一堂数学课下来，板书正好写满黑板。

第三节　勤学秘诀

读师范的机会来之不易，我非常珍惜。我对知识的渴望犹如春天里的植物，无论多少阳光，都嫌不够，我不停地追寻着，期待更丰富的滋养。

语音在师范是必须过关的课程。教课的是戴南章老师，他非常严肃认真，对学生的要求很高，许多人都过不了关。其实不是老师要求高，而是我们民师班同学基础差。

刚进师范不久，只上了两节语音课，就赶上了84届学生的语音笔试。有一天午后，岑岳良同学找上了我。他说："戴老师说85届同学也可自愿参加这次笔试。我和班上的推普委员李慧敏打算参考。我观察你基础还可以，要不要参考？"我说："我没有学过汉语拼音，有关语音的专业知识很薄弱，能行吗？"他鼓励我去试一试。就这样，我向岑岳良同学请教语音方面的专业知识。什么发音部位、发音方法……我都是第一次听说，一切从头学，认真学。

84届笔试时，我们3个也参加了，都过了80分，民师班同学最怕的语音笔试就过关了，而84届同学只过了三分之二。

两年的师范学习中，在我的内心深处那份对知识的渴望犹如熊熊燃烧的火焰，驱使我永不停息地向前。在教室里用功，在寝室里交流，傍晚去田野散步时讨论，晚上睡下后回忆……一切是那么自然、自觉。我的学习成绩进步显著，除了音体学科，知识类课程学业成绩也进入了第一方阵。

有一天午后，学校在没有预先通知的前提下，举行了一次竞赛。当试卷发下来，我们才明白那是一次理科竞赛。天气炎热，大家睡意未散，只得勉强打起精神答卷。时间很紧，我刚答完卷，下课铃便响起来了，班主任将试卷收了起来。过了几天，这次竞赛的结果透露出来了，我的成绩在班上居然是第一。我想，这应该归功于我的同桌鲁系能。他做民办教师时，教过初中数理化，我平时有不懂的地方，总是求助于他。

总之，经过两年的师范学习，我的学业有了长足的进步，大有弯道超车的迹象。究其原因，我的秘诀是"唱好三部曲"，即大合唱、小合唱、独唱。

课上配合唱好"大合唱"，即每堂课聚精会神，积极思考，自觉完成作业。课后参与唱好"小合唱"，即每天课后，利用一切机会与同学交流课上的学习内容，不仅与本班同学讨论，还与同寝室的其他班级同学交流。晚上熄灯后自觉进行"独唱"，即每天晚上在学校熄灯后静下心来，回顾当天学习的内容，回顾的次序是由主及次，回顾的方法是将重要的知识点像放电影一样在脑海里默默过一遍,直至完毕。实践证明,"唱好三部曲"对提高我的学业成绩起到了推波助澜的作用。

第四节　课余生活

两年的师范生活,同学们友好相处,像一家人一样,彼此关爱,互相关心。年年岁岁花相似,岁岁年年人不同。不知不觉中校园一别已近40余年了,世间有这么一种感情,永久萦绕在我的脑海中。

我的同桌鲁系能,余姚大岚雅庄人,中等身材,五官端正,为人纯朴。他年长我五六岁的样子。他上师范前,是初中教师,教过数学,教过物理,也教过化学。他白天与我并排坐,晚上与我相邻铺。我俩接触的机会自然特别多。学习方面我俩时时交流,我们一文一理,取长补短,互相学习,相得益彰。

生活上,我们有好东西也共享。记得有一年冬天,他从老家带来了大岚特产——番薯枣子,他最先与我分享。这番薯枣子有本地种的萝卜那么大,土黄中透着赭褐,有点油亮。这是我第一次见到番薯枣子,一口咬去,只觉得像牛皮糖一样软韧,却不黏牙;微甜爽口,清凉润喉。吃着觉得有点像山东大黑枣,难怪把这个特产取名为番薯枣子。香甜软糯的番薯枣子真让人难忘啊!现在常常能吃到它,但是再也吃不到当年的那个味了。

85(1)班有4个同学与我们同住一个寝室,其中有与我邻乡的谷鸿其。他读师范前是城北初中的数学老师,长我一岁,健谈,为人直爽,认识不久,我俩成了好朋友。我俩有个共同的爱好,喜欢喝点小酒。那时已不用再凭票买酒了,在学校东边的村落小店就能买到。

可能是学校有规定,很少有学生喝酒。但我俩都有点酒瘾,几个星期不喝酒,就会记挂,仿佛少了点什么。于是,我俩商量进行地下工作——在寝室里喝点小酒。

傍晚时分，天空中的云彩在夕阳的照耀下，染上了一抹红橙色，如同被点燃一般，显得异常美丽。这时，我俩的地下工作开始了，我们一人去学校食堂打饭买菜，一人提个热水瓶去小店买酒，比较节俭，只买两斤黄酒。提着热水瓶买酒回来，偶尔会碰到学校的老师，打个招呼就擦肩而过了，不用紧张，老师们也心知肚明，不会盘问。这样，两人在寝室会合。酒也有了，菜也有了，我们面对面坐着，一边享受美餐，一边谈天说地，还不时地碰碰杯……那样的生活有滋有味。

毕业多年后，我到余姚城区工作，与谷鸿其见面的机会更多了，一起喝酒的机会也更多了，每每谈起在师范寝室里喝酒的事，还是回味无穷。

同寝室有两个班级的学生，也有意外的惊喜发生。85届3个班的心理学由副教导主任陈家绥老师教学。陈老师身材高大，精神饱满，和蔼可亲，很有学究气。

在复习阶段的某一天中，我们两个班都有心理学的复习课。上课复习时，陈老师也不发纸质的复习提纲，只往黑板上写复习提纲，我们急忙抄在笔记本上，板书一题，师生讨论一题……就这样，一节课复习了十几个知识点与问题。下课前，陈老师告诉我们，过两天就进行心理学的期末考试。

晚上我们在寝室里交流当天的学习情况，意外发现我们两个班的心理学复习内容有差异，尽管提纲大多数是相同的，但有3道题大相径庭，85（1）班复习了的，我们班却没有，老师连提都没提过，反之亦然。这就引起了我们的警觉，对老师在我班没复习的题目认真进行了复习。考试时居然发现这些考题都在试卷中。原来陈老师在3个班级的复习课上，采用了交叉错位的策略。这次考试，我们同寝室的8位同学有了意外的惊喜，都得了高分。

读师范的日子里，既有生活趣事，亦有惊险发生。1984年深秋的某个星期天下午，我们5个丰北老乡相约骑车返校。我们沿着余浒线一路向东，匆匆骑行。道路两旁的树叶呈现出红、黄、绿三色，交相辉映，空气中弥漫着淡淡的清香。

余浒线从余姚三角站到慈溪横河镇那一段是石沙路面，我们5人一行靠右行驶着。后面传来了"啪啪啪"的拖拉机声音,我们继续前行。突然,一辆拖拉机从我身边斜擦过来,一下撞到在我前面骑的施爱珠同学的车子,施爱珠连人带车掉到了公路旁的旱沟里。我们都惊呆了,第一反应是这下麻烦了。大家急忙下车,展开现场抢救。施爱珠整个人都蒙了。我离她最近,她爬起来后,我伸出双手去接她,只见她双手乱挥,搞不清情况后来终于缓过神来我们4人合力将人与车子拖上公路。拖拉机驾驶员也吓坏了,清醒过来后试图逃逸,我们急忙拦住他。那时没有手机,没办法现场报案。我们只得将施爱珠的自行车搬到拖拉机的车斗里,让施爱珠也坐上拖拉机。我们4人分两组,一组在前,一组在后,中间夹着拖拉机向浒山行驶,到慈溪交警大队报案,接受处理。做完笔录,夜幕降临了,月亮在静静的夜空中高悬,洒下淡淡的月光,给大地披上了一层神秘的色彩。在月光下,我们又从浒山往东出发,沿着柏油马路,踏上了去锦堂师范的归程。

第五节 友谊久远

1985年8月,我们师范毕业了。毕业后,大家各奔东西,被分配到各个学校。我被分配到马渚区中心小学(现为马渚镇中心小学),离老家畈周二十里。1987年,收到了锦堂师范的通知,邀请我们作为85届的优秀毕业生代表返校参加座谈会,每班去五六个人。座谈会上,学校领导介绍了目前学校的基本情况和取得的成绩;请每位参会的毕业生代表汇报自己这两年的工作情况;会上还颁发了优秀毕业生证书和奖金。

一别两年的同学相见,自然特别亲热。岁月如歌,时光如梦,今日重逢,

图 5-1 优秀毕业生证书

情谊更浓。座谈会结束了很久，大家还三人一簇，五人一组，拉着家常，谈着工作，更多的是回忆两年前的情景。直到下午3点，我们才恋恋不舍地离开母校。

1995年7月8日，我们85（3）班组织了毕业后的第一次聚会，聚会地点选择在余姚。这天上午，大家先到余姚镇中心小学集合，共叙友谊。在城区的一家饭馆吃了中餐，下午游览了龙山公园，并在公园门口拍了集体照（图5-2）。非常不凑巧，当时我在余姚市实验小学任副校长，暑期开始后，我带学校五年级的全体学生去奉化民兵炮兵预备役基地参加军训，为期5天。虽然早就接到了同学会的通知，但带队工作责任重大，不能推托。那时又没有私家车，也不能提前返回。当天下午2点多，我才返回余姚，来不及擦把汗，骑上自行车赶到了龙山公园门口，正赶上同学们在公园的台阶上拍集体照，总算在聚会的尾声中见到了老同学，匆匆握手，声声问候。活动结束时，大家相约10年后在慈溪再相会。

图5-2 第一次同学会留念

10年后，由于种种客观原因，暂时没有举行同学会。直到2016年，我们才举行了第二次同学会。会前，我们余姚慈溪两地的同学代表在余姚舜北小学开了个筹备会（因为毛仁敏同学在学校任总务主任），讨论和策划了第二次同学会的相关事项。在蒋梦迪、沈明阳、褚国芳等同学的悉心筹备下，2016年10月8日，我们在慈溪举行了第二次同学会。第一天上午，我们在慈溪观城宾馆报到，后安排了聚会座谈。午餐后，我们驱车回到我们的母校锦堂师范的旧址——今天的慈溪锦堂职业高中。

重返母校旧址，感慨万千，这里曾经是我梦想的起点。见到校园，我顿时产生了归属感，这里是我成长的地方。31年的时间，足以让树苗长成参天大树，时光如梭，感谢母校给我坚实的根和向上生长的力量。这里的每一个角落都承载着我们的青春回忆。

锦堂职高非常重视我们的到来，在会议室安排了水果、茶水，专门安排人员接待我们，孙副校长全程陪同我们，他是我们读师范时的化学老师。师生相聚，宛如一曲优美的旋律，萦绕在彼此的耳畔，传递着无尽的喜悦。可惜的是我们那天没有见到班主任陈如飞老师，此时他已成为锦堂职高的校长，那天正值慈溪市教育局开会，无法抽身。

图 5-3　第二次同学会留念

在十分热烈的氛围中，开始了师生座谈。大家你说我说，群情激动，千言万语汇结成两句话：感谢母校的培养，感谢老师的付出。最后，我们给老师们赠送了小礼物，以表达我们的感激之情。

叹人生，最难欢聚易离别。离别的时候到了，我们都笑着说再见，把这段美好的回忆深深刻在心底。

3年后，我们如期相聚。2019 年 4 月 18 日，我们举行了第三次同学会，这次同学会安排在宁波市区。李华芬、李慧敏等宁波市区的同学为这次聚会做了精心安排。当天上午，我们在江北区的一个宾馆集合；午餐后，我们游览了天一阁等景点；第二天上午，我们又游览了东钱湖及附近的南宋石刻遗址公园。

东钱湖，宁波东南近郊的一个宝藏，它不仅比杭州的西湖大了三四倍，还隐藏着令人陶醉的自然景象和历史遗迹。我们坐车穿越东钱湖的环湖东路，去探寻湖畔的南宋石刻遗址公园。公园里有南宋 5 个朝代宰相的墓园，包括宏伟的墓道和气势磅礴的石碑坊。更令人惊叹的是，公园内有 200 多尊栩栩如生的石像，它们仿佛在讲述着历史的故事。这里的博物馆将南宋的历史和石刻发展史一一呈现，让我们深入了解这段悠久的历史。在这里，同学们感受到了时光的流转，仿佛穿越到了南宋时期。

新冠疫情过去后，同学们都渴望举行第四次同学会。由楼迪峰同学牵头，我们家住姚城的同学在余姚市退协的会议室举行了

图 5-4　第三次同学会留念

筹备会，讨论了第四次同学会的具体细节，我们将于 2023 年 10 月 28 日至 29 日举办第四次同学会。

秋天的校园，如同一幅斑斓的画卷，展现着季节的魅力。树叶渐渐变黄，像一群嬉戏的孩子，在风的引导下，轻轻摇曳，仿佛在欢迎远道而来的客人，为校园带来别样的风采。

2023 年 10 月 28 日上午，85（3）班的同学陆陆续续来到了余姚市东风教育集团的东风校区。进入校门，迎面的电子屏上打着"热烈欢迎锦堂师范 85 届 3 班同学！"的大幅标语。张秀清、周菊娣等同学早早地等候在学校连廊的大厅里，欢迎同学们的到来。毛仁敏等家住城区的男同学，去几个不同方向的车站迎接慈溪与鄞州的同学。

老同学见面，手和手相握，心和心贴牢。大家握手再握手，拥抱再拥抱，38 年弹指一挥，今日重聚再续欢乐。

上午 10 点左右，老同学到得差不多了，就在学校的教师会议室举行座谈会。学校也特别重视，会议桌上放上了水果，准备了茶水。屏幕上两条标语"热烈欢迎锦堂师范 85 届 3 班同学！""锦师相伴二度秋，姚城相逢情更浓！"轮回滚动。

座谈会开始后，大家踊跃发言，共同回忆两年的校园时光，共同回味经历求学的艰辛与喜悦。话筒你传我，我传他，根本停不下来。同窗数载，情深意浓。38 年前的同窗往事犹在眼前。这一刻，我们相聚在一起，让青春的

达善之旅 >>>

记忆重现，用欢声笑语庆祝这久远的友谊。

座谈会期间，岑岳良老同学还给每位同学送上了他的自传《多彩人生映苍穹》，还赠送给每位老同学一张描述个人特点的藏名诗书法作品，真是个有心人，真是个有情人。大家纷纷表示感谢！他在送我的作品上书写：

> 周家多名人，仁心润桃李。
> 康庄人生路，图强志不移。

图 5-5 岑岳良赠送的书法作品

同学相聚，不知不觉已过了 12 点，在食堂工作人员的催促下，我们才恋恋不舍地走向食堂餐厅。

用餐时也特别有氛围，互相敬酒，忙个不停；频频举杯，共话友谊；猜拳比画，唱歌助兴。说了什么，唱了什么，已不再重要，重要的是热烈的气氛和不变的友情。席间，黄志昌同学赋诗一首《八五三班最精彩》，将气氛推向了高潮。

> 八三九月初相会
> 两年同窗喜又累
> 八五七月话别会
> 激动女生流眼泪
> 从此后
> 各奔东西站讲台
> 九牛之力尽发挥
>
> 十年之后首聚会
> 姚江边上老酒醉

<<< 第五章 师范印记：及时当勉励，岁月不待人

龙泉山下留美美
相依相别真难舍

二〇一六再聚会
约定地点观海卫
锦堂母校开个会
说说看看忆旧岁
只因天公不作美
鸣鹤古镇没得开

二〇一九三聚会
东钱湖畔走一回
拍照留影嗨一嗨
农家小酌老酒美

四次相约姚城来
阳明古镇夜灯彩
通济桥下游船来
四明湖畔红杉彩
横坎头村走一回
百丈农家吃土菜
两箱大糕带的开

八五三班最精彩
青春年华弹指挥
霜染白发红颜在
快乐心态活百岁

达善之旅 >>>

活到百岁阿拉再聚会，再聚会！

下午4点，我们来到王阳明故居，可惜这个时间已不能进入故居参观，十分遗憾，但也为下次再聚留下了活动空间。根据大家的建议，我们就在王阳明故居前的广场上合影留念。

图5-6 第四次同学会留念

当天晚上，我们带着几分醉意，游览了阳明古镇。夜晚的阳明古镇美得像一幅画。远远望去，一盏盏红灯笼高高地挂着，各家商铺前的霓虹灯在夜色中变幻色彩，给古镇增添了一份喜庆。我们来到通济桥北，沿着江边向东走去，这里人山人海，热闹非凡，华灯闪烁。灯光映照在古镇的建筑物上，使夜晚充满了浪漫的气息。同学们三三两两，前前后后，或驻足欣赏，或摄影录像，慢慢地随着人流前行。我虽久居余姚城区，还是被古镇的夜景深深吸引。

第二天，我们乘车来到梁弄。根据王志昌同学的安排，我们首先游览了四明湖，这里有一片湿地红杉，树叶已经变红，远远望去，恰似一幅初秋山水画。大家陆陆续续在浣水桥上留了影；然后我们参观了浙东红村——横坎头村，观看了文明实践基地的展览，聆听了有关习近平总书记回信的故事。

我们在百丈农家用了午餐，餐间气氛依然是那样浓烈。敬酒、划拳、歌唱、赋诗……最后依依惜别。

第六章

马渚耕耘：随风潜入夜，润物细无声

旧志记载皆曰："秦始皇东巡饮马于此，故名马渚。"马渚（现马渚镇）因运河而生，因运河而兴。河道载来了商船，贸易造就了繁华。1985 年 8 月—1992 年 6 月，我在马渚工作了 7 年，在区中心小学与区辅导学校工作的时间各半。

第一节　马小印象

1985 年 7 月 16 日，经国务院批准，余姚撤县设市。余姚从此开启了建设现代化城市的新纪元。

毕业是人生的一页，职场是成长的大道。1985 年 8 月，我师范毕业后被分配到马渚区中心小学工作。当时内心有点遗憾，因为和我同届的 4 个丰北老乡，他们都被分配到环城区，在家门口工作。只有我一人被分配到外地，离家 20 华里。对马渚区中心小学，我并不陌生，因为几个月前我曾在这里实习。

马小坐落在马渚镇的东南角，校门朝南，有三进平房。最南面的一进在校门东西两边，各十来间，除了传达室，基本上是教室和教师办公室。中间一进正中央是学校的礼堂，往东是学校的会议室与教导处，最东边还有一个大教室。礼堂往西是生活用房和学校的储藏室。最后一进的东面是校长室与总务处。西面是学校的食堂。中间的道路是通向北面的河埠头。学校最西面还有5间小平房，这里也是学校的生活用房，是部分非本地老师的寝室。

学校绿化设计精巧而富有层次，各种树木、花草错落有致，呈现出优雅的校园环境。印象最深的是教导处南窗外的一棵桂花树，它静谧地屹立在学校的南天井，绿意盎然的叶片间点缀着细小的花朵，散发着浓郁的香气，它宛如一个婀娜多姿的少女，在季风中轻轻摇曳，散发着浓浓的香气。后天井上有一棵硕大的樱桃树。树干直径足有一尺，这是我一生中见过的最大的樱桃树。红色的樱桃果实鲜艳欲滴，像一颗颗晶莹剔透的红宝石，镶嵌在绿色的叶片中，为校园增添了一抹亮丽的色彩。鸟儿特别有灵性，只要樱桃一成熟，马上就会过来尝鲜。如果傍晚发现有一只鸟儿在啄樱桃，最好马上将全树的樱桃都采摘下来，不要有侥幸心理，否则，那只鸟儿会呼朋唤友，让伙伴们连夜共享美餐。到了第二天早晨，你会发现一颗完好的樱桃也没有了。

8月下旬，我接到分配通知，去马渚区中心小学报到。那时候，毛吉成是校长，李美娟、施懋麒是副校长，俞成松是教导主任，胡黎明是总务主任。毛校长告诉我，具体分到哪个学校还没有定下来。我也直言不讳地要求希望分到离老家近一点的老方桥镇，请组织上尽量满足我的愿望。毛校长笑了笑，没有什么表示，告诉我3天以后过来拿调令。

3天终于过去了，第四天早上，我踩着那辆永久牌自行车，从畈周出发，沿着弯弯曲曲的机耕路一路向西。道路两旁的景色犹如一幅流动的画，令人心旷神怡。绿意盎然的行道树摇曳着嫩叶，仿佛在向匆匆骑行的我致意。

进校，径直来到校长室。毛校长告诉我，由于你实习成绩是十几名师范生中最好的，我们决定把你留在区校，以充实区校语文教师队伍。虽然离家稍远了点，但是在区校更有利于成长与发展。

我笑了笑，表示愿意接受组织的安排。从校长室出来，总务主任带我去寝室。在甬道上，遇到了一位姓魏的老师，我与他打了个招呼，因为实习时已经熟识。他挥了挥手中拿着的一张纸片说："这就是吐故纳新么？"他原来是学校的语文教研组长，这纸片就是调令，他被调到青山乡校任教导主任去了，心里有点不愉快。这时我才明白，原来是我顶替了他的岗位。我有点尴尬，因为我的到来致使他调离了区校。就这样我成了马渚区校的一名语文教师。

第二节　教学日常

第六届全国人大常委会第九次会议上，通过决议，确定每年的9月10日为教师节。1985年9月10日，迎来了我国第一个教师节。广大教师欢欣鼓舞，我适逢其时，倍感喜悦，决心用实际行动报答党和国家的关心。

在马渚区校，我接手的是五年级甲班，任班主任兼语文老师。因为这个班原先的语文老师叶辉转教音乐了。那时小学是五年制，五年级就是毕业班。那时的马渚区校在全市的同类学校中声誉颇佳。学校的语文教研组师资非常整齐，几乎集聚了全区最优秀的语文教师。鲁建华、周兰仙、魏晓萍、赵幼华、王丽珍等每一位都是名副其实的语文骨干教师，后都被调到了余姚市实验小学，成了那里的骨干。学校的教风也特别好，我们住宿在学校的老师，每天晚上都会办公。那个时代，供电不足，晚上经常要停电，我们只能点起汽油灯在会议室集体办公，因为学校只有一个汽油灯。你批作业，我备课，他改作文……不会相互影响，更没有闲聊的，大家都孜孜不倦地工作着，直到10点半以后才陆续散去。

周兰仙老师二十五六岁，个子不高，戴着一副眼镜，很有学者的风度。她教的是五年级乙班，我是在那个班实习的，她是我的语文实习指导老师。实习时，她对我的评价很高，现在我们师徒俩教平行班，协作自然非常默契。

施美华老师40来岁，中等身材，她教甲乙两个毕业班的数学，她毕业于余姚师范，数学功底非常扎实，她是学校的数学教研组组长。她也是我的数学实习指导老师。她是马渚本地人，很有大姐姐的气度，因为我是个新人，

达善之旅 >>>

她时常给我介绍学校的有关制度、规章及掌故，我心里很感激她。我们语数老师的配合也特别好。

我们3个搭班老师就这样相互协作、相互支持、相互帮助。良好的工作环境和人际关系给大家带来了愉悦的心情，也提高了我们的工作效率。同时更激发了我的工作热情与创造力，有效地促进了我的专业成长。

功夫不负有心人。1986年6月底，马渚全区进行了小学毕业统考，统考科目是语文和数学。这次考试，既是小学生的毕业考，也是马渚中学初中部的升学考。当时全区11个乡镇有近40个毕业班，马渚中学初中部从中择优录取两个班96名学生。我所教的五年级甲班中，胡弦同学以双百的成绩，获得了全区第一名，陈淑芬、胡弦、施立奎、张利红、施君芬、施小琴等12名同学被马渚中学初中部录取，录取人数遥居全区第一。

图6-1　1986年7月与马小五年级甲班部分毕业生在校门口合影

"择校"这个词在20世纪90年代中后期比较流行，因为老百姓对优质教育的需求，大量农村学生涌入城区学校，一般学校的生源也通过择校来到了优质名校。其实，在很早以前，也有较有远见的家长，开始将孩子送到优质学校去学习。

我在马小教的第三届学生中，就有两位择校生。一位是陈斌同学，来自青港乡湖滨小学。陈斌的父亲是个漆匠，而且他绘画功底深厚，其画作曾在全国性比赛中获奖，家境也比较殷实，更主要的是他父亲与时任校长的施懋麒是同学，把孩子放在同学做校长的区校自然特别放心。另一位是陈月萍同学，她与陈斌来自同一所小学，应该是两位家长相约择校的。两位择校的同学尽管来自村小，但基础还是比较扎实的。

有一件事加深了我对陈月萍同学的印象。一次，陈月萍同学不小心被开水烫伤了小腿，看样子还比较严重，有10来天时间，都是家长背着到教室的。在受伤期间，陈月萍没有请过假，没有落下功课。看到这么幼小的身躯，有这样坚强的意志，这在我的脑海里留下了很深的印记。学生的行为感动了我，也鞭策了我，一定要勤奋再勤奋，不能因为我的松懈而耽误学生。

1988年，女儿周俊婵6周岁了，到了该上学的年纪。当年秋季来到我所在的马渚区中心小学上学，魏晓萍等老师是她的启蒙老师。为此我的妻子黄素琴也来马渚照顾我们父女，并就地找了一家工厂上班。

第三节　教改尝试

一个老师，要提高学生的学科核心素养，仅靠满腔热情与加班加点是不行的，还得不断自觉探索学科教学的规律——巧干①。

为了切实提高学生的写作水平，我进行了三方面的尝试。

一、班级办《春草》小报，鼓励学生投稿

从在马小带第二个班级开始，我便在班上办起了《春草》小报，鼓励学生踊跃投稿，调动学生主动写作的积极性，促使学生在生活中发现素材，摄取材料，发现真善美。选稿、编辑、刻写、印刷，学生是主人，全由他们包揽。我只是在第一张《春草》小报产生时做了指导。那时，学校还没有打印机，师生动手刻钢板，用蜡纸油墨手工印刷。

《春草》小报调动了班级学生的写作积极性，大家你追我赶，不肯落后，班级学生的写作水平有了显著提高。如杨苗清同学在浙江省教育厅基教处组织的"小学生雏鹰作文征文大赛"中，荣获二等奖，并编入了专辑。陈斌、戚可为等多名学生在余姚市的小学生作文大赛中分别荣获一、二等奖。

---

① 指用科学的方法教书。

二、开展习作例文教学的探索

读写结合是提高学生语文水平的有效途径，读写如何合理迁移，这是小学语文教学研究的重要课题，我认为学生读写能力不高，根本问题就是把读和写机械地割裂开来了，为读而读，为写而写，然而，读和写既相对独立，又相互联系，读是由外到内的理解吸收，写是由内到外的理解表达，读写之间是相辅相成的，所以必须把读写迁移贯穿小学语文教学全过程。

小学语文教材从第五册开始编排了习作例文这一类课文，其旨在进一步密切读写之间的关系，为学生从读的此岸跨越到写的彼岸架起一座桥梁。

习作例文是阅读课文，又是指导习作的范文，在语文教材编排体系中，习作例文兼负培养阅读能力和指导写作的双重任务，但这两者之间又有侧重。《六年制小学教材编写说明》中做了这样的阐述，习作例文是对学生传授写作知识，进行写作训练的重点课文，显然，习作例文的使命侧重于指导写作。

为什么习作例文能在读写之间起桥梁作用呢？因为从习作例文的内容和教材的安排看，它具有以下两个特点。

第一，在同组课文中，习作例文比讲读课文浅显，它的结构较简单，脉络较清楚，更接近学生的独立阅读水平和写作实际，例如，六年制第九册语文课本中有这样五篇习作例文：《一次有意义的活动》《小木船》《一对小瓷鹅》《赶羊》《高大的背影》。这些课文都是学生的习作，思想内容和语言文字都切合五年级学生的实际，易于学生理解内容和学习写作知识。

第二，《小学语文教学大纲》指出写作教学应"循序渐进，逐步提高"。习作例文被有计划地安排在小学中高段各册语文教材中，集中体现了对课文写作教学的要求，同时前后联系，构成了一个比较完整的指导学生写作的体系，它往往是说明一项写作知识，提供一种写作方法，作为一次习作训练的范例。

根据习作例文的性质和特点，我认为在习作例文的教学中应注意以下几点。

（一）习作例文教学要求的制定要明确单一

习作例文教学要求应根据各年级要求、教材的写作特点和学生实际来考虑并制定，要求要明确单一，意识性要强，要集中力量解决某个问题，让学生学到某点写作知识，哪些写作知识是以前学过的需要巩固提高，哪些写作知识是新出现的，需要重点指导，哪些写作知识以后还要重点学习，现在铺垫一下，让学生积累一些感性知识，这样制定教学要求时，才能做到心中有数，所制定的要求意识性才会强，才会明确单一。

（二）习作例文的教学要"瞻前顾后"，使写作知识的迁移符合学生的认知规律

每教一篇习作例文，一定要考虑到它跟前面的讲读课文和后面的习作例文在写作方法和特点上有何联系，在联系点上确定教学时"扶"和"放"的程度，如在教《爷爷》这一习作例文时，把与这篇例文相配合的《爷爷的俭朴生活》《罗盛教》等讲读课文及课后的习作联系起来同步考虑，三者合一，得出联系点就是围绕中心选材，并把事情的经过写具体，定完整，由于备课中"瞻前顾后"，教学中自然能有的放矢，教学效果就比较好。

（三）习作例文的教学要突出重点，避免"面面俱到"的弊端，使学生有所得益

每教一篇习作例文时，要集中力量让学生领会写作知识，切忌"面面俱到"，除了要让学生重点学会的那点写作方法之外，课文中其余部分要让学生知道写什么就好了，不必深研细究，如习作例文《雨》一文可这样教学。

首先引导学生读通课文，让学生把握"雨前""雨中""雨后"这个总顺序，对全篇课文有一个大致的了解。

接着引导学生细读"雨中"这一重点段，抓住听到的、想到的这一顺序，使学生进一步了解是从哪几方面具体描写"雨中"景色的。

然后引导学生精读所看到的"雨景"部分，让学生弄懂课文是按"由远及近"、从上而下的顺序描写的，从而把"雨景"描绘得具体形象，使人读了有身临其境之感。

最后引导学生把《雨》这篇例文与本组其他课文比较，想想它们在叙述顺序上有哪些异同点，从而使学生懂得写文章要"言之有序"，而言之有序并不是只有一种"序"，而是有多种多样的"序"。

显然，上述教学过程突出了"言之有序"这个重点，使学生深刻地领会到了这一课的写作特点，并为他们写作时灵活地模仿奠定了基础。

（四）习作例文的教学方法要根据不同年级、不同学生的实际来选用

习作例文出现在中高年级语文教材之中，但中年级和高年级学生对课文的理解水平，写作知识的接受与运用能力存在较大差距，所以在习作例文的教学中应选用不同的教学方法。

首先，中年级的学生识字量不多，阅读能力较差，在缺乏教师指导的情况下，读懂一篇简单的课文，仍存在较大困难，所以教师对范文画龙点睛式的分析和抓住要领的指导十分必要，教学习作例文时，方法上应强调从阅读入手，让学生通过阅读，在理解例文思想内容的基础上，传授写作知识，帮助学生悟出这次习作必须达到的要求，以真正发挥习作例文的作用。

其次，随着年级的升高，学生的阅读面逐步扩大，阅读能力和写作水平也相应提高，因此，在进行习作例文的教学时，不妨把教学的侧重点放在写作指导上，就写作上的一些问题进行讨论，集中力量解决一两个问题，帮助学生学到一两点知识，至于读，教师只要引导学生运用以前学过的方法自己去读，教师适当点拨就行了。这样既不影响习作例文教学重点的落实，又能把有限的课堂时间充分投入写作训练之中，提高了课堂效率，如六年制第十二册习作例文《小站》一文的教学，可采用以"作"读"文"，依"文"导"作"的方法，具体步骤如下。

第一，研审习作题，为读文导向。

习作例文明确单一的教学要求应联系习作训练题的要求来确定。做法是：新课开始先读课后习作题，然后指导分析题目。（1）这篇作文要求写的对象是什么？（2）写的对象有什么共同特点？（3）有什么具体要求？（4）你觉得写好这篇作文最困难的是什么？（确定中心根据中心选材，按方位记叙）

然后带着这些问题导入新课看看习作例文《小站》是如何解决这几个难题的?(至此,也就确定了习作例文的阅读重点——学习课文围绕中心选择材料,按方位顺序叙述的写作方法)。

第二,围绕习题,为析文导读。

这一步也就是紧紧围绕习作训练,在具体阅读中落实"例文"的阅读重点,以解决本次习作训练学生的难点,具体方法是带着如下思考题深读例文,(1)文章写小站是分几方面写的?重点写什么?(2)作者写小站的布置是按什么顺序写的?各写了什么?(3)写小站的布置突出了一个什么字?然后围绕思考题读读议议,在突出重点之后,点明中心,落实课后习题一:一个无人注意的小站为什么能给旅客们带来温暖的春意?为什么作者要着重写工作人员对小站的精心设计?描写时为何始终扣住"精"字?

通过以上有重点的阅读、剖析,学生已初步明确例文在围绕中心选材,按方位记叙的写作手法,为习作打下基础。

第三,完成习作题,以例文导"作"。

这一步也就是将在读文中获得的收获充分运用于本次习作中让学生再次通读全文,加以整体感受,然后可先让学生对照例文为本次作文具体构思,然后分别制订写作计划,主要项目仍紧扣本次习作要求,如确定什么题目?确定什么中心?选择什么材料?按什么顺序?最后组织全班交流写作计划,通过互相启发、点拨各自修改完整,按计划完成本次作文。

这样,阅读过程包括了传授写作知识,指导写作方法的过程,保证了学生写作的时间,提高了教学效果,同时,体现出了高年级习作例文的特色。

(五)要让学生模仿例文学习写作,给初学者"拐棍"

儿童具有很强的模仿性,由于缺乏知识经验,模仿成了他们学习时的心理需要,基于这一点,让学生模仿习作例文进行写作是十分必要的。另外,从"习作例文"这一名称看,顾名思义,它就是学生学习写作的范例,各地大量的教改实验也表明借鉴范文,有助于学生写作水平的提高,客观地说,模仿的过程实际上也就是写作知识和写作方法迁移的过程,但模仿并不等于让学生机械套作，要分清模仿与套作的界限。

后来，我将自己的探索写成论文，此文获宁波市小学语文学科论文评比三等奖。

图6-2 与八九届毕业生合影

三、引发学生作文兴趣的实践

学习兴趣是学生求知欲的源泉。因此，引发学生写作兴趣是提高作文教学质量的关键。如何引发学生的写作兴趣呢？我根据小学生的心理特点进行了一些探索，尝试了以下八种引趣法，收效较好。

（一）以趣引趣。小学生具有喜欢游戏的特点。有关调查资料表明，有96.7%的学生对游戏感兴趣。据此，我利用迁移原理，把学生对游戏的直接兴趣引向对习作的间接兴趣，如师生先做老鹰捉小鸡的游戏；然后及时进行兴趣中心的转移："这个游戏好玩吗？""谁能把刚才游戏的全过程说一说？"；接着教师揭示习作题目，交代习作要求；最后学生习作。这样，学生在玩中乐、乐中作，兴趣盎然。此外，我还常用演小品、玩玩具等方法以趣引趣。

（二）以美引趣。爱美之心，人皆有之。作文教学以美引趣的途径主要有两条：1. 在欣赏美中引趣。大自然美不胜收，根据习作要求组织学生踏青、品夏、秋游、赏雪，使他们在五彩缤纷的大自然怀抱中欣赏美、感受美，激发其强烈的表达欲。另外，我还通过名人名篇赏析、优作佳句吟诵等手段让学生感受美，诱发学生的习作兴趣。2. 在表现美中引趣。如开辟习作园地，挑选优秀习作定期刊出，鼓励学生在表现美中发挥才干，调动习作的积极性。

（三）以新引趣。喜新趋新，人之本能，小学生更是如此。作文教学中，我尝试从三方面以新引趣。1. 题目求新，作文题有无新意与学生的作文心态成正相关。如果教师刻板地按课本命题，翻来覆去地写《我的老师》《扫墓》，学生就会产生厌烦情绪。教学中，命一些富有新鲜感的习作题，学生习作的积极性就易高涨，如《天上掉下把新笤帚》《新楼与旧屋》等。2. 题材求新，改革开放的社会环境中时常出现新人新事新气象，引导学生留心观察并从中选材。带学生参观纪念馆、大桥、集贸市场等，在观察家乡新貌中引发表达的欲望。3. 形式求新，在命题形式上，采用命题、半命题、自由命题相结合的方法；在训练形式上，进行扩写、缩写、补写、仿写等，做到以新引趣。

（四）以情引趣。实感产生真情，真情引发兴趣。实践活动是形成和发展学生情感进而引发兴趣的重要途径。习作前，我有意识地组织学生参加为民服务活动，鼓励学生进行社会调查，带领学生采访英模等。让学生在社会实践中产生真情，诱发习作兴趣。

（五）以疑引趣。小学生好奇心强，遇事喜欢刨根追底。据此，我在事情的现象上设疑，让学生去探求导致这一现象的原因，以启动学生习作的内驱力。一次，我把学生带到饮马河边，让学生观察发黑发臭的河水，引导学生去调查并推测其原因，然后写一篇作文。这样，学生的习作积极性就调动起来了，写出了《救救鱼儿》《马渚人，我们在慢性自杀》等佳作。又一次，教室里多了一把新笤帚，我就按"设疑—探疑—习作"的顺序引导学生思索探究，以疑引趣。

（六）以褒引趣。教育心理学研究表明：少年儿童希望能以自己的行动得到成功。教师对学生的习作教育是扬其长还是揭其短会带来不同的效应。为此，我在作文批改评讲中，采用褒扬、肯定、鼓励的方法调动学生习作的内部动因。其方法有三：1. 找闪光点，发掘学生习作中的点滴优点给予肯定；2. 写赞语，如"你习作进步真快，教师为你高兴！"等；3. 打高分，多年来，我坚持给学生的习作打高分（也打 100 分）。因为完成一篇习作与做 15 道数学习题，两者之间所付出的劳动有很大差别，如果学生所获得的成功（得分）与付出的劳动是倒置的，这样久而久之，就会严重挫伤学生习作的积极性。

（七）以赛引趣。争强好胜是小学生的又一心理特点。我在习作训练中注意引进竞争机制。激发学生习作的兴趣。主要有五招：1. 定期组织班级中同层次学生作文赛；2. 搞组际编印班级《春草》作文小报赛；3. 人人把寒暑假中的见闻及所做编写成短文，编成小报，初期展览评比；4. 开展组际接力赛；5. 鼓励学生参加报纸杂志发起的作文赛。

（八）以需引趣。学生动机源于学生的心理需求。为此，我常为学生留心或创设需要写作的生活基础，让学生在领悟作文的实用价值中感受并诱发写作兴趣，产生欲用作文一吐为快之感，节假日来临，引导学生向师长亲友寄上贺信；老师同学病了，启发学生写慰问信；班上有大型活动，指导学生写海报或通知；周围出现新人新事，鼓励学生向报社电台投稿……这样，学生逐渐形成一种习作的心理需要，不再感到习作是件枯燥乏味的事了。

后来，我将自己的做法总结提炼成文，以《小学生作文引趣谈》为题，发表在《普教研究》上。

钢笔字人人要写，天天要写，书写的字除了给自己看，还要让别人瞧。因此，研究怎样让学生把字写得易识、美观是件很有意义的事。我从在马小教第三届学生开始，就在学生中进行钢笔字临帖（正楷）教学的尝试，设计了"六步临帖法"指导学生周期性的循环练习，经过一年的实践，充分显示了它的优势。我尝试的"六步临帖法"的基本程序如下。

(一) 指导学生读帖

读帖又称看帖,即察看帖字的笔画、结构和章法。读帖是临帖的起点。在训练中,我们首先指导学生认真反复地读帖,并让学生把重点放在帖字的结构上,反复察看,使帖字的形态结构在大脑皮层留下一个初步的印象,为摹写做好准备。

(二) 指导学生摹帖

小学生初学钢笔字,眼中往往把握不准字的形态和结构。这就需要以帖字为准绳,让学生进行练习。为此,我们设计的第二个训练程序是让学生摹帖。摹帖就是让学生用透明的白纸覆盖于帖字之上,照着帖字描写。在指导摹的过程中,我们要求学生把重点放在帖字的结构上,摹写时笔画要一气呵成,不可涂改,形态、风格上力求与帖字一致,以养成良好的摹写习惯。

(三) 指导学生忆帖

忆帖是在学生读帖、摹帖的基础上,合上字帖,对帖字的笔画、结构、章法等进行回忆,以加深印象,掌握字形。在忆帖时,我们要求学生注意两点:1. 忆帖时要静心凝神,使帖字的形态在脑中再现;2. 如难以再现,可看帖后再忆,多次反复,直至"成竹在胸"。这一程序我一般安排在早自习进行训练。

(四) 指导学生临帖

临帖就是把字帖放在旁边当作参照物,看着帖字照着写,它是全程训练的重点。在临帖训练中,我们一方面对学生进行笔画、笔顺、结构等的具体指导;另一方面要求学生临帖时做到手、眼、心并用,留心每一笔画起、运、收的变化。学生摹帖时易得帖字的形态,进步快,兴趣浓,但临帖时,由于受原有习惯的影响,字形往往走样,临写难免呆板,不如摹写的字。学生容易灰心失望。为此,我们采用表扬为主的策略,在评讲学生临帖作业时,充分褒扬"一字""一笔"上的进步,以鼓励学生克服心理障碍,鞭策学生常练不懈。同时加强基本笔画的过细指导,使学生尽快领会并把握帖字的笔法。

（五）指导学生比帖

比帖就是把临写的钢笔字与范本上的字相比较，找出临写之得失，进行自我总结。俗话说："有比较才有鉴别。""苦干不如巧干。"指导学生写字也是如此。在指导临帖中，我们不要求学生一下子临许多字，而是要求学生每临一字即与帖字比较，边临边比，比比临临，细心琢磨，寻找差距，及时纠正，不断提高。通过比帖这一程序，学生的观察分析能力提高得很快，临写的钢笔字也越来越好。

（六）指导学生默帖

默帖就是在学生对几十个字临得较为像样后，把范本合上，凭记忆默写范字。在默帖中，我们指导学生用"实默法"（用钢笔书写）与"虚默法"（用手书空）相结合的方法进行练习。特别是"虚默法"不受时间、空间、工具的限制，学生练习的机会颇多，对提高学生的钢笔字书写水平帮助很大。

在指导学生临摹钢笔字帖的过程中，我按上述"六步临帖法"的程序进行周期性的循环练习，以一星期为一个训练周期，指导学生练写40个字。这样扎扎实实地周而复始地进行训练，经过一年的练习，成效显著。这个班上学生的钢笔字写得特别漂亮，使他们终身受益。

多年后，我调动到实验小学，与搭班的祝建平老师合作，将自己的"六步临帖法"加以总结成文为《简介六步临帖法》发表在《中国书画报》。

图 6-3 与部分学生合影

第四节　教导工作

　　1986年8月，我被提拔为区校的副教导主任，新学期继续教新一届的毕业班语文，不再担任班主任。教室安排在教导处隔壁，因为这是一个大班，全校只有这个教室能容纳53位学生，班主任由数学老师许国民担任。这个班的男同学特别活泼，之前课堂纪律不是很好。学校认为我去教这个班的语文比较合适。

　　除了在语文教学上继续认认真真教课外，我开始接触学校的管理工作。我们教导处的分工比较简单。教导主任俞成松，主持教导处工作，分管数学等学科的教学，做好排课、调课、教师线的常规管理等具体事务；我协助教导主任分管语文等学科，具体做好学生线的常规管理工作。俞成松老师身材高大，为人友善，那时50来岁，是一位受人尊敬的长者，也是一位资深教导主任，他于松阳师范毕业，分配到了余姚马渚区校。他办公室坐东朝西，他办公桌对面的藤椅上，张杰坐过，杨文松坐过，施懋麒坐过，现在我坐到了他对面。俞老师开玩笑说："你坐的是个热位，前面坐过的几个人都升迁了。"

　　就这样，我开始履行副教导的职责。那时，我们区校对全区小学教学的管理与辅导是非常尽职的，下乡听课指导是常态。特别是年轻力壮、精明能干的施懋麒老师担任校长以后，对全区的辅导抓得更勤更实。有一个学年，为了提升全区毕业班的语文、数学的教学质量，我们区校班子人员分语文、数学两组，对全区所有毕业班的老师进行了听课，面对面对每位教师进行辅导。今天回顾起来，感觉这种辅导其实是最有效的。数学组听课以俞教导为主，语文组听课以我为主，每组另有校长室的领导把关。

　　早晨，到班级安排好学生的自学内容，与同事骑上自行车下乡。上午第一节、第二节听课，第三节评课。下午返回，直奔教室检查学生自学情况，上课，布置作业，晚上批改作业，备课。这样的节奏每星期至少两天。这一学年，我下乡听课 70 多课时，应该有 30 多天。听课结束，学校组织召开了全区毕业班语文教师会议，地点安排在斗门乡校，市教研室副主任史美键、语文教研员章耀绥等老师也莅临会场，我在会上做了听课总结与反馈。我用生动的实例，阐述了大家在课堂教学中的得与失，受到了与会老师的一致好评。史美键副主任在会议讲话时，高度评价了我的反馈，他说，这样好的反馈他从来没有听到过。

我们的教研工作不仅局限于区内进行，我们还横向开展教研活动。那时，马渚、丈亭都设有火车站，并都有慢车停靠。两个区校的主要领导都很重视横向的教研工作。1987 年，我们两区进行了教学教研的交流活动。我陪同本校的魏晓萍老师与周兰仙老师去丈亭区校施教观摩课，丈亭全区的语文老师代表参与教研。后来，丈亭区校的黄红波、李明珠两位老师前来我校施教观摩课，本区的语文教师代表参与了这次教研活动。依稀记得黄红波老师将《一个苹果》教得很精彩。横向教研，让老师们开阔了眼界，活跃了氛围，打开了教研工作的一扇新窗。

在校内，我还组织全校语文教师开展作文教学序列化的探索，这是一项行动研究。全校语文组老师人人参与，搞得非常扎实，这一研究，重在明确作文教学的目标，重在怎么根据目标实施作文指导，重在怎么根据目标进行评价。探索一年后，我们编辑了《作文教学序列化》研究的专辑。这一探索，受到了语文教研员的高度评价。市教研室在我校举办了推广我校作文教改成功经验的现场会，在现场会上，我校两位老师开了作文指导观摩课，我向与会人员介绍了本校的作文教改经验。

1988 年下半年，在象山石浦镇中心小学召开的宁波市小学语文教学研究会的年会上，我以《明确作文教学序列，加强作文目标管理》为题，介绍了本校作文教学序列化研究的成果，受到了与会专家、老师的一致好评。会后，有很多老师向我索要我们编撰的作文教改专辑。

1989 年 3 月，余姚市教委第一次评比优秀教育论文，我的教改总结文章《明确作文教学序列，加强作文目标管理》荣获一等奖。

1988年，为了增强对《宁波市农村小学整体优化教育实验》在本市的实验点——开元乡校的力量，区校让我兼任了开元乡校的副校长。我积极参与了这一教育实验，并受到了宁波市教科所领导的赏识。

第五节　辅导学校

1986年7月，九年义务教育在我国正式实施。1989年2月，余姚市为了更好地推进九年义务教育，理顺学校管理体制，进行了学校机构改革。在全市的各个区建立了辅导学校。区辅导学校的服务与管理范围是全区的小学与初中，即九年义务教育段。就我们马渚区来说，就是将原有市属高中对初中的管理职能剥离出来，将原有区校对全区小学的管理职能剥离出来，由新建的马渚区辅导学校统一管理全区的九年义务教育。

马渚区辅导学校设在区政府北边的七间楼。据说，新中国成立前这里是李姓人家的房产，新中国成立后被用作公共事业。

我有幸被挑选进了新组建的马渚区辅导学校工作。我们的校长是杨汉昌老师，他此前是马渚中学的书记兼校长，到辅导学校后，还在原校兼任书记。杨校长身材高大，精神矍铄，学识渊博，思维敏捷。他教过初中数学，也教过高中数学，理性思维极佳，在马渚区是德高望重的长者。副校长是来自斗门初中的校长诸百苗。诸副校长性格内敛，文字功底很好，为人真诚。他主要分管初中教学辅导等工作。还从马渚中学调来了叶寿明、严耀庆、毛裕表3位老师。叶寿明老师接近退休，他在辅导学校分管人事、档案、校办厂等工作；严耀庆老师是初中辅导员；毛裕表老师分管成人教育。我们区校也去了两位，胡黎明老师担任辅导学校的总务主任，我担任小学辅导员，分管全区的小学业务辅导工作与团队工作。

杨校长是个非常开明的人，他的管理风格也深深地影响了我以后的管理实践。他对下属信任，从不干涉每人分管的工作。辅导学校建立头两年，我们没有分管小学的副校长，我只是个辅导员，但是他把我当作副校长，让我分管小学辅导工作，小学线的大小事务他从不干预。即使是很重要的人事安排，他也会征求并采纳我的意见。

1990年8月，杨校长看到小学辅导只有我一个人，我的工作量太大了。他主动征求我的意见，问我需不需要配个助手，有没有合适的人选？我建议将马渚镇中心小学的数学教研组组长陈吉宏调到辅导学校做小学业务辅导员。杨校长欣然接受了我的建议，当年下半年陈吉宏就被调到辅导学校工作。

杨校长还是个多才的人，他还教过美术。他的毛笔字写得也很漂亮。我们马渚区辅导学校的校牌也是他亲手书写的。一块2米多高、30厘米宽的白地木牌放在一条长凳上，杨校长右手提着一支扁笔，身体靠近平放的木牌，挥手书写，不到5分钟"余姚市马渚区辅导学校"的校牌就呈现在我们面前，在场的人无不敬佩。

杨校长还很会经营学校。我们8个人一个单位，却挂靠了两个校办厂。因此我们学校的自有资金比较充足，老师的福利也好于其他学校。

图6-4　1991年8月在八达岭长城合影

1991年暑假，学校安排了全室人员各带一名家属去北京旅游，这是我第一次去北京，我们往返都是坐火车。第一天傍晚，我们乘火车到上海，凌晨到严耀庆的上海老家休息了2个小时。第二天上午坐火车去北京，足足坐了一天才到北京。火车上挤得水泄不通，上厕所都成了大问题。那时，亚运会闭幕不久，亚运村也是一个景点。虽说是穷游，但是大家还是玩得很开心。

2年后，杨校长被调到了城区的花园中学任校长。诸百苗接任校长，马渚镇中学校长张裕良担任分管初中辅导的副校长，我被提拔为分管小学辅导的副校长。陈吉宏被调到老方桥小学任副校长后，符丽君担任小学业务辅导员。辅导学校是一个团结并富有战斗力的集体，在那里我同前辈们学到了很多东西，在管理实践中获得了成长和发展。

辅导学校刚建立的时候，是个新生事物，还发生过一件趣事。新单位开张，需要购买文化用品与生活用品。那天，总务主任胡老师让我在购物的发票上做个证明。我一看发票，不禁笑了起来。胡老师感到莫名其妙，问我："你笑什么？"我指了指发票上的购货单位，他也不由自主地笑了起来。原来开票的时候，胡老师告知购货单位是"马渚区辅导学校"，售货员将购货单位写成了"马渚区舞蹈学校"。这也难怪售货员，因为在余姚话中"辅导"与"舞蹈"发音没有什么区别。

我在马渚工作7年，区校与辅导学校各占一半。虽然只在辅导学校工作了3年半，但我从中得到了锻炼，我能独当一面开展工作，并且能出色完成对全区小学的教学辅导工作。其间还组织开展了一些独创性的工作。

1991年春，我组织全区四年级学生代表进行了一场现场作文赛。先带学生参观了饮马河畔新建的一个小公园，其中有几个小亭子，让学生现场观察；再让学生根据观察所得，自拟题目写一篇写景的文章，从中评出一、二、三等奖若干名。我组织这次比赛的目的是要让教师积极引导学生注意观察周围的事物，从生活中发现作文素材。

除了搞好常规的教研工作，我还组织乡镇中心学校的校长去杭州等地听课，让校长们了解前沿的教改趋势，借他山之石，为我所用。

1991年春，组织校长去杭州朝阳一小听课，观摩了语数课各一节，并与该校领导进行了座谈，交流了学校管理的经验。第二天，又辗转来到了南京，在那里参观了许多学校，并与学校领导进行了交流。大家还参观了南京长江大桥，游览了中山陵。这次外出活动，开阔了校长们的视野，让大家学到了先进的管理经验。

我不仅组织校长外出考察，其间还组织了乡镇中心校的教导主任、中小学的团队干部、主要学科的教研组长等到浙江、江苏等省的城市听课、考察与取经。

图6-5 马渚区小学校长外出考察时合影

图6-6 马渚区小学教导主任外出考察时合影

每一份努力，都会在未来化为丰收的喜悦；付出就有收获，这是不变的真理。功夫不负有心人，在1991年6月进行的余姚市小学毕业生语文、数学统考中，马渚区小学毕业生平均成绩在全市名列前茅，我的辅导工作受到了市教研室和市教委领导的关注。在同年8月举行的市教育行政工作会议上，我在大会上作了《充分发挥辅导职能，全面提高教学质量》的典型发言，受到了与会领导和参会人员的一致好评。

这时，余姚市实验小学向我抛来了橄榄枝。杨汉昌校长告诉我，他姐夫徐培根（实验小学老校长）受现任学校领导委托问我愿不愿意去实验小学担任教导主任？但那时我在马渚辅导学校干得如鱼得水，就婉言谢绝了他们的好意。

每个人的生命中都有一道无法抗拒的命运，它在冥冥之中操纵着我们的轨迹。一年后，我因"撤区扩镇并乡"，还是去了余姚市实验小学工作。

第七章

实验回忆：康节名天下，流芳到子孙

"女校""学宫""康节""二小""实验"，从北城候青门洪家道地迁移到今南城学弄邵氏宗祠。几度易名，纵横南北，历经风霜，一脉相承。这就是我曾经工作了3年（1992年6月—1995年7月）的余姚市实验小学。

第一节 初到实验

为使地方行政管理体制进一步适应经济发展的需要，加强基层政权建设，1992年上半年，余姚市进行了"撤区扩镇并乡"。随着区政府的撤销，所有区属单位自然也不再存在，马渚区辅导学校也随之撤销。教育局领导找我谈话，征求我对工作去向的意见。组织上给了我两个选择：一个是到马渚镇中心小学任校长；另一个是到牟山镇中心小学任校长，兼任镇校长联席会议召集人。我以独子且父母年迈等理由，拒绝了组织的安排，要求调到离老家畈周近一点的学校，就这样我被组织调到余姚市实验小学工作。当年6月23日上午，我在诸百苗校长的陪同下，来到余姚市实验小学报到。

余姚市实验小学位于余姚城区学弄63号，始创于1908年，曾用名"阳明镇第二中心小学"，1985年10月，改名为"余姚市实验小学"。从南进入校门，在前天井的中央，迎面是个由一米高的青石砌成的底座，上面是一组纯白色的塑像（见图7-1），一个少年踮脚站在正中间，左手举托着一颗彗星，仿佛在放飞他的理想。少年的右边坐着一位少女，正优雅地拉着手风琴，仿佛沉浸在音乐的海洋里。少年左边的小伙伴下身半蹲着，左手高举过头，手中有个圆环，好像在做运动，显得生机勃勃。

塑像后面是个方形花坛，这里有用珊瑚石砌成的假山和葱郁的树木。四周盛开着各种花朵，色彩斑斓，争奇斗艳，宛如一幅五彩缤纷的画卷。树枝和花儿轻轻摇曳，翩翩起舞，给人以美的享受。它们仿佛在欢迎我这个乡下老师的到来。

图7-1 学校前天井的塑像

第二天上午，我到黄孝源校长办公室接受工作任务。黄校长身材高挑，前额光亮，性格内敛，思维缜密，很有学问。黄校长告诉我，市教委让我来实验小学担任教导主任，但学校教导主任他们已有人选，他想让我担任学校教科室主任，两者都是中层正职，我欣然接受了学校的安排。

当天下午，我参加了学校的行政会议。黄校长首先把我介绍给其他同事认识。会上还专题讨论了由黄校长申报并最近立项的省级课题《实验小学办学特色的探讨》的具体问题。黄校长对课题的构思情况向大家做了说明，然后征求大家对学校创建音乐、体育特色的意见。会上，学校行政一班人都踊跃发言，氛围热烈。大家纷纷表示这一课题研究内容十分契合学校实际，我们学校音乐与体育这两项工作都搞得有声有色，在市内独树一帜，对创建学校音乐、体育特色信心爆满，一片褒扬之声。

因为刚到实验小学，对学校的具体情况不熟悉，我不打算发表意见，只旁听。这时，性格直爽的副校长朱丽珍对我说："仁康，你现在是教科室主任，将来这个课题要你操作的，你发表一下意见吧。"在学校这一班人中，朱副校长是我唯一有过工作接触的。因为我在马渚分管小学辅导去参加市教委、教研室的会议时常常碰到她。

既然朱副校长点名了，我也不能再沉默了。我思索了一下，然后说："刚到实验，情况不了解，本来是没有发言权的。大家刚才都是从本校的角度思考问题，并且从静态的角度分析音乐、体育特色。我想从全市和动态的角度分析。我认为实验小学的音乐教育是很有特色的，而且其他学校在短时间内很难超越，创建音乐特色是可行的。但我认为创建体育特色有很大的变数，因为受体育影响最大的是余姚市中小学生田径运动会，这很容易被其他学校超越的，就难以显示其特色……"

我的话还没有说完，很多人几乎异口同声地否定了我的观点，说："市运会我校的优势是绝对没有问题的。'撤区扩镇并乡'前我们的对手是一个区，现在我们的对手是一个乡镇。过去我校市运会成绩几乎都是第一名，偶尔获得第二名。现在更不在话下了……"

我怯生生地面对大家的质疑，不想反驳。我不是一个人云亦云的人，心中暗暗地想，咱们走着瞧吧。

德高望重的黄校长见到场面有些尴尬，挥了挥手说："仁康刚来，不了解情况……"给我打了个圆场。

这样，音乐、体育特色作为学校重点培育的特色项目，就根据多数人的意见被确定了下来，其实持不同意见的只有我一个不识时务的人。

这年10月，余姚市中小学生田径运动会如期召开，在与全市乡镇代表队的角逐中，实验小学代表队一落千丈，从去年的第一名降到了第13名。那年，全市小学代表队只有24个，我校田径运动会成绩掉到了中下位置。

过了几天，在校园内路遇副校长施煜盛，他推了推眼镜对我说："老周，事实证明还是你有见地。"我开玩笑说："真理有时往往在少数人手里嘛。"那时施副校长已经55岁了，按理应叫我"小周"，但他却习惯称呼我为"老周"。施副校长为人忠厚，工作踏实，见到人总是笑嘻嘻的，在校内人缘很好。我在实验小学工作的3年里，与他相处得也很愉快。

第二节　始教数学

在余姚市实验小学，我工作了3年多，教一个班的数学，从三年级带到五年级直至我调离学校。这是我第一次教数学，但是我还是信心满满。这个班的班主任祝建平老师兼教语文，他是当年教师"进城考"中学校挑过的（进城考成绩第一名）。他二十六七岁，身材匀称，相貌俊朗，语文功底非常扎实，前一年曾夺得余姚市青年教师基本功比赛小学语文组第一名。两个新来的老师，共同接手了这个班。我们相互协作，共同探讨，成了好搭档，也在工作中结下了深厚的友谊。

我始终认为，无论哪门学科的教学，光凭实干苦干是远远不够的，教师必须有自觉的探究精神，通过自身的行动研究来提高教学的效率与质量。

经过两年的数学教学实践，我对小学生运算错误的一些基本情况进行了归因研究，并采取有效对策来解决问题，提高了学生运算的正确率。后来，1994年暑假，我将自己的研究写成论文，向报刊投了稿，1994年10月22日，《浙江教育报》第三版刊登了我的论文《小学生运算错误的心理原因分析》，全文摘要如下。

小学生在数学学习中差错率最高的是运算错误。我在近几年的教学实践中，对小学生的各种运算错误情况进行了分析与综合，了解到学生产生运算错误的主要心理因素有以下几点。

一、对运算法则不理解

由于有的学生没有很好地掌握运算法则，导致运算混乱而发生错误。如在多位数除法中，有的学生只注意如何试商，忽视了商的数位，对商的最高值确定以后，不够商"1"就商"0"的法则不明了，因此出现跳位商或漏商"0"的错误。如312÷3=14，这是因为在竖式运算中出现跳位商的错误（商应是104）。由于有些学生只是机械地识记运算法则，而没有真正理解法则的意义，就会出现运用法则上的错误。如学了"先乘除，后加减"，而没有真正理解其意义，就出现了这样的运算错误：

$$125+500÷5×100$$
$$=125+500÷500$$
$$=125+1$$
$$=126$$

二、先前运算的惰性影响

先前运算的惰性是导致学生运算错误的原因之一。有人观察分析了10位三年级学生解答以下3道试题：①6×7+5；②8×4+7；③7+5×4。第①②题运算顺序与书写顺序是一致的，10位学生都正确完成了。第③题的运算顺序与书写顺序不一致，有5位学生仍按①②题的顺序进行运算。当主试者要求学生回答四则运算的法则时，他们都能正确回答。可见，学生是知道法则的，只是受先前运算惰性的影响而产生错误。

三、思维定式的负迁移

定势是指对活动的一种内部准备状态，决定同类后继心理活动的趋势。当学习内容与原有定势相一致或接近时，就能产生积极影响，引起学习的正迁移，提高学习效率。

但是有时先前的学习内容与后面的学习内容不适用同一原理或同一法则，定势则会产生消极影响，引起负迁移，如在学习小数加减法时，有些学生会把整数加减法中的末位对齐，迁移到小数加减法中，导致运算错误。又如在学习了简便运算后，学生碰到貌似能简算实际上不能简算的试题，就容易出错。

四、短时记忆的错误

短时记忆是指信息保持几秒到一分钟的记忆。短时记忆的错误就是中间结果的储存或回忆中发生的错误。如计算进位加法36+28时，低年级学生在计算十位上的数的和时，经常忘掉个位上进上来的"1"，只算了3加2的和。

在学生做作业的过程中，这种短时记忆的错误，是相当普遍的。特别是在连续的进位加法和退位减法中，经常会发生这种错误。

五、强成分因素的干扰

学生在运算中常受题中某些数据特点和运算符号等强成分因素的干扰，产生心理上的错觉而引起运算错误。如在多位数加减法中，有些学生往往会得出：85000-50000＝80000，84000+60000＝90000。因为题中的5和5、4和6是强成分，因而在运算中搞错数位，导致错误。

综上所述，学生在运算中出现的错误情况是错综复杂的。我们发现了学生的错误后，应认真分析其产生错误的心理原因，并对症下药，进行预防与矫正，以提高学生运算的正确率，实现大面积提高小学数学教学质量之目的。

此外，我还重视在小学数学教学中培养学生的思维灵活性。思维的灵活性是思维品质之一，它指的是人们在进行思维活动时，能够根据客观实际情况的变化，及时调整和改变原有计划或解决问题的思路，并提出新的符合实际情况的思路和方案。

思维的灵活性是一种非常重要的思维品质，它能帮助人们在面对问题和挑战时，从不同角度，以不同方式进行思考和解决问题。显然，对学生进行思维灵活性的培养是数学教师的重中之重。

为了有效地培养所教学生思维的灵活性，我进行了长达三年的探究与实践，探索具体"怎样在小学数学教学中培养思维灵活性的操作方法"，尝试三类思维训练：加强逆向思维训练、开展发散思维训练、借助形象思维训练。设计五类练习题型：变式练习、对比练习、综合练习、多解练习、多问练习。这一教学实践，收到了非常显著的效果，这个班学生的学习成绩有了质的飞跃。

在实践的同时，我将自己在数学课堂上培养学生思维灵活性的做法，撰写成了经验总结性文章《小学生思维灵活性的培养》一文，于1995年发表在《浙江教育科研》上。

几年以后，据班主任祝建平老师统计，这个有46位学生的班级，居然有

10多位学生考上了省重点中学（主要是余姚中学），这种情况是罕见的。当然，我们小学只是为学生打了基础，但让我感到欣慰的是，我这个数学教学的新兵，没有耽误学生的前程，心中一片坦然。

我认为，要大面积提高数学教学质量，抓好后进生很重要。语文学科的后进生一时半会很难转化，而数学学科的后进生转化相对容易。关键是老师要让每个学生每天过关，当天的知识要当天掌握，做到日日清，这就需要数学老师有耐心和恒心。所以，每天中午关心几个后进生是我工作的常态。

为后进生补习却引发了一场虚惊。一天午后，我像往常一样将姓滕的一位女学生叫到我的办公室——学校教导处，打算给她分析错题。滕同学过来了，刚进办公室的门，就倒在了地上，只见她口吐白沫，身体抽搐着。这下，我和两位正在办公室的正副教导主任都怔住了。我急忙起身，过去一看，马上去掐她的中唇。小时候，我们院内有一个癫痫病人，经常会癫痫病发作，大人们就是用这个方法现场救治的，我情急之下也照搬用上了。不一会儿，她终于苏醒了。这时班上的学生也前来围观，有人说："她以前经常要发病的，今天又发了！"

我知道，这种病苏醒了就基本没有问题了，发作时要特别防止她咬伤自己的舌头。一场意外过去了，总算处置得当，有惊无险。这一意外让我明白：任何经历都是有意义的，都是人生的一部分，也是人生成长的基石。

第三节　教科管理

学校教科室在当时是个新鲜事物，全市学校只此一家，也没有经验可供借鉴，其实这种情况不仅余姚这样，全省各地也是如此。为了更规范地开展教育科学研究，浙江教育学院举办了一个"浙江省小学教育实验研讨班"，办班地点选择在浙江省委党校，参加对象是全省实验小学的教科室主任。汪潮老师是这个班的班主任，他当时是年轻的副教授，带有地方特色的普通话让人觉得新鲜。这个研讨班进行了一个星期，讲课老师来自浙江大学、杭州大学、浙江教育学院等在杭高校，几乎集中了全省教育实验方面的专家学者。我们聆听了10来个教育实验专家的讲座，阅读了几十份教育实验方面的刊载文章，考察了杭州几个教育科研成果丰硕的小学。这次研讨班的学习，让学员们茅塞顿开。我们知道了什么是真实验、什么是准实验、什么是假实验。我们也认识到教育科研是以教育科学理论为武器，以教育领域中发生的现象为载体，以探索教育规律为目的的创造性认识活动，即用教育理论去研究教育现象，探索新的未知的规律，以解决新问题、新情况。我也在这次学习中获得了成长。这次学习，也为我以后开展教育科研工作奠定了基础。

图 7-2　浙江省小学教育实验研讨班留影

广大一线老师，习惯于耕耘自己的一亩三分地，习惯于苦干实干加班干，把教育科研工作只当作葱花与点缀。我了解到，实验小学命名虽已有 8 年，但科研成果屈指可数。学校进行过小学语文"注音识字，提前读写"的印证性实验，施煜盛老师在 CN 刊物发表过一篇教学论文，俞伯军老师在 CN 刊物上发表过一篇科学学科的教案。

担任教科室主任以后，我思考的是怎样把分管工作推动起来？怎样让老师们积极投身教育科研？我想，纸上谈兵是没用的，还是要从自身做起，以身作则，把学校的教育科研工作带动起来。我注重了三方面的工作。

一、带头开展课题实验

在浙江省小学教育实验研讨班上,我申报了中央教育科学研究所教学研究室的一个子课题"小学写字教材对比实验",我任课题组长,在学校三年级段扎实开展了实验研究工作。我们的研究如下。

(一)问题的提出

写好字要有好的范本(即教材)。源远流长的中国书法艺术,给我们留下了浩如烟海的碑刻、法帖,欧、颜、柳、赵、苏、黄、米、蔡,异彩纷呈,风格各异。各地出版的写字教材,各有取法,各有特点。初学写字的小学生究竟该选择哪一种教材入手比较容易,并且有利于将来的发展,这不是一个新问题。不少论述主张:提供不同字体风格的教材若干,让学生根据自己的性格特点、兴趣爱好自由择帖。

这种设想固然好,符合学生的个性发展,但是,众所周知,老师在课堂教学中的操作谈何容易,必须有一种统一的(至少是一个班内)、易学的教材,方能进行有效的课堂指导。于是,我们提出了这样的假设:

如果小学生使用不同风格的字体练习写字,取其最易入手的一种,就能在最短的时间里达到理想的效果。

(二)实验的组织及对象

1. 本实验构想得到了总课题组汪潮老师的亲切关怀和热情指导,本课题由我担任课题组长,由本校祝建平老师执教,同时,请三年级3位语文老师(周晔、陈水英、卢建华)协助辅导。

2. 本实验以本校三年级3个班共167名学生为实验对象。3个班的学生文化知识、学习习惯、生理心理素质大体相同,(绘人测试结果:301班均分30.5,302班均分31.0,303班均分30.8),并且均未写过毛笔字(个别学生在少年宫接触过毛笔)。对此实验使用的教材均采用

图 7-3 课题组全体成员合影

上海书画出版社公开出版的《中学生字帖》欧体、颜体、柳体三种。

3. 第一轮实验时间为 1993 年 8 月至 1994 年 7 月。

（三）实验的过程

1. 多方联系，制订切实可行的实验方案

图 7-4　实验选用的三种字帖

为使本实验有的放矢地顺利进行，学校在期初请来了余姚市书协副主席、中国书法教育研究会会员金精同志，会同执教老师及三年级 3 位语文老师，共同制订了实验方案（《方案》另附），研究了实验过程中需要注意的几个问题：

（1）随机抽定结果为 301 班使用欧体字帖，302 班使用颜体字帖，303 班使用柳体字帖，要求学生在校内与所有写字场合都使用规定的写字教材。

（2）每周安排一节写字课（40 分钟），教学一个基本笔画或偏旁部首，每天安排 15 分钟的写字辅导练习。

（3）为降低难度，引发兴趣，根据扶放结合的原则，由实验组设计、刻印双钩，单钩，独立练习的衬纸，供实验中使用。

（4）在实验过程中，注意运用多种方法，激发学生的写字兴趣，培养良好的写字习惯。

2. 讲练结合，认真上好写字课

对比实验分 3 个阶段进行。第一阶段，教学点、横、撇、捺、钩、折等基本笔画的写法，这是写字教学的基础。只有合格的基石，才能构筑坚实的大厦，同样，合格的基本笔画，也是写出规范、美观、独具风格的汉字的基础。不同风格的字体，它的基本笔画形态，运笔的过程也各不相同，在这一阶段，我们指导学生通过钩、描、临、默等多种方法，初步掌握基本笔画的形态和运笔要领，并通过例字进一步巩固。第二阶段，以偏旁部首教学为主，进行同一偏旁的帖字教学，让学生初步体会帖字风格。第三阶段，教授一些简单的结构安排，如左右平分、上下平分等。

下面以"柳体、悬针竖"一课为例，谈谈一堂写字课的具体操作过程：

（1）组织教学。这是每一节写字课必须重视的一环，它有利于稳定学生的情绪，集中学生的注意力，使学生养成良好的书写习惯，一般包括检查文具的摆放位置、坐的姿势、握笔姿势等，还可结合教学内容，进行活动性的练习。像这节课是教学"悬针竖"，所以我们着重进行了悬提笔拉直线的练习。

（2）讲授新课。这是上好一堂课的关键，教师要采用直观的方法进行精讲，深入浅出地讲清行笔要领，可分以下几步进行：①复习检查，复习上节课学过的"垂露竖"的写法，要求学生回答书写要领，根据回答，用毛笔蘸清水在黑板上书写，然后用粉笔勾勒轮廓。②揭示课题，出示"悬针竖"，让学生观察这一基本笔画的形状特点：下端尖细，状如针尖，故名悬针竖。③比较分析，幻灯出示"垂露竖"和"悬针竖"，通过比较，分析两者异同，认识到"垂露竖"收笔回锋成露珠状，而"悬针竖"收笔回锋成针尖状，并画出两种笔画的行笔路线图。④讲解演示。教师边讲解"悬针竖"的运笔方法，边用毛笔在宣纸上演示出来，此时行笔速度要慢，要领要讲解清楚，让学生从老师的示范中领悟到行笔的方法。⑤独立练习，待学生初步了解悬针竖的形状，理解其运笔方法后，让他们进行独立练习，练习后交流书写中碰到的问题，及时指出缺点，归纳提示。

（3）课堂练习。写字课应以学生操作为主，所以一节课中课堂练习的分量最大，而且要把主动权交给学生。教材中安排了"十""中"两个例字，我们采取了从扶到放的顺序进行教学。①幻灯出示"十"，分析它在米字格中的位置；再用毛笔蘸清水在黑板上范写，特别提醒学生注意"悬针竖"的写法，看清老师的行笔过程；接着用白粉笔勾出"十"字的轮廓，用彩色粉笔描出行笔过程，给学生一个完整清晰的印象；然后让学生照着事先发下的衬纸进行练习，老师巡回指导，发现问题，及时指正；最后小结"十"字的书写情况。②放手让学生自己分析、交流"中"字在米字格中的位置，然后独立进行书写练习，在这一步中，教师更要注意表扬学生的点滴进步，使他们保持高昂的学习兴趣。

（4）讲评小结。这是写字课中不可缺少的一环，要以表扬鼓励为主，选几份有代表性的作业，针对性地引导学生评议悬针竖的掌握情况，找出问题，消化巩固所学知识。

以上仅举一例说明我们的上课情况，正因为我们扎扎实实地上好每一堂写字课，所以学生进步较快，效果令人满意。

3. 精心辅导，努力抓好平时的写字训练

"字无百日工""三天打鱼，两天晒网"是搞不好写字教学的，必须抓好平时经常性的练习复习。为此，我们安排每天午后的15分钟进行写字练习，由三年级的3位语文老师进行等时辅导（所谓等时辅导，是为了保持实验结果的客观性，我们要求3位老师在辅导学生进行写字练习时，保持基本相等的时间）。这3位老师都是中师毕业的，她们积极支持实验，在训练中精心辅导，常抓不懈，及时分析、交流、研究学生的学习表现，极大地激发了学生学习写字的热情。他们创造性的劳动使实验得以顺利进行，并达到预期效果。

（四）实验的初步结果

在两个学期的实验中，包括基本笔画、偏旁部首和初步的间架结构安排的教学，每班分别是36课时，分散辅导练习时间每班约45小时。实验时间虽然不多，但实验的结果是令人兴奋的，学生的进步令人满意，受到了老师、学生和家长欢迎。

下面是各班始测、中测和终测成绩的对比情况（三次测验成绩均由金精老师评定）：

实验开始初测时，由于大多数同学都没有使用过毛笔写字，成绩"上""中""下"的学生人数分布基本相同。经过一学期的训练，中测成绩较初测成绩均有所提高，但幅度不大。学习柳体的303班进步较快，经过一学年的训练，303班与其他两班明显拉开距离。301班终测成绩得"上"的有7人，得"中"的有20人，得"下"的有29人；302班终测成绩得"上"的有6

人,得"中"的有 22 人,得"下"的有 27 人。在这两班中,得"中""上"成绩的学生各为 27 人和 28 人,各占全班人数 48.2% 和 50.9%,基本持平。而使用柳体教材的 303 班终测成绩得"上"的有 10 人,得"中"的有 29 人,得"中""上"成绩的学生占全班人数的 69.7%,明显高于其他两班。实验的初步结果表明,使用柳体教材的 303 班进步比较快,效果较好。

(五)实验的分析

欧阳询、颜真卿、柳公权都是唐代著名的楷书大家,后人学习正楷莫不以此三家为楷模而登堂入室。那么,为什么会出现小学生初学写字的柳体教材较易入手的结果呢?

原因是多方面的,试析一二:

1. 从字体看,欧体俊秀挺拔,修长崎侧,颜体端庄雄伟、浑厚劲拔,个性特点强烈,分别达到了秀丽和浑厚的极致,而柳体是介于欧体和颜体之间的一种风格,整体内紧外松,严谨中见疏朗,平整中带险峻,重心常居中心,横画平坦,左右相称平稳,竖画笔直,上下协调统一,字形方正,宜于初学。

2. 从心理定式看,柳体外形美观,字形易学,用笔简练,跟孩子们一二年级时学的铅笔字字形大体相近,也近似于语文课本中的印刷体,使孩子们在学习时自然会产生一种亲近感。

3. 从影响因素看,由于欧体和颜体风格强烈,不易为大多数人接受,家长们大都喜欢柳体,这种喜好也影响着孩子们的学习。

我们根据课题组的操作,撰写了《小学写字教材对比实验》的研究报告,此文在中央教科所小学写字教学研讨会上被评为优秀子课题组二等奖。

图 7-5 优秀子课题组二等奖

二、带头撰写教学论文

"教而不研则浅，研而不教则空"，作为一名教师，我们承载着教书育人的重任，我们不仅要把自己当成一名老师，更要把自己看成是教育的研究者。面对瞬息万变的教育问题，在继承传统教学优点的基础上，更新自己的教学理念，改革创新，探究学科教学中的具体问题，通过不断地反思与实践，解决存在的问题，再进行总结与提炼，撰写教学论文，提高教学的质量与效率，同时也提升自我。

为此，我从自身做起，自觉做教学研究的有心人，积极探索数学教学的规律，撰写了《小学生运算错误的心理原因分析》和《小学生思维灵活性的培养》等论文，分别发表在《浙江教育报》《浙江教育科研》等杂志上。此外我还回顾了自己 10 余年的语文教学实践，加以总结提炼，撰写了《褒贬不一的"草"》[1]《小学生作文引趣谈》[2]《用六步临帖法指导学生练写钢笔字》[3] 等 10 余篇论文并在省级及以上刊物发表。这样让老师们看到撰写与发表论文并不是高不可攀的事，也给大家鼓励与信心。

三、帮助大家提炼总结

一般老师的基本特点是教学经验积累丰富，但总结提炼颇感困难。为此，我做了作为学校的教科室主任应该做的一些工作。

（一）协助校长室抓好省级立项课题的后继组织实施工作，调整特色培育的内容，将学校音乐特色的培育作为主攻方向。在省教育科学研究所所长王炳仁教授等专家的指导下，将"小学创建学校特色的探讨"作为课题，由我主笔撰写课题研究报告。报告主要从 5 方面进行了详细阐述。

1. 办好小学必须要有特色
2. 办学特色的概念及类型
3. 学校特色的形成

---

[1] 载《小学语文教师》1994 年第 5 期
[2] 载《普教研究》1994 年第 4 期
[3] 载《上海教育科研》1994 年第 7 期

（1）制约特色形成的因素

（2）特色形成的阶段

（3）培育特色应遵循的原则

（4）培育特色的操作过程

4. 关于学校特色的评估

5. 对几个问题的思考

《小学创建学校特色的探讨》在国家级刊物《教育研究》（94增刊）上发表。课题研究报告获浙江省普教科研论文评比二等奖。

（二）帮助教师总结提炼教改经验。余姚市实验小学在驻姚部队的支持下，于1991年10月创建了"余姚市儿童军校"，截至1994年8月已培训了3届480名学员。军校通过军政教育、军事训练、军营生活体验等途径，增强了学员的国防观念，激发了学员的爱党、爱国、爱军之情，促进了学员优良品质的形成，为培养和造就21世纪所需要的人才打下了扎实基础。

儿童军校这项工作由邵鼎驹老师具体负责，邵老师是位工作特别认真的老师，他将每年的军校工作安排得井井有条，开展得扎扎实实，取得了很好的教育效应。为此，我主动找他座谈，挖掘素材，进行总结提炼，我们合作撰写了《雏鹰，在这里振翅起飞》一文，此文被载于《浙江教育报》（1994年8月6日第3版）。邵老师很高兴，学校的特色工作也得到了很好的宣传。

此外我还与李剑锋、祝建平等老师合作撰写过经验总结性文章或教学论文。在相互帮助合作撰写的过程中，老师们的教科研热情被点燃了，学校呈现了人人搞科研，个个写论文的良好氛围。为此《余姚报》在头版"百业之星"栏目以"教育科研的带头人"为题，对我的事迹进行了专题报道。

走科研之路，向教育科研要质量是提高全面教育质量的根本途径。与"科学技术是第一生产力"道理相同，学校既要减轻学生过重的负担，又要提高全面教育质量，必须紧紧依靠教育科研。为切实抓好学校教育科研，加强对学校教育科研工作的管理，我们重点采取了三项措施。

第一，制定了科研规划。1993年9月，学校制定并邀请专家论证了《余姚市实验小学"八五"教育科研规划》，确定了三个层次的实验研究课题。（1）学校总课题——实验小学办学特色的探讨；（2）教师集体公共课题8个；（3）教师自选研究课题，即每人自选一个课题。这样，保证了学校的教育科研工作有计划有步骤地开展。

第二，落实了6项科研制度。学习研究制度，记实验随笔及摘记教改信息制度，专家咨询会制度，撰写辑印论文制度，总结、评比、奖励制度，实绩顶用制度。

第三，抓好了4个结合。科研工作与日常教研活动相结合，科研工作与学校管理相结合，整体实验与单项实验相结合，科研工作与创建学校特色相结合。学校的教育科研工作，既开展得轰轰烈烈，又开展得扎扎实实，学校的教育科研取得了丰硕成果。为此1994年1月，学校荣获"浙江省教育科研先进集体"的称号。

第四节　关注育人

作为一个教育工作者，不仅要重视"教书"，也要关注"育人"，两者不可偏废。为此，我也做了些力所能及的工作。

1992年秋天，中日儿童《夏令营中的较量》[①] 在国内引起了极大的反响，许多有识之士就中国儿童身上暴露的种种弱点反思了当今的家庭教育，论述者多，说理透彻。在阅读中，我发现没有人提及学校教育方面存在的问题，于是针对这一空白专题进行了研究，撰写了《反思学校教育中的负效应》，此文原载于《浙江教育报》，后又被转载于《中国教育报》。

"全球在竞争，教育是关键，假如，中国的孩子在世界上不具备竞争力，中国能不落伍？"《夏令营中的较量》一文中这发人深思的结束语在每个中国

---

① 该文于1993年11月25日发表于《中国教育报》头版

人的心坎上画上了一个大问号，更给每一位家长和教育工作者敲响了警钟。大家为中国儿童在夏令营中暴露出来的娇生惯养、意志薄弱、缺乏吃苦耐劳精神等弱点进行了探源，一致认为问题虽暴露在孩子身上，但家庭、学校、社会却有不可推卸的责任，作为一个教育工作者，我仅就学校教育方法上的偏颇之处对孩子品格形成所产生的负效应谈点陋见。

（一）失度的母爱教育

苏霍姆林斯基说过："教育的全部奥秘就在于如何爱学生。"我认为，教师对学生的爱应包含对学生的严格要求。爱与严应是一个统一体，爱之深，则求之严。但在小学中，有些教师光有"慈母之心"而无"医生之手"，光用情感而不用理智指导自己的行动，出现一种失度的母爱式教育。表现有二：（1）当学生犯了错或没有达到老师提出的要求时，有的老师一味宽容，听之任之或轻描淡写地说几句了事，缺少严肃的批评教育和严格要求。久而久之在老师的"爱"和"宽容"中学生的不良品格就出现了。（2）在小学里，常见有些低年级班主任事必躬亲，为争卫生优胜，扫地、洒水、关窗样样自己动手。这样，由于教师对学生的爱失去了"法度"，为学生怕苦怕累、自私任性等劣性品质的滋生垫铺了"温床"。《夏令营中的较量》中的一个细节就是佐证："在咱们中国的草原上，日本孩子用过的杂物都用塑料袋装好带走，可中国孩子走一路丢一路东西……"

（二）不良的行为误导

为人师者，应为人之表率。儿童具有极强的模仿性，教师的字学生会模仿，教师的言语学生会模仿，教师的行动学生也同样会模仿。夏令营中中国儿童身上表现的一些弱点，我认为有些也与教师的行为失当有关。不信？请看校园镜头扫描：某校冬季组织学生晨跑，班主任老师先是振振有词地教育学生要积极参加晨跑，要通过晨跑磨炼自己的意志，培养自己吃苦耐劳的精神。但当学生一开始晨跑，老师们则把手插进大衣口袋里，缩着脖子东一簇西一簇站在操场边避风处闲聊或"观跑"。试想，这样学生晨跑会有劲吗？他们会相信老师晨跑前的那段语重心长的话吗？

（三）过分的保护意识

学校、教师对学生有保护意识这是天经地义的，而且是可贵的。然而，一旦过分保护，也会产生负效应：制约学生各种能力的培养和优秀品质的形成。目前，学校的领导、老师是十分谨慎的，即以学生平安、不出事为第一宗旨。在这种思想指导下，学校很少组织学生参加社会实践活动和参观访问活动，偶尔安排一次参观活动或郊游，总是用汽车接送，即使仅一二公里路程也是如此，这实质上是学校不敢承担风险和责任。然而国外许多学校却不是如此。日本学校经常组织学生远足、爬山等。美国学校十分重视学生参加社会实践活动。1993年夏天，美国福特·沃斯学区的2000位六、七年级学生在300名老师带领下到100多家公司参加了为期一周的社会实践活动，这样做给孩子们提供了实践、锻炼、认识社会的机会。

（四）片面的教育评价

由于受高考指挥棒的影响，"智育第一""分数第一"的倾向从高中逆推到小学，在许多学校实质上还相当严重。尽管近几年来各级教育行政部门三令五申要贯彻全面发展的教育方针，要培养德、智、体、美、劳全面发展的社会主义建设者和接班人。但在实际工作中，因其他几育难以量化，自然把易于量化的智育当作评价一个地区、一所学校、一位教师、一位学生重要的，甚至接近于唯一的标准。因而，不少学校至今只注重提高教学质量，而忽视对学生动手操作、自理自立能力及其他优秀品质的培养。在小学里，仍有重语文、数学，轻劳动、手工、体育等课的现象，初中、高中也一样。班级中评三好生，往往也以"一好"顶"三好"。这样，由于片面的教育评价、不当的目标导向，把学生引上了单攻智育的"独木桥"，导致整体素质差。

（五）陈旧的教学方法

陈旧的教学方法是导致学生滋生依赖性和缺乏自主性的根源之一。主要表现有三：

1. 上课满堂灌。把学生当作装载知识的容器，不对其进行学法指导和自学能力的培养。这样，就把学生的主动性和自主精神扼杀在摇篮里。

2. 作业指导过细。我曾翻阅过一个班级的"语文练习册",一页页、一本本翻下来十分惊讶。所阅作业本本整洁,课后问题道道答得千篇一律。我不禁对这位老师的"高招""肃然起敬"。

3. 回家作业过量。由于各科教师布置过量的家庭作业,学生每天做作业至深夜,严重影响了他们学习的主动性和身体健康。

以上三种表现都会抑制学生主动性、自主性的发展,导致学生的依赖性滋长。

综上所述,当今孩子们身上表现出来的种种弱点,除了家庭对他们的影响外,学校教育中也对其有不同程度的负效应。要托起明天的太阳,不光家长要深刻反思,改革家教方法;学校、教师也应该认真反思,要积极探索科学的教育方法,尽量避免与减少学校教育在孩子能力品质形成过程中的负效应。

后来,我相继又写了《关于克服学校教育中负效应的思考》,载于《浙江教育报》,为广大学校和教师提供育人策略。

作为一个教育工作者,不仅要重视校内育人,也要关注社会与家庭育人。为此我时时注意对有关育人问题的思考,并将自己的思考化作文字,给人以启迪。相继撰写了《给年轻父母的几点建议》(载于《浙江教育报》),以引领家庭教育。

此外,我经常与祝建平老师合作,在《余姚报》发表豆腐干式的短文,通过一事一议的形式,引导家长正确育人。如《兴趣与成才》《要正确对待孩子的成绩》《要引导孩子过一个健康而有意义的寒假》《不要让孩子迷玩电子游戏》《吃苦与成才》。

1994年,宁波市教委发文评比"宁波市教坛中坚",每个县市有两个推荐指标参加宁波市的评比,经过余姚、宁波两级的学科专业知识考试与

图7-6 宁波市"教坛中坚"荣誉证书

上课竞争两个环节，我脱颖而出，被评为"宁波市小学语文教坛中坚"。

第五节 和谐集体

图 7-7 1995 年 3 月摄于余姚市实验小学前天井

一个集体，和谐的重要性不言而喻。"人心齐，泰山移""团结就是力量"等这些耳熟能详的语言都说明了和谐的重要性。我们余姚市实验小学是个和谐的集体，我所在的年级更是和谐的代表。

我们的年级有 3 个班级。年级主任是李剑锋老师，任教二班的语文，她 30 多岁，中等身材，处事和协调能力特别强，是这个集体的主心骨。我曾与魏晓萍老师在马渚区中心小学共事，她 20 多岁，身材微胖，聪颖灵秀，是"余姚市语文教坛新秀"一等奖的获得者，她任教一班的语文。与上述两位搭班的是邵陈标老师，他身材高挑，思维敏捷，听说那时他已通过自学，取得了大专学历。他任教一、二两班数学。祝建平老师任教三班语文，我与他搭班教数学，我们五个人是这个年级的基本力量。除此之外，每学年还有音、体、美学科的老师加入，美术老师黄旭君、体育老师蔡忠海与邵鼎驹等都加入过我们这个和谐的集体。

我们这个年级是当时学校最和谐并且最富有生机和战斗力的集体。学校的日常工作，我们事事争先，样样先进。有几件事印象特别深刻。

1993年1月18日，上海东方电视台开播，节目内容丰富，形式新颖，其中快乐大转盘的节目形式受到了观众的热捧。那年学校改革了政治学习形式，学校的政治学习不再由校长室具体操作，改为由各年级段轮流操作，即校长室只负责制订政治学习计划，分月安排学习内容，并在计划中安排各年级轮流主持实施政治学习。前几个月，政治学习的方法基本沿袭原有的做法，读读文件与刊载文章。五月，终于轮到我们年级了。我们进行了专门讨论策划，受李剑锋老师委托，由我撰写了这次政治学习的活动方案，方案中明确了学习内容、活动形式、活动环节、进行次序和成员分工。其中有个环节是检验学习效果的，我们借鉴了东方台"快乐大转盘"的形式，给全校老师在枯燥的政治学习中增加了乐趣。通过这个环节，既很好地检验了这次政治学习的效果，又活跃了氛围，收到了意想不到的效果。

这次政治学习活动在当时成了学校老师们的美谈，许多人都称赞我们团队的战斗力。

1995年7月，按照余姚市儿童军校的安排，我们五年级学生要去奉化民兵预备役炮兵基地参加军训。因为我于1994年8月开始担任了学校的副校长，又在这个年级任教，所以这次军训带队我责无旁贷。听说前一年军训，出现了很多意外，老师们忙得不可开交，叫苦连连。

军训出发前，我与邵鼎驹老师、李剑锋老师认真进行研究，逐项落实了分工，逐天安排好军训任务，逐条议定了保障措施，并由邵鼎驹老师执笔拟订了这次儿童军校军训的活动方案。由于各位同人齐心协力及活动方案周密，我们将这次军训活动搞得丰富多彩、生动活泼，参加的师生都认为这是一次愉快的经历。

我们这个团体不仅在工作上相互协作，将生活也安排得丰富多彩。隔几个星期在学校食堂聚餐是我们年级的常态。学生放学后,七八个人,围坐在学校食堂的餐桌旁,喝点小酒,谈天说地,无拘无束,无比畅快。有时,家属也参加我们的聚餐,气氛更是热烈。一个星期天,李老师还安排我们到城西肖东的鸭塘湖进行了垂钓与野炊活动,大家玩得很开心。

这些都是年级主任李剑锋老师的精心安排,在一次次的聚餐与活动中,更增强了团队的凝聚力,有效地促进了学校各项工作的开展。若干年后,这个团队的成员陆续调离了实验小学,但是大家都在自己新的工作岗位上干得有声有色。

同门为朋,同志为友。我与搭班老师祝建平志趣相投,结下了友谊。有人说"友谊是蝴蝶,我们嬉戏追逐唤起一张张灿烂的笑脸;友谊是蜜糖,我们一同品尝,甜蜜一滴滴渗入心间;友谊是音符,我们共同谱写,奏成一曲曲美妙的乐章"。

1994年8月,我与祝建平相约,两家同去游览黄山。黄山,因其别具一格的奇松、怪石、云海和温泉等自然景观而闻名于世。这座山峰在历史长河中一直被文人墨客所钟爱,他们留下了许多脍炙人口的诗篇和画作,让黄山的魅力永久传承。

图7-8　我们一家三口在迎客松前合影

我们一行五人来到了黄山脚下,坐索道上了山,开始了为期两天的黄山之旅。黄山之美,美在自然。在这里,奇松怪石相互依存,云海如诗如画。我们在迎客松前留影,在云海前驻望。尤其是云海,它在阳光的照耀下呈现出千变万化的姿态,让人仿佛置身于人间仙境。

黄山的地理环境复杂多变,山峰如笔立之柱,山谷是深邃之眼。尤其是天都峰、莲花峰、

图7-9　姚桂琴与周俊婵在黄山怪石上留影

光明顶等山峰，更是直插云霄，壮观无比。从山谷到山顶，每一处景色都让人流连忘返。祝建平的女朋友姚桂琴和我女儿周俊婵留恋山间美景，不时坐在怪石上拍照，相机记录了一个个瞬间。

我们在山上睡了一个晚上，这里的住宿条件比较差，但这并没有影响我们的游览兴致。直到第二天下午，我们才从后山步道步行下山。想不到下山的路途也是一道亮丽的风景，路边的石岩上到处都有石刻。

黄山之旅让我们深感大自然的神奇和人类的智慧。这次黄山之旅更增进了我们两家人的友谊。

第六节　大专函授

上帝为你关上一道门，总会为你打开一扇窗。原来以为师范毕业，学校的学习生涯便结束了。1994年8月，宁波市教委在全市小学校级领导中选拔人选参加大专函授学习的尝试，余姚有三个推荐指标，我有幸成为其中一员。这样余姚镇校的徐乾霖校长、富巷小学的杨利天校长就成了我的同窗好友。

宁波教育学院对我们这个校长组成的小学教育专业大专班十分重视，安排了最优质的师资担任我们的任课老师。语文是由校办副主任白晓明老师任教，若干年后她担任了宁波教育学院的院长；周建达老师教我们心理学，他是学校干训处的处长；陈剑英老师教教育学；周丽娜老师教数学……这些老师都是宁波教育学院的精锐。

函授学习一般分为自学与面授两部分。面授地点在宁波教育学院菱池街校区。面授一年安排4次，共5个星期。两个学期与寒假安排面授各一个星期，暑假安排两个星期的面授。那时，余姚往返宁波交通十分不便。每次面授我们余姚三位同学都住在学校寝室。晚上无聊，我们三人就出去散步，那时宁波市区的大街小巷处处留下了我们的脚印。我们聊工作、聊人生、谈天说地、无拘无束，三位同窗很快成了好友，结下了深厚的友谊。第二年，大概是徐校长推荐我担任镇中心小学校长。

在这个大专班里,有幸结识了很多名校校长。他们来自全市各县市区,都是当地很有影响力的名校。如慈溪实验小学校长陈新,江北区中心小学校长褚国良,北仑华山小学校长吴镇珍……

师生情真诚无瑕。几年后,有一次去宁波教育学院岗位培训,我去白晓明老师办公室拜访她,那时,她已经是教育学院的副校长。我向她汇报了现在学校正在建设新校园,她语重心长地对我说:"前段时间很多校长是大楼建起来了,但是校长却落水了。仁康,你可千万要引以为戒啊。"

老师对学生的关心是那么真诚与直白啊!几十年过去了,白老师的许多金玉良言我都记不清了,但这句话却深深地在我心底留下了印记。

同学之情也弥足珍贵。学校办学情况的交流,教学前沿信息的互通,学校管理经验的互鉴,学校发展方向的研讨……随着通信与交通的日益发达,我们时时沟通,有效地促进了各自的工作。多年后,我因为要建设新校园,去慈溪实验小学考察他们的校园,临走前陈新校长特意告诉我:"学校的食堂一定要建得大一点,可以增加创收渠道。"因为那时,教师的奖金与福利是寄托在校长身上的。

图 7-10　宁波教育学院大专毕业合影

第八章

达善奋斗：丈夫志四海，万里犹比邻

我与达善（学校首名）结缘整整十年（其中1995年7月—2002年8月任学校校长；1996年3月—2005年8月任学校党支部书记），从38岁至48岁，那是我一生中最好的青春年华。在这里历史带给了我机遇，也带给了我挑战。在这里挥洒了我的汗水，也贡献了我的智慧。这一切让我终生无憾。

第一节 初遇东风

1995年7月，我被任命为余姚镇中心小学的校长。此前，我仅来过这个学校两次。第一次是1991年9月，那时，我尚在马渚区辅导学校工作，参评小学高级教师，在方灿花老师任教的班级施教，接受业务考核小组的考核。第二次是1994年年底，参加余姚镇辖区的小学校长会。在此学校中，仅认识二位老师：学校党支部书记、前任校长徐乾霖，他是我大专班的同学；数学教研组长施美华与我在马渚区中心小学时是同事。其余教师，我一个也没有接触过。因此，这个学校对我来说有点陌生，工作环境是全新的。

余姚镇中心小学是一所百年老校，始创于1898年，首名达善学堂。办学历程中多次易名，先后称"余姚官立高等学校""余姚县第一小学""阳明镇第一小学""府前路小学""余姚县东风小学""余姚师范附属小学""余姚镇中心小学"等。学校初创时择原县试院考棚（新中国成立后为县政府大会堂旧址）——达善堂为校址，后几经迁移，来到现址酱园街91号。学校占地面积约13亩，建筑面积5560平方米。

　　学校坐北朝南，校门宽3米多，是一间楼房的底层，上面是市教科所的办公室。由酱园街进入校门需要爬坡，预示学校将努力向上，发展进入快车道。前教学楼长足有50米，是一座三层建筑，呈畚斗形。东西两边突出，各有一个大教室。学校所有的建筑的外墙都是土黄色，显得整齐干净。后教学楼亦是一幢苏式的三层建筑，也带有双耳。苏式建筑的特点是主楼内中间是通道，南北对开是教室或办公室。这种建筑的缺点是教室单面采光，不够明亮。通道中声音不易散发，课间通道中总是闹哄哄的。学校东边有个小操场，小操场北侧有6间的二层建筑。小操场东侧是5间朝西的小平房。前后两幢教学楼之间，有一条南北向的长长的连廊，这是学校的标志性建筑，是我的前任校长的杰作，凝聚了他的心血。连廊西侧是学校的操场，学生做操、活动、集会都在这里进行。操场北围墙外有10来间平房，那是校办厂用房。连廊东侧是个好地方，这里有一道美丽的风景线，曲径通幽，绿树成荫，花草繁茂，给校园带来了无限的生机和活力。

　　第一次教师会的情景记忆犹新，学校领导班子的调整让老师们觉得新鲜，所以早早到了会议室。看到来了个陌生人，大家都好奇地打量着我，想知道这个中年男子来干什么。余姚镇教辅室副主任、学校党支部书记徐乾霖宣布了市教育局对我的任命文件，还介绍了学校其他校级领导的变动情况。老师们以热烈的掌声欢迎我的到来。接着，我又做了比较详细的自我介绍，让老师们对我有初步的了解。我又称赞了今天的会风，并对以后参会提出了两个关键词：一是要"准时"，二是要"专心"。"准时"是指会议要准时开始，准时结束，要求老师们准时到会。"专心"指开会不能干私活，准确领会会议精神。最后，我还表示这两点要求从我做起，希望大家自觉遵守，互相监督。

　　我是个守信的人，为了兑现这个承诺，我在学校任职期间，开会次次准时，也没有拖过一次堂。俗话说身教重于言教，以身作则的行为也感动了全校老师，从此学校形成了良好的会风。

盛夏的校园是多彩的，绿色的树木与黑色的煤渣跑道相互映衬，让人感受夏日的热烈与激情。知了在树上鸣叫着，仿佛在跟人们讲述它的生命历程和感悟，使人产生不少感慨和思考。

8月底，老师们开始在校园忙碌，大家都做着开学准备。作为新来的校长，熟悉环境、熟悉教师是我的第一要务。那天上午，我到学校的各教师办公室溜达，在他们工作的地方，与他们拉拉家常，以相互了解。我一幢一幢地走访，一个办公室一个办公室地闲聊，最后来到了小操场东侧的体育组办公室，因为房子低矮，又是东西朝向，所以这个办公室有点热。有个20多岁身材高挑的女老师正在整理办公室，我与她打招呼，她做了自我介绍。体育办公室放着3张办公桌，发现在相对放置的两张办公桌的桌面上，刻有一块中国象棋的棋谱，楚河汉界映入眼帘。

下午，我去后教学楼走访，在学校的连廊里，碰到了吴培荣老师，他是学校的体育教研组组长。我们互相寒暄，闲聊了起来。在聊天中，我想到了上午的发现，于是，我对他说："吴老师，我发现你们办公室的3张办公桌太破旧了，我问过总务处，学校有修理好的办公桌，请你们换一下。"吴老师说："没关系，不用换吧？"我坚持说："还是更换一下比较好。"第二天，我巡视校园时，发现体育办公室的桌子已经是新漆的了。要求更换办公桌这一举动，让体育组的老师有所触动。从此，开启了校风与教风转变的新气象，学校体育工作也走上了新的台阶。几年后，吴培荣老师被评为"省优秀教师"。

徐乾霖校长与我办交接时，从抽屉里拿出来一张1991年10月12日的《余姚报》（今天《余姚日报》的前身）和市能源办送来的节能知识资料，此外还有老师们几年来积累的有关节能方面的资料。

我上任后的第一次行政会上，讨论了学校的特色培育。根据学校实际，当时定下了培育四大特色：少年警校、写字教育、奥数和节能教育。重点讨论了怎样更好地开展节能教育，大家你一言我一语，纷纷建言献策，最后决定编写节能教材。这项工作原来是由少先队负责的,我决定让校内辅导员范红月老师负责编写工作,我把徐校长移交的相关资料全部交给了她。范红月老师工作积极主动,趁暑假尚有一个月多,就组织部分语文老师展开了节能教材的编写工作。开学后不久,第一套节能教材面世了,它共有六册,封面用不同颜色的彩纸区分,每个年级一册,使用两个学期。这套节能教材,真的是全体参编老师用汗水换来的。从此,学校的节能教育步入了良性发展的轨道。

第二节 百年校庆

百年校庆对学校来说是一件大事、一件盛事。虽然离建校百年还有3年时间,但具有远见卓识的徐乾霖校长早有谋划。暑假中他邀请了杨祖彰、黄伟民两位本校的退休校长与学校现任办公室主任金杏娣老师作为校庆办的主要力量,做校庆筹备的具体工作。我到岗后,接过了徐校长的接力棒,为迎接百年校庆,着手开展了四方面的工作。

一、及时启动,联络校友并做好采编工作

为了打有准备之仗,我及时启动了校庆办的工作。3位老师很快就进入了角色,他们不辞辛苦,奔波劳累,主要做好了两方面工作。

(一)联系校友与征稿

1995年11月,校庆办向海内外校友发出了《校庆预备通知》,告知广大校友1998年下半年,学校将举办百年校庆纪念活动,请校友们回忆校园生活,积极撰稿,缅怀师生情谊。并请校友们提供自己和其他校友近期的准确信息,以便以后联系。1997年9月,校庆办又向校友发出了《喜迎校庆告校友》的通知,这样,经过两年多的联系,校庆办取得了第一手资料,为做好后续的校庆工作奠定了基础。

校友的稿件感念于母校的启蒙之恩,有诗有文,题材丰富,形式各异。缅怀了师生情谊,表达了对母校的深深祝福。

<<< 第八章 达善奋斗：丈夫志四海，万里犹比邻

（二）编写校史与纪念册

以史为鉴，可以明得失。了解过去，利于今天。从校庆办建立的第一天开始，黄伟民老师就重视校史与纪念册的编撰工作。他们三人广泛收集史料，通过查阅《余姚文史资料》《余姚市教育志》及校档案室档案等资料，前后合计摘录卡片 1032 张，累计 40 余万字，召开校友座谈会 5 次，学校主要领导与三位校庆办老师，上门访问老校长、老教师、老校友 50 余人次。其间，许多老校长、老教师、老校友对我们的工作给予了热情的关注，积极提供资料、实物、校友的情况。特别感动的是 85 岁高龄的周凤铮老师，为校友录操心，走访学生，联系同学，乐此不疲，我十分感动。1998 年 6 月，由黄伟民老师主笔的《余姚镇中心小学百年校庆》纪念册成稿，作为校长的我做了统稿与审定，还为校史纪念册撰写了"前言"，见图 8-1。

图 8-1　学校班子成员合影

达善之旅 >>>

　　纪念册图文并茂，内容丰富。彩页部分有"辛勤园丁""关怀鼓励""流金岁月""今日校园""队旗飘飘""特色花絮""桃李芬芳""教坛群星""体艺之窗""教育科研"等栏目。图8-2是"辛勤园丁"栏目照片。

图8-2　退休教师合影　在职教师合影

　　彩页后面是学校不同历史时期谱写的两首校歌，其中一首见图8-3。此校歌于1997年春创作，主创是本校音乐教师黄厚娣。

　　校歌以后是纪念册的主体，分为三部分。第一部分"纪念校庆一百周年"；第二部分"校史"；第三部分"校友名录"。

　　校史纪念册印制和校庆典礼活动得到了社会各界和历届众多校友的支持与赞助，余姚舜奇有色金属有限公司为建校100周年赞助10000元。浙江余姚化纤棉纺总厂赞助8000元。本次校庆有135个单位和43个个人捐资赠物，共计金额167,150元，礼品46件。

104

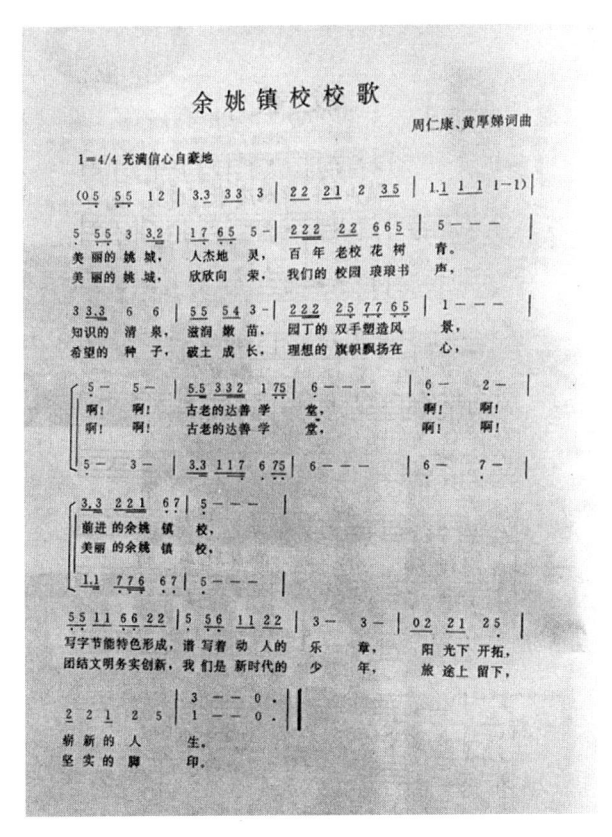

图 8-3 余姚镇校校歌

二、积极争取，努力改善与美化校园环境

良好的校园环境能够陶冶人的情操，净化人的心灵，调动人的情绪，达到不言而教的良好效果。学校作为传递文化和育人的基地，具有良好而优美的校园环境尤为重要。我意识到百年校庆对改善校园环境来说是一次机遇，于是尤其重视逐年改善校园环境的工作。

1995年暑期，修缮了后教学楼，翻修了房顶，外墙加贴了马赛克[①]。

1996年暑期，修缮了前教学楼，翻修了屋面，外墙也加贴了马赛克。

---

① 马赛克是一种外墙装饰的建筑材料。

1997年暑期，翻修了小操场北侧的6间房子，加盖了第三层建筑，开辟了学校的会议室和校史陈列室，等等。

1998年上半年，拆迁民居5间二楼，建设新校门。种植和整理学校的绿化。

图8-4　1998年6月竣工的新校门

每年有基建，逐年来完善。基建花费较大。那时学校创收渠道有限，资金压力很大。那年代，教师的奖金福利全靠学校自筹，政府只发工资。因此，学校有限的自有资金必须一分不少地用到教师身上去。

争取建设资金是校长责无旁贷的工作，当时有种说法，衡量一个校长水平的高低，就看他能不能争取到资金。这话虽然片面，但客观说也有一定道理。怎样争取学校的建设资金是我当时思考的头等大事。

1995年6月，市教委为了办好本市的窗口学校，报请市委同意，让市委、市政府的主要领导担任窗口学校的联系人。全市从幼儿园、小学、初中、高中、高职中选择了10余所学校作为余姚市窗口学校，每校确定了一位联系领导，承担对窗口学校的支持与帮助任务。本校有幸成为余姚市窗口学校之一，市委常委、余姚镇党委书记魏新友成为我校的联系人。

文件下发后，许多学校无动于衷。但我意识到，这是争取学校建设资金的绝佳机会。好在我对魏书记并不陌生,"撤区扩镇并乡"前,他是马渚区委书记,我专程给他汇报过工作,再加上他区委大院二楼办公室北面的后阳台正对着我们马渚区辅导学校的天井。他工作之余,常会到后阳台抽烟,偶尔也会与我们聊天。市教委文件下发后,我积极行动,主动到他的办公室汇报学校的工作,同时还提到了百年校庆。希望市镇两级政府加大对学校的投入,逐年增拨资金,逐步改善学校的校园环境。这一建议得到了魏书记的采纳,在魏书记的关怀下,学校的基建资金得到了保障。此后,我每学期都会给魏书记汇报学校工作,从不间断,我们学校的工作得到了魏书记的肯定与支持。现在回想起来,觉得魏书记是当时最合格、最模范的联系人。

特别是1998年年初,魏书记已担任余姚市政协主席,不再任镇委书记。我去找他汇报希望拆迁民房新建校门的事项,他欣然答应并让市镇两级领导现场办公。那年正月开学的第二天,市镇两级领导就到学校进行了现场办公,当场落实了资金。会后,镇建办迅速组织拆迁工作,4月份拆迁工作全部完成,5月1日开始建设新校门。

三、群策群力,挑灯夜战布置校史陈列室

校史陈列室是传承和弘扬学校文化的重要场所,是一个重要的教育资源。这里可以保存学校的历史资料,展示学校不同时期的风貌、办学理念、教育教学成果,承载学校文化。为此,在校庆前建设好校史陈列室是当务之急。俗话说,万事开头难。从无到有,一切从零开始,安排空间、选择内容、策划布局、设计方案,学校行政人员群策群力,没有聘请一个外来行家,更没有邀请文化广告公司参与设计与制作。展示的内容是我与范红月挑选的,陈列设计是胡亿钧与万银巨策划的,万银巨还将学校在不同历史时期的校名用时间轴串起来,设计了一块版面,观赏效果极佳。邵伯良、陈百初、张菊芬、柴利波等老师负责刻字粘贴。1998年四五月间,学校行政的一群人白天忙于日常教学,晚上布置校史陈列室,没有人叫苦叫累。

校名、校舍变化流程图

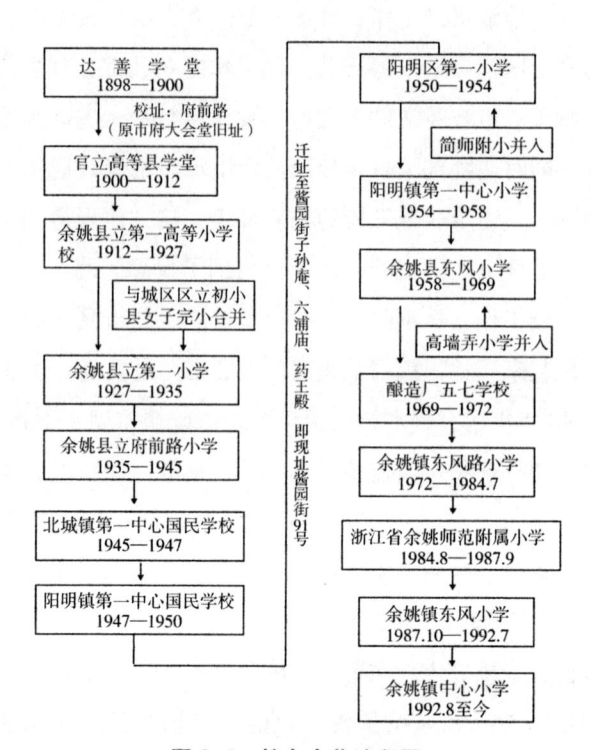

```
达善学堂                        阳明区第一小学
1898—1900                      1950—1954
校址：府前路
(原市府大会堂旧址)                  ↓
    ↓                         简师附小并入
官立高等县学堂                        ↓
1900—1912                   阳明镇第一中心小学
    ↓                       1954—1958
余姚县立第一高等小学                    ↓
校 1912—1927                 余姚县东风小学
    ↓                       1958—1969
与城区区立初小                        ↓
县女子完小合并                   高墙弄小学并入
    ↓                            ↓
余姚县立第一小学                 酿造厂五七学校
1927—1935                   1969—1972
    ↓                            ↓
余姚县立府前路小学                余姚镇东风路小学
1935—1945                   1972—1984.7
    ↓                            ↓
北城镇第一中心国民学校            浙江省余姚师范附属小学
1945—1947                   1984.8—1987.9
    ↓                            ↓
阳明镇第一中心国民学校             余姚镇东风小学
1947—1950                   1987.10—1992.7
                                 ↓
                            余姚镇中心小学
                            1992.8至今
```

（迁址至酱园街子孙庵、六浦庙、药王殿，即现址酱园街91号）

图 8-5　校名变化流程图

四、精心安排，举办好百年校庆纪念活动

1998年6月下旬，学校定下了举办校庆的具体日期：1998年10月8日。在《余姚报》等刊物刊登了《100年华诞——余姚镇校喜迎校庆告校友》的通告，见图8-6。公告以"弘扬百年传统，创建现代化学校"为主题，告知校友于1998年10月8日在龙山剧院举行隆重的庆典活动，母校热切盼望校友光临，重

图 8-6　在《余姚报》登载的通告

第八章 达善奋斗：丈夫志四海，万里犹比邻

温师生情，重叙同学谊。

万事俱备，只欠东风。校庆即将到来之际，学校对校庆活动进行了周密安排。具体安排如图8-7至图8-9所示。

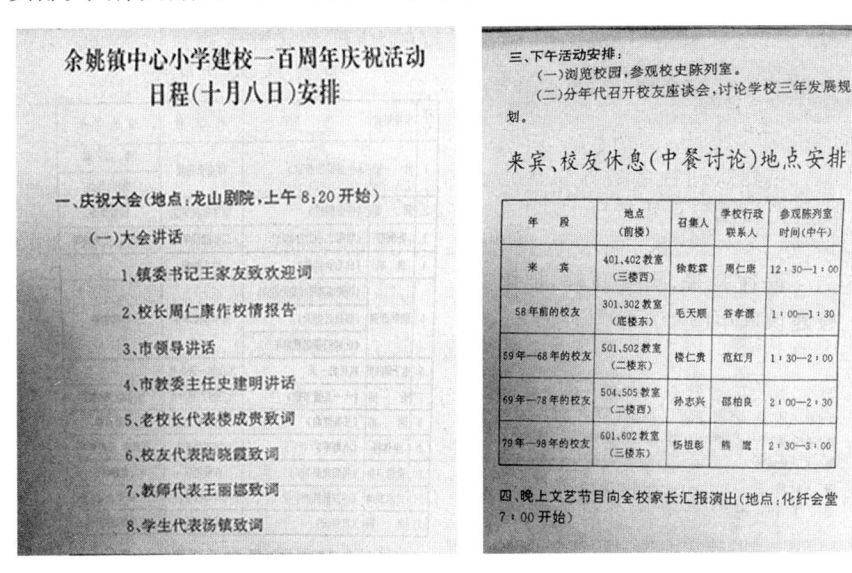

图8-7 庆典活动安排

图8-8 校友座谈会地点安排

图8-9 百年校庆节目单

金秋十月，丹桂飘香。姚城市区一幅幅"热烈庆祝余姚镇中心小学建校一百周年！""热烈欢迎社会各界和新老校友光临镇校百年校庆大典！"的横幅，增添了校庆欢乐的气氛。

秋高气爽，阳光明媚。学生献给学校的1300余盆鲜花将百年老校装点得格外美丽。它代表着1125颗心，衷心感谢学校的培养，也象征着祖国的花朵在校园里茁壮成长。

在校园里还用数百盆鲜花组成"百年校庆""1898—1998"的醒目字样，五彩缤纷、分外妖娆。花坛旁，甬道边，几十面彩旗迎风招展。教学楼、校史陈列室披挂着"庆祝诞辰百周年，幼木成材桃李妍；教育宏图今胜昔，英才辈出后超前"等长幅标语，到处呈现一派节日的气象。

鲜花盛开，鼓号齐鸣。1998年10月8日上午8点，龙山艺术剧院会场披红挂绿，门前挂着"各路英才聚首母校重叙同学谊；四方嘉宾荟萃姚城重温师生情"等长幅标语。左边，鼓号队从门口列队到路边；右边，礼仪队身穿节日盛装，手持鲜花，胸佩"欢迎您！"的红色绶带，挥动花束，齐声欢迎。在激越欢乐的鼓号声中，迎来了从四面八方赶来的新老校友。几十年不见的师长和学生，两只手紧紧地握在一起，说不尽的思念，道不尽的祝福……会场上情景交融，成了欢乐的海洋，幸福的乐园，为庆典营造了一派热闹非凡的喜庆氛围。

忆创业艰辛，构蓝图之美。上午8点30分，1600余名来宾与校友在龙山艺术剧院参加余姚镇中心小学一百周年庆典活动。中共余姚市委常委孙钜昌、余姚市副市长吴展、市人大常委会副主任余家其、市教委主任史建明、市教委党委书记沈相国、市文化局局长周建华及历任健在的本校校长、教师代表、校友代表、学生代表40余人在主席台就座。主席台中幕上悬挂着"庆祝余姚镇中心小学建校100周年大会"的会标，热烈庄重。主持人副校长范红月宣布："纪念余姚镇中心小学建校100周年庆祝大会开始。"全场响起了热烈的掌声。

中共余姚镇委书记王家友致欢迎词。他在欢迎词中首先对参加庆祝活动的领导、来宾和校友表示热烈欢迎,接着他说:"余姚镇校是一所具有悠久历史和享誉社会的先进学校。镇校建校百年,历经风雨沧桑,却始终如一地高扬启蒙育人的旗子。在各级政府和各界人士的关心与支持下,用智慧和汗水谱写了一曲曲壮丽的凯歌。今天的镇校经过一世纪几代人的努力,成绩卓著;明天的镇校一定会更加辉煌,再创宏图伟业的目标一定会实现。"

我代表学校做了以"继百年优良传统,创世纪宏图伟业"为主题的校情报告,报告如下。

尊敬的各位领导,尊敬的各位来宾,校友们、老师们、同学们:

在这秋风送爽、丹桂飘香的收获季节里,迎来了我们余姚镇中心小学建校一百周年的喜庆日子。今天,来自祖国四面八方各条战线的校友们相聚在姚城,隆重举行庆祝余姚镇中心小学建校一百周年大会。在此,请允许我代表余姚镇校全体师生员工,向光临盛会的各位领导、四海来宾、八方校友表示最热烈的欢迎和最衷心的感谢!

我们余姚镇校是余姚近代的第一所新式学堂,也是国内首批新学之一,它与北京大学、浙江大学等国内著名学府同龄。学校始创于1898年,是维新运动推动下热心桑梓教育的邑人叶秉钧、史翊经等社会贤达主持创办的,择原试院达善堂为校址,首名达善学堂。一百年来,学校十五次易名,几度移址。虽历经风雨沧桑,仍不断前进发展。在历任领导和历届师生的艰苦努力下,学校办学规模不断扩大,教育设施不断完善,师资队伍不断壮大,教学质量不断提高,目前进入了市窗口学校行列。

我们余姚镇校有优良的传统。长期以来,学校十分重视爱国主义教育。1919年"五四"爱国运动爆发,全校师生集会游行,声援北京学生的爱国之举。全面抗战时期学校编辑《战时文选》两集,作为课程教材,宣传全面抗战之意义,声讨侵略者的罪行,歌颂战士们英勇战斗的事迹。这些爱国主义教育为以后众多校友投身早期革命活动,为民族的独立和人民的解放而奋斗甚至献身,奠定了扎实的思想基础。我们学校有着优良的校风、教风和学风,学校素以校风正、教风好、学风勤而闻名。百年来,在全体师生的共同努力下,这优良的"三风"得到了继承和发扬,为学校谱写了一曲曲赞歌。

一个世纪以来,有一万余名校友在我们学校受过启蒙教育。校友们在各个历史时期,在各自的工作岗位上,为人类的文明进步,为祖国的繁荣昌盛做出了不懈的努力,为母校赢得了荣誉。在校友中涌现了一批成绩卓著的政治、外交、军事、科学、史学、教育、医学、文化、艺术、体育及企业等方面的专家。昔日莘莘学子,今天已成为祖国革命和建设的栋梁之材,这是母校的光荣和骄傲。

忆往昔,岁月峥嵘,人才辈出;看今朝,春风化雨,桃李芬芳。

近几年来,学校以教育要面向现代化,面向世界,面向未来为指导,扎实地实施了文明工程、质量工程、特色工程、名师工程、教育现代化工程。素质教育全面推进,学校特色得以形成,全面质量大幅度提高。学校多次荣获余姚市先进学校、宁波市示范性文明学校、浙江省节能教育先进单位、全国写字教育先进集体、全国手拉手活动先进学校等称号。这是各级领导对我们的关怀和厚爱,也是对我们的鼓励和鞭策。

今天,我们回顾学校一个世纪的发展道路,展示一个百年的办学成就,充分说明,镇校无愧于历史,无愧于时代,余姚镇校的光荣历史和辉煌成就,必将成为激励我们和后人的一笔宝贵的精神财富。

谁言寸草心,报得三春晖。母校的兴旺昌盛,是每位校友的骄傲。广大校友,无论在异国他乡,还是在余姚本土,始终情系母校,捐钱赠物,出谋划策,大力扶持,殷殷之情令人感动。这次校庆,我们得到了各级领导、社会各界,特别是广大老师和校友们的悉心支持,在此,我代表学校对各位师长、校友、领导致以由衷的感谢!(鞠躬)

各位领导,各位来宾,各位校友,校庆是我们共同的节日,我们举办百年校庆是为了总结前人的成功经验,继承先辈们的优良传统,促进

<<< 第八章 达善奋斗：丈夫志四海，万里犹比邻

学校的繁荣和发展。如今，我们深感责任之重大，任务之光荣，我们深信，在上级领导的关怀指导下，在广大老师和校友的大力支持帮助下，在社会各界的热心扶持下，我们余姚镇中心小学的明天一定会更美好！谢谢大家！

会场上响起了雷鸣般的掌声。

余姚市副市长吴展代表市委、市政府、市人大、市政协向镇校的师生员工、到会的校友表示对节日的祝贺和亲切的问候，他衷心希望镇校师生以百年校庆为起点，发扬光荣传统，发挥自身优势全面提高教育质量和办学效益。市教委主任史建明代表市教委向学校表示热烈的祝贺。

校友代表陆晓霞以激动的心情，为母校的悠久历史和取得的丰硕成果而自豪，并对有培育之恩的母校和老师表达了内心的感激之情。

王丽娜代表全校教师表示，决心以更强的事业心，更足的工作干劲，更真切的爱心，为学生、为学校、为教育事业奉献一切。

学生代表汤镇，代表全校学生在会上表示，他们将用刻苦学习、全面发展、成功成才、造福社会来报答母校和老师。

大会期间，还宣读了来自日本、北京、上海、济南、杭州等国家和地区的校友的贺电、贺信。

上午11点，庆祝大会在《百年庆》的乐曲声中结束。

图8-10　会场全景　　　　图8-11　庆祝大会主席

达善之旅 >>>

中午，新老校友同吃盒饭。

下午，校友们参加了座谈，并仔细参观了校史陈列室和书画展览室。许多校友在校园内和老师摄影留念，共同珍藏这美好的时光。

为答谢校友与家长，晚上我们在化纤大会堂，安排了"百年庆"专场文艺节目演出。

图 8-12　"百年庆"专场文艺演出　　图 8-13　师生同台合唱《余姚镇校校歌》

百年校庆纪念活动，凝聚了广大校友的力量，扩大了学校的知名度和美誉度。为学校的后续发展奠定了扎实的基础。校庆之际，许多校友纷纷发来贺词、贺电、贺信，表达他们的爱校之情。列举如下：

(1) 贺词

贺镇校一百周年校庆

庆祝诞辰一百秋，欢声笑语乐悠悠。

繁花鲜艳春风力，硕果丰盈时雨稠。

但愿同心勤拼搏，一代更比一代优。

发扬母校好传统，改革征途争一流。

校友　黄杨
1998 年 10 月 8 日

(2) 贺电

母校领导：

请柬收到，谢谢！因工作忙没法分身，只好向你们请假，请谅。衷心预

<<< 第八章 达善奋斗：丈夫志四海，万里犹比邻

祝百年庆典盛会圆满成功！

校友　王宝才（时任监察部驻国土资源局局长）
1998年10月1日

（3）贺信

周校长：

你好！来函收悉。只因前段时间政务繁忙，没能及时给你回信，请谅解。

今年时逢母校百年华诞，值此大庆之时，请允许我向你，并通过你向母校师生表示最诚挚的祝贺！同时，对母校及老师早年给我良好的启蒙教育表示由衷的感谢！

……

我殷切地希望母校能按照教育要面向现代化、面向世界、面向未来的要求，坚持教书育人并重，坚持传道授业并重，为培养更多跨世纪的有用人才做出新的贡献。

祝母校百尺竿头更上一层楼！

66届毕业生　俞钢（时任余姚市委常委、常务副市长）
1998年7月30日

余姚镇校领导：

寄来镇校一百周年庆祝大会请柬已收到，谢谢！

我因十月初要参加一个全国性学术会议，故不能前来参会，甚歉。

预祝大会圆满成功！

51届毕业生　钱士雄（时任复旦大学物理系教授）
1998年9月29日

第三节　新建校园

校园建设是学校发展的重要方面，对提升学校形象、改善学生学习生活环境具有重要意义。对于这一点，余姚镇中心小学的老师特别有共鸣。

余姚镇中心小学在百年的办学过程中历经风雨沧桑。曾经，学校在"文革"时期遭到破坏与摧残，优秀师资被调离，学校场地被占据。学校办学条件简陋，仅有一幢苏式建筑，社会声誉一落千丈。余姚城里的老百姓称学校为"破东风"，很多老教师说起那段历史都深恶痛绝。

我来校上任后的前几年，每天早上骑自行车上班。我从和鸣桥由西向东骑行，这里施教区的许多家长带着孩子由东向西骑行，他们是带孩子择校去实验、阳明、富巷、龙山等学校上学的。每天看到择校大军西去的风景，心中倍感凄凉。难怪我到镇校担任校长的消息刚传出时，市教委一位副科长语重心长地对我说："你是从'米缸'跳到了'糠缸'里。"

好事成双。校庆典礼过去不久，我听到一个好消息——我们学校所在的酱园街区域要拆迁改造了。这消息让我振奋，学校将面临一个全新的发展机遇。从此，酱园街改造与新校园建设的讯息成了我后几年关注的重点。

1999年春天的一个下午，市教委的计财科科长徐松炎来到我的办公室。原来市政府今晚要研究有关酱园街的拆迁事项，要求教委在今天下午拿出有关余姚镇中心小学的扩建与新建方案供会议研究。

我们俩就这样开始设计了两个方案。

第一个是扩建方案：在原有13亩校园的基础上，增加11亩土地。新建一幢教学楼与一幢综合楼，重新建设操场，扩建地块建议安排在现有校园的东边。有关绿化的布局与补栽，有关排水的布局与建设等，根据当时的物价，我们还测算了工程造价。

第二个是新建方案：按照国家小学建设的标准进行设计与建造并测算了

当时的工程造价。

直到天暗了下来，我们才完成了两个方案的测算工作。我也没有留徐科长吃晚饭，因为他要将刚测算好的方案送回教委盖章，然后要马上报送市政府。

骑车回家的路上，经过南雷路，两旁的商店已灯火通明。抬头仰望，只见星星点缀着夜空，像用细腻的笔触绘制出的美丽画卷，五彩缤纷的星空，熠熠生辉，美不胜收。

为了让学校更上一层楼，1999年开学后，我起草制定了《余姚镇校1999年—2001年发展规划》，将学校的扩建或迁建纳入了发展目标。

当年5月，市政府正式决定，根据酱园街的地块特点，将学校迁建至地块内东边的凤山村所在的位置。这可是个"风水宝地"，这里是玉皇山的余脉，有"四眼井"和"尚书第"两处名胜，老余姚人都知道这是个好地方，我对市里安排的新校址特别满意。

那段时间，我隔三岔五去酱园街改造工程指挥部打听消息。不久，学校迁建的消息终于来了。在校友翁枝山的办公桌上，我看到了迁建校园的平面图。图的左边备注栏标注：迁建校园占地面积24亩，建筑面积7500平方米，投资800万元。确实校园的占地面积扩大了11亩，建筑面积也比原来增加了近2000平方米。

《论语·学而》中曾子曰"吾日三省吾身"。"一日三省"是曾子一生的修身准则，更成为后代学者的至理名言。

我从读师范开始，养成了一个生活习惯，就是每天晚上睡下后，闭着眼睛将当天发生过的内容在脑子里过一遍。那天晚上我照惯例想着白天的见闻，总感觉到有什么不对。

原来我想到了在实验小学工作时的一个经历。记得1995年3月，浙江省教育厅下派了一个调研小组到余姚市实验小学。组员3人，一个是省教育厅基教处的方张松老师，一个是省实验小学联谊会会长，一个是省实验小学联谊会的秘书长（后两人都是杭城的小学校长）。3人小组调研的目的是省教育厅将要评比"浙江省示范性实验小学",调查全省有哪些实验小学能达到评比标准,因为我校此前获得"浙江省教育科研先进集体",就"教育实验"这项硬指标是达标的,故特意来调查其他指标的达成度。但调查组的反馈意见让我们失望了,因为我校在"办学条件"这一块有欠缺,学校"生均占地面积"和"生均建筑面积"与指标差距很大。

余姚市教委了解此情况后很重视,魏翼唐主任亲临学校,与我们3位校级领导进行了座谈,研究怎样让学校"生均占地面积"与"生均建筑面积"达标。就地扩建,不现实,时间也不允许。魏主任提出现在城区正在建设一所新的小学(暂名"世南小学"),占地面积22亩,建筑面积7200平方米。将实验小学整体(指领导班子与师生)迁入新建的学校,这样参评"省示范性实验小学"这两项指标就达标了。我觉得魏主任的方案很好,但黄校长考虑到学校现址有临街的店面在出租,这方面收入是学校自筹经费的主体,迁移后,学校没有了这方面收入,很难经营。魏主任也没有办法解决黄校长的顾虑,迁移学校和创建"省示范性实验小学"的事就这样搁置了。

余姚素有"文献名邦"之称,居然没有一所小学的"生均占地面积"与"生均建筑面积"达到"省示范性实验小学"的标准,我认为这次余姚镇中心小学的迁建,应该是个机遇,何不给市里的主要领导提个建议,增加新建校园的占地面积和建筑面积,让余姚有个达标的学校。这时,我已忘记了自己仅仅是一个小学校长,而是站在了"余姚人"的角度思考问题。

第二天上午,我早早来到学校,把昨晚想到的内容写了一封书信,用挂号信的形式分别邮寄给了市长、俞副市长、吴副市长。书信内容如下。

尊敬的某市长:
　　你好!我是余姚镇中心小学的校长周仁康。今天冒昧给你来信,主要是要向你反映酱园街改造中学校迁建的有关事宜。
　　启动酱园街改造工程是市委、市政府的英明决策,它是一项民心工程,受到了广大人民群众的衷心拥护。我们学校在其中也受益很大,占地面积扩大到了 24 亩，建筑面积扩大到了 7500 平方米。我们全体师生真诚感谢市委、市政府对教育事业的重视和关心。

余姚历史上是文献名邦，但今天的余姚就办学条件来说，已跟不上时代的步伐。余姚在前几年的"浙江省示范性实验小学"的创建中，没有一所小学的"生均占地面积"与"生均建筑面积"达标，这是很可悲的。目前，我们余姚城区规模最大的是世南小学，校园占地面积 22 亩，校园建筑面积 7200 平方米。但是与我们毗邻的上虞百官镇中心小学校园占地面积 45 亩，慈溪实验小学校园占地面积 38.8 亩相比较，今天我们余姚的小学在办学条件这一块已落后于周边的兄弟县市。

为了让文献名邦名副其实，我建议市政府给即将迁建的余姚镇中心小学增加 6 亩土地，以达到"浙江省示范性实验小学"规定的标准，让余姚有一个真正的窗口学校。此建议是否可行，敬请领导定夺。

最后，祝余姚的明天更加美好！

周仁康

1999 年 4 月 18 日

初夏的一天，阳光明媚，天空湛蓝高远，校园绿草如茵，令人心旷神怡。上午 9 点左右，有两辆小汽车驶入校园，我正在前教学楼二楼的校长办公室工作，听到前天井有声音，到走廊上看个究竟。这时，苏市长推开车门走了出来。我急忙下楼迎上去，做了自我介绍。同来的还有城乡建委主任周银燕、规划局局长韩立平等领导。原来他们是来视察酱园街的拆迁进度的。

我话音刚落，苏市长马上和我说："周校长，你的来信我收到了，今天我们几位过来现场办公。"

我接过苏市长的话说："苏市长，我建议增加 6 亩土地的理由，除了我信里提到的一个方面，还有另一个方面。因为酱园街拆迁前是厂区，而居民居住的大多是平房，生源是'平面'的。新建的小区是多层建筑和小高层，生源是'立体'的，我校现在有 22 班，新校园按 24 班设计是不够的，我建议要按 30 班设计，才能满足本学区居民上学的需要，所以建议增加 6 亩土地。"

听了我的第二个理由，苏市长马上对城乡建委主任周银燕说："周主任，周校长说得很有道理，我们就再给学校增加 6 亩土地。"

周银燕主任连忙答应并说会尽快落实。

后来，苏市长还和我开玩笑说："周校长，如果你同意将学校迁到剑江村的地块，我给你 50 亩土地建新校园。因为老城区没有办法再扩大了。"

我连忙表示理解，并感谢各位领导对教育事业的重视和关心，今天的现场办公说明了一切。

没过几天，我去酱园街改造工程指挥部，碰到了校友翁枝山，他和我开玩笑说："周校长，现在看来，你才是酱园街拆迁的最大'钉子户'。你给市长写了一封信，就争取到 6 亩土地。还有比你更大的'钉子户'吗？"

我笑了笑，说："这么说也是哦！"

夏去秋来，枯黄的树叶在风中瑟瑟发抖，仿佛在诉说着忧伤。望着那一片片飘零的叶子，我感受到了秋天的悲凉。

好事多磨。因凤山村建新校园的位置上出现了两户"钉子户"，市政府与酱园街指挥部商量调整建校地块，将建新校园的地点安排到了原先地块的路南——余姚市制药厂地块。制药厂是国企，不会影响到学校的开工与建设，能保证先建新校园，再拆老校园，不影响正常的教学秩序和新校区的建设进度。我在酱园街指挥部看到了调整后的规划图，仔细观察规划平面图后发现，校门面朝高阶沿路，整个学校坐南朝北。这对我们生活在北半球的人来说是最不理想的建筑朝向，将来使用起来很不舒适。

第二天上午，我 8 点多就到了市政府，乘电梯上 6 楼，电梯门一打开，我们的校友俞钢进入电梯，看到我在电梯内，就问我："周校长，你找谁去？"

"我本打算到办公室找你，关于新校园校址的问题要找你帮忙。现在在这里先简单地跟你汇报一下。"

接着我又说:"校园迁到制药厂的位置很不好,坐南朝北将来要影响师生的身体健康,我建议回到原来规划的地块——凤山村地块。"

俞副市长说:"调整地块是无奈之举,主要是凤山村地块有'钉子户'。"

我说:"办法总比困难多,请俞市长帮一下母校这个忙。"

俞副市长说:"你的建议我知道了,我同酱园街改造工程指挥部再商量商量。"

又过了约莫半个月,市政府最后决定,余姚镇中心小学新建校园回归初次规划的地块。这下,我悬在心上的一块石头终于落地了。

新建校园地块定下了,占地面积定下了,接下来要关注校园的规划和设计了。

校园的规划和设计至关重要,它是校园建设的灵魂,也是一个艺术创作的过程。唐代画家张彦远有诗云:"书画之艺,皆须意气而成……意奇则奇,意高则高,意无则无,意深则深,意古则古,庸则庸,俗则俗矣。"我想建设校园与书画同理。新校园的规划设计必须高瞻远瞩,做到意高而艺高,才能出精品。要建设什么样的校园,作为校方必须有自己的想法和建议,给设计单位以设计方向的参考。为此,在2000年上半年,我带队考察了不少学校。我们参观了上海浦东新建的两所小学,参观了慈溪实验小学、白云小学,参观了鄞州区一所新建的小学,还参观了北仑区华山小学,等等。宁波市内参观的几所小学的校长基本都是我的同学,所以联系也比较方便。有两次我还约上了余姚建筑设计院院长潘志善等设计师一同前往,现场感受各个学校的建筑风格与特点。我还将去新加坡考察时拍来的校园照片提供给设计院,供设计师参考。

通过初步设计与反复沟通,到2000年9月初,完成了新校园最终的规划与设计。在《余姚日报》刊登的《酱园街地块规划方案总平面图》上,也向社会展示了新校园的平面规划设计,下图东北角示意的就是新校园的雏形。

图 8-14　酱油街地块规划方案总平面图

2000年10月9日，我将余姚镇人民政府《关于要求迁建余姚镇中心小学的报告》送至余姚市计划委员会，当天上午就取得了市计委《关于同意迁建余姚镇中心小学的批复》余计基〔2000〕258号文件。

这时候，由于迁建校园占地面积的扩大，酱园街改造工程指挥部已将土建工程的投资增加到1000万元。市计划委员会岑副主任对我说："余姚镇中心小学是镇属学校，除了酱园街改造工程指挥部安排的1000万，其余380万由余姚镇政府出资。而且你们校园的土地，由酱园街改造工程指挥部缴纳相关费用，提供给你们土地证，这是市政府协调好的，校长你不用担心。"

听了岑副主任的话，我像吃了颗定心丸。

第二天，我就乘飞机去北京师范大学干部教育学院参加教育部全国千名骨干校长培训了。

出发前，我向谷孝源、范红月两位副校长交代：三天后，市政府、市建

<<< 第八章 达善奋斗：丈夫志四海，万里犹比邻

余姚市计划委员会文件

余计基[2000]258号

关于同意迁建余姚镇中心小学的批复

余姚镇政府：

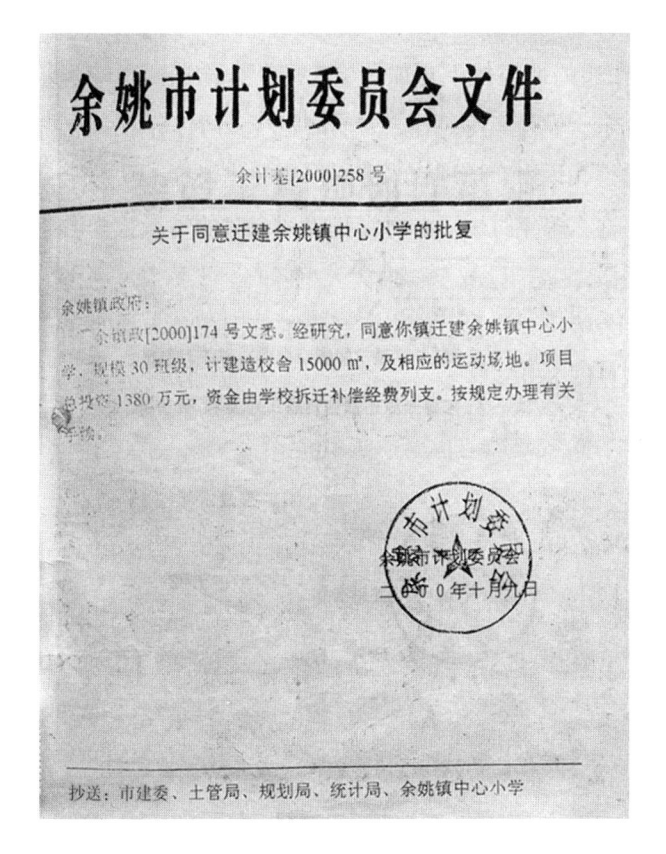

余镇政[2000]174号文悉。经研究，同意你镇迁建余姚镇中心小学，规模30班级，计建造校舍15000 m²，及相应的运动场地。项目总投资1380万元，资金由学校拆迁补偿经费列支。按规定办理有关手续。

抄送：市建委、土管局、规划局、统计局、余姚镇中心小学

图8-15 学校迁建批复文件

委、市规划局、市土管局、镇政府等单位还要对学校的建设规划及设计进行一次综合会审，请他们两位代我去参加会议，因为教育部千名骨干校长培训持续近一个月，中间是不允许请假的。

一个月的培训结束了，回到学校，综合会审的会议纪要还没有下发。这一下，我又着急了，肯定是会审过程中有人发表了不同意见。

2000年11月12日，我专程来到市规划局，找到规划科的李科长。因为我俩相识，我就直接询问会审会议纪要还没有下发的原因。他告诉我："市政府参会领导觉得校门东西两幢楼呈西高东低，不合理；还有小学不用设计车库，学校至今没有一辆汽车，设计车库干什么？所以会议纪要下发就搁浅了。"

我对李科长说："市领导的意见我们要采纳，但不全部采纳。"我接着说："在校门东边的那幢楼下再加一层车库，这样东西两幢建筑就平了，满足了领导的要求。设计车库是社会发展的趋势，请你务必要帮我这个忙了。"

李科长觉得我说得有道理，当即根据我的建议撰写了综合会审的结果并进行了印发。这么多年过去了，每当我想到当时的情景，内心仍然怀有对李科长深深的感激。

紧接着，余姚市建设设计院专门制作了校园模型，作为赠送给学校的礼物。校园模型见图 8-16。

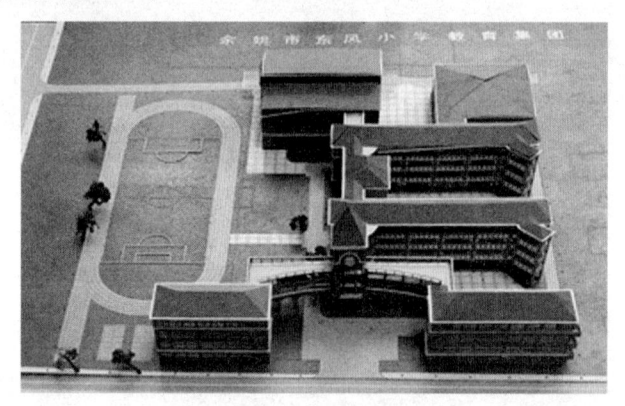

图 8-16　新校园模型

2001 年 3 月 25 日，经公开招标，我代表甲方与中标单位余姚市华夏建筑工程有限公司签订了《打桩工程施工承包合同》，此工程需要打 644 只震动灌注桩。合同中约定 3 月 28 日打试桩，截止到 4 月 28 日竣工。此工程委托余姚市宏基监理有限公司监理。

在打桩基期间，还发生过一个小插曲。

那天虽然是星期天，我心里却记挂着打桩工地。上午 9 点左右，暮春的阳光温暖而柔和，轻拂着花枝，为大地披上了一层金色的光辉。我骑上摩托车来到了新校园的建设工地。工地上，打桩机发出的轰鸣声有节奏地响着。

第八章 达善奋斗：丈夫志四海，万里犹比邻

我不禁联想到有位现代诗人描写打桩机打桩的诗词。①

> 打桩机，是这个时代伟大的抒情诗人
> 它总是以它巨大的轰鸣
> 书写着时代的伟大的诗篇
> 不管你接不接受，不管你爱不爱听
> 哪怕你关严窗户，塞紧耳朵
> 它是那样不折不扣
> 锲而不舍，把它宏伟的诗篇
> 以有力的打击和巨大的回响
> 贯穿你的耳膜，震撼你的心灵
> 那有节律的轰鸣
> 是它别致的抒情
> 就像火车"咣当咣当"的
> 开过大地，它和火车是这个时代
> 并肩齐名的诗人
> 一个是不分昼夜，奔跑着写诗
> 一个是站在一个地方
> 坚守着一个点，锲而不舍地抒情
> 直把大地
> 写成一首首
> 摩天而立的诗行

浪漫与纵脱往往是并存的。这时，我在打桩现场观察到监理员缺岗，问了施工人员，都说今天还没有看到过他。打桩时，监理员的岗位特别重要，

---

① 描写打桩机入地气氛的诗词 [EB/OL]. 百度文库，2022-08-12.

他的职责一是要把关混泥砂浆的配比，二是要监督记录每一个桩基的深度。前者关系工程质量，后者关系工程数量。这时，监理缺岗是绝对不可以的。我拿出手机，联系监理公司经理，让他到工地现场。

监理公司经理匆匆赶到现场，发现监理员缺岗，还没等我开口，立马道歉，表示这是他们工作的失误，并保证今后不会再发生类似情况。

2001年5月19日，经公开招标，我代表甲方与中标单位余姚市双河建筑工程公司签订了《余姚镇中心小学新建校园的土建、水电的建设工程施工合同》。经甲乙双方约定，此工程开工日期为2001年6月1日，工期210天，竣工日期为2001年12月30日。此工程委托余姚市宏基监理有限公司监理。

晨起暮落是日子，奔波忙碌是人生。2001年是我人生中最忙碌的一年。

2001年9月，余姚市撤余姚镇、梁辉镇、肖东镇，建立东北、东南、西北、西南四个街道。10月，随着行政区划的调整，教育管理机构也发生了相应的变化。城区四街道建立了街道教育辅导室，我被任命为余姚市东北街道教育辅导室主任和街道教育党总支书记，职责是管理辖区的中小学与幼儿园。余姚镇中心小学改名为"余姚市东风小学"，我继续担任校长和学校党支部书记，一个人肩负着四五个人的任务，工作量大不言而喻。原有学校的两位副校长也各奔东西。当年8月，分管校内工作的副校长范红月，走马上任到了阳明小学担任校长，10月，分管全镇教学辅导的谷孝源副校长被调到了街道教辅室。在校内我提拔了陈百初为副校长，胡亿钧为校长助理，我将校内的日常工作交给了陈百初和胡亿钧。东北街道教育辅导室初建，许多工作需要安排。我任命原校办厂厂长钟悦芳老师为学校副总务主任，具体分管学校基建工作。

这一年，我每天的工作流程是早晨到学校，处理学校的重要工作，再到教辅室交代与检查相关工作，9点左右到基建工地，查看工程进度与工程质量。中午返回学校，下午处理两个单位的日常工作，15点再到工地，与钟悦芳老师碰头，交流工程建设情况，巡视新校园，直到天黑才回家。

忙碌的日子如旋转的陀螺，一刻不停地运转，似乎永不停歇。日复一日，月复一月……在校园土建工程中，也有小故事发生。

在建筑主体工程进入尾声的时候，一天下午我要处理的工作特别多，一直忙到下午5点才去工地。

日落的余晖渐渐隐退，天空开始染上了一抹淡淡的暗影。到工地，只见施工人员正在安装太阳灯。我上前咨询，大家还不下班，拉电灯干什么？施工人员告诉我，晚上要浇筑地坪。进教室一看，果然已铺上了"八六子"（就是铁路上用的那种）。只见石子三三两两，有些地方还露出泥土，不对，我记得施工图上注明"八六子"层有8厘米，显然是偷工减料了。

我联系了余姚市双河建筑工程公司总经理史济灿，请他到工地来看看。史经理到了后，我问他"八六子"层的厚度，他争辩说浇筑地坪都是这样的，石子层没有什么大的作用。

我对他说："学校是百年大计，石子层必须达到设计要求，现在返工还方便，等地坪浇筑后返工就麻烦了。"我还补充说："其实石子层作用是很大的，要不铁路上为什么用它！"

看到我态度坚决，史经理只得妥协。当晚停止施工，第二天，将铺下的石子收起来，重新挖土外运，再按设计铺石子，整整忙了一天，到第二天晚上才浇筑水泥地坪。

至今，新校园建成已过去20多年了，但学校地面没有一处塌陷，地砖破裂的也很少，人们都夸这个学校的工程质量好。我想与上述这个故事中的严格把关是分不开的。

新校园的建筑共有七幢：A为办公楼；B为专业教室；C为凹形连廊，连接A、B两幢；D为教学楼，有两幢，并有走廊相连；E为综合楼；F为食堂及教工宿舍。

工程开工时，余姚市仪表厂尚未拆迁，F楼不能同时施工。建造F楼的位置正是市仪表厂的主楼。一幢两层建筑，一层为行车车间，层高8米，二层为装配车间，层高3.8米。我多次与酱园街改造指挥部交涉，要求尽快拆除，但仪表厂尚在异地新建，建设与搬迁有一个过程，指挥部同志要我谅解。

在我的再三催促下，指挥部有位同志提出了一个两全方案，即仪表厂的主楼不拆除，待仪表厂搬迁后移交给学校，将此楼改造成学校的食堂与教工宿舍。这样既解决了仪表厂拖后腿的问题，又能为学校建设节约资金。为了确保食堂与宿舍的安全，我特意到余姚市建设筑设计院，调看了这幢大楼的建设设计资料，请设计院专业人员鉴定。原来这幢大楼建于1991年，桩基工程特别牢固，改建食堂与宿舍绝对没有问题。

这样，我就与酱园街改造工程指挥部商定，并报上级部门同意，在仪表厂搬迁后，对大楼进行改造。这幢大楼改造的重点是将一楼分隔成两层，浇筑一道楼板，使之成为三层建筑。其次是内外装修，使之建筑风格与整体协调。这样F楼由新建改为改建，为国家节约了80万元资金，并增加了学校食堂与宿舍楼的面积1000余平方米，可谓一举多得。

政府行政体制的改革，给学校新校园建设带来了资金难题。酱园街改造工程指挥部出资的1000万元到位了，但原该由余姚镇人民政府出资的380万元却出了问题，因为体制变化，余姚镇被撤销了，这380万元就落了空。我向市教委求助，得到的回答是你们原来是镇属学校，经费与教委是不搭界的；我向东北街道办事处求助，得到的回答是我们街道是新建立的，资金零起步，市政府只下拨了50万元开办费；反映给分管市领导，得到的回答是撤镇的协调会上问过余姚镇，他们说基建经费没问题。

一边求助无门，一边到位的1000万元即将付罄。虽然主体工程已竣工，但是学校食堂与宿舍的改建还没有动工，操场还没有建设，学校所有的附属设施还没有施工，绿化还没有招标……

秋晚的夜空，寂静而深邃，月光如水洒满大地。我躺在床上，闭上眼睛，苦思冥想。现在怎么办？这个时候谁也帮不了你。有人说："一次深思熟虑，胜过百次草率行动。"我辗转反侧，一夜难以入眠。

凌晨，我终于下定了决心，揉着红肿的双眼，起床提笔再次给市长写信，信件内容如下。

<<< 第八章 达善奋斗：丈夫志四海，万里犹比邻

尊敬的市长：

你好！

我是原余姚镇中心小学（现名余姚市东风小学）的校长周仁康。今冒昧给你来信，主要反映学校迁建中的资金缺口问题，期望得到你的关注。

根据余计基〔2000〕258号文件精神，校园迁建工程项目总投资1380万元，酱园街改造工程指挥部出资1000万元，余下的380万元由余姚镇人民政府筹资。现在由于撤镇带来了资金缺口。

校园建设现在进入了关键期，随着学校主体建筑基本完成，已到位的1000万元也将付罄（目前已付出和签约需付出资金已达998万元）。目前学校食堂与宿舍改建尚未动工，操场尚未建设，校园内道路尚未铺筑，厕所尚未施工，变电房尚未建造，所有建筑尚未通水……

一个没有食堂，没有操场，没有电，没有水，没有厕所，没有道路的校园，是不可能安排学生上学的，几千名家长也是不会答应的。

而舜江名苑一期工程即将竣工，明春要进入二期工程建设。学校现址处在二期工程中心。如果年底学校不能及时搬迁，势必影响市重点工程——酱园街改造工程的进程，势必影响市政府的形象。因此，加快校园建设已成为当务之急，但资金缺口迟迟得不到解决。

为此学校尽量节约建设资金，请求市政府下拨建设资金300万元。以解燃眉之急，使学校在年底前完成建设与搬迁。

祝您

工作顺利！

周仁康

2001年11月8日

当天下午3点左右，我从工地返回学校，觉得这封信还是自己亲自送去比较合适，我带上信件匆匆来到了市政府6楼，准备上市长办公室反映情

况。楼道里，碰到了李岳定科长，李科长是从教育系统调到政府机关的，我们本来就熟识。我给他说明了来意，他告诉我说："周校长，你今天还是回去吧，市长刚进会议室，现在正在召开市长办公会，今天的会不到晚上9点是不会结束的。你下周一早上8点准时来找市长吧，一定能碰到。"

星期一早上，我8点前到了市长的办公室门口，发现市长还没到。转身走到楼梯口，就遇上了市长。在楼梯外，我做了自我介绍，说明了来意。

市长开口第一句话就说："1000万元造一个小学还不够？"

我恭敬地递上了名片（那时流行名片）。

市长接过名片，看到名片上印着"浙江省特级教师"的字样，脸色也和悦许多，马上和我说："周校长，我们到办公室去谈。"

来到了市长办公室，他亲自给我倒水。我简要地向他汇报了资金缺口的具体情况，将写好的书信交给了他。他告诉我说："我会让市财政前来调研的。"

一个星期后，市财政宋科长、教委徐科长、街道财政所毛所长三人带着贺市长的批件，如期到学校调研校园建设资金情况。三人都是财务方面的专家，对校园建设资金进行了核算，结果与书信上反映的一模一样，一元不差。宋科长对我说："周校长，来之前我还以为你会把补充合同中下浮部分算上的，其实你没有算上，你反映的情况是真实的，我们会向市长汇报的。"

又过了一个星期，东北街道王明阳主任告诉我："周校长，市政府下拨的300万元基建资金已打到了财政所的账户上。"

争取资金缺口的事件给了我两点启示：逆境是磨炼人的学府，面对困难，我们要迎难而上，才能成功；要做真人，诚实是为人之本。

为了节省建设资金，我们将老校园的树木全部移植到了新校园。记得移植的最后一棵树是体艺宫南的广玉兰。我清楚地记得待吊车驶离后，我还把被吊车轮胎压坏的水泥地面抹平。

新校园，新面貌，新气象。

图 8-17　新校园正门摄影

图 8-18　余姚市东风小学操场与西立面

2002年3月28日,学校隆重举行了新校园落成典礼。举行典礼的前夜,下了一场春雨,那天早上,我按惯例7点起床,发现瓢泼大雨还下个不停。我心想:今天的新校园落成典礼要执行预备方案了——在体艺宫举行。

尽管雨势很大,我还是骑上摩托车从江南新城出发,一路向北,当车子驶到南雷路时,雨势开始转小。我的车子驶进新校园,雨过天晴,阳光普照大地,仿佛大自然从沉寂的雨季中苏醒过来。清新的空气中弥漫着雨水的气息,混合着泥土的芳香,让人心旷神怡。

达善之旅 >>>

典礼剪彩

图 8-19　上面一组是在学校前天井举行的校园落成典礼的照片档案

132

第四节 特色培育

一、办好小学必须要有特色

"中小学要由'应试教育'转向全面提高民族素质的轨道，面向全体学生，全面提高学生的思想道德、文化科学、劳动技能和身体心理素质，促进学生生动活泼地发展，办出各自的特色。"这是《中国教育改革和发展纲要》对改革中小学教育提出的要求。

今天的小学生是跨世纪的建设者。21世纪现代化建设需要的是多层次、多规格、多类型的，全面发展的，有一定特长的人才。因此，那种"千校一貌""万人一面"的高度统一的教育模式已难以适应社会的实际需要。教育的多样化和个性化已成为教育改革的重要发展趋势。在全面贯彻教育方针的前提下，因材施教，发展个性特长，创建学校特色，已逐渐成为教育界的共识。

我认为，创建学校特色的过程，实际上就是教育改革的过程。如果不改变办学指导思想，不树立正确的人才观，特色就缺乏思想基础；如果不改革"应试教育"以及与此相适应的教育内容、方法和评价管理机制，发展学生个性，培养学生特长就没有时间和空间的余地；如果不改革高度集中统一的教育管理模式，学校没有办学自主权，整个教育就没有生机与活力，学校也无法办出特色。因此，创建和培育学校特色有利于深化教育改革，促进基础教育的"转轨"。此时，我国正由计划经济向市场经济过渡，学校的自主权也在不断扩大，原来束缚校长办学的绳索正在逐渐宽松，这都为学校创建和培育特色提供了良好的客观环境。

二、学校特色的概念及类型

（一）概念

关于"特色"，当前大致有这样的说法："特色学校""样本特色""学校特色""办学特色"。说法虽然不一，但这概念所表述的涵义的实质却基本一致。

天津康万栋认为，所谓特色学校是指学校办学过程中，结合校情，创造性地贯彻党的教育方针，在学校各项工作达到合格的基础上，因地制宜，扬长避短，使某一方面的优势得到充分发挥，在培养人才上取得社会认同的显著成绩，并形成优良的办学传统，产生较大的社会影响的学校。

杭州俞重庆等人对学校特色的表述："学校在全面贯彻教育方针的思想指导下，为进一步适应社会需求，全面提高教育质量，贯彻统一性与灵活性相结合的原则，充分发挥本校的优势，在教育领域某方面或几方面形成学校自己独特的、传统的格局。"

湖州章祜初认为"所谓办学特色，是指学校在办学过程中所显示出来的特色的内容。一所学校是一个独立活动的有机实体，它有同类学校的共性，也应有自己不同于同类学校的个性。这种'不同于同类学校的个性'就是这所学校的办学特色"。

天津市李振超认为："办学特色是学校在长期教育实践中形成的独特的、稳定的教育风格。"

王宗敏在《天津教育》文中指出："办学特色是指一个学校在办学过程中，表现出来的那种独特的、本质的、稳定的教育风格。"

综合各家理解，我把学校特色的概念表述为：在小学的办学过程中，创造性地贯彻教育方针，充分发挥学校自身的传统与优势，在学校某些方面形成关联全局的，被社会公认且比较稳固的显著的办学特点。

"创造性地贯彻教育方针"是指学校既要遵循教育方针所规定的共性要求，又要使这些共性要求在自己学校个性化，办出自己的风格；既要求学生全面发展，又应鼓励学生发展特长。

"充分发挥学校自身的传统与优势"是指学校在深化改革的过程中，认识、挖掘、发挥自己潜在的优势，因地制宜创建学校特色。

"关联全局的"是学校工作的某些方面取得突破性进展，逐步形成本校办学上的独创之处，进而带动学校整体工作取得进展，全面质量得到提高。

"被社会公认的"是指学校特色被在一定区域内的群众、政府和上级教育行政部门所认同。"特色"不是自己"加封"的招牌。[①]

(二)特征

1. 方向性：创建学校特色一定要明确社会主义建设必须依靠教育，教育必须为社会主义建设服务这一方针，使学校特色与社会的需求相适应；同时创建学校特色还必须符合教育方针及少年儿童身心健康的规律，使特色与人才的培养相统一。

2. 显著性：在一个学校的工作中，有许多的优势，而特色是指在众多的优势中最显著的，它不同于学校工作中其他的优势。

3. 稳定性：学校特色一旦形成，就要保持相对稳定，不断巩固，发展特色，使之形成传统。不是今天"特"这个，明天又"特"那个，违反办学的客观规律。

4. 普遍性：特色不是体现在一两个班级或部分学生身上，而应面向全体学生，即特色必须在全体学生身上得到反映。

5. 基础性：小学是基础教育，因而小学学校特色必须体现基础性。必须在全面贯彻方针的前提下创建特色，发展学生个性。特色要为提高学生的基本素质服务，即一种基础特色，而不是专业特色。

(三)类型

多年来，很多小学都在根据自己的传统和优势，因地制宜地创建学校特色。因为学校特色是多种多样的，而且尚在实践和发展过程之中，从我调查掌握的各地创建特色的实践看，它大致可分为这样几种类型。

1. 课程改革特色，即学校依据未来社会对人才的客观需求，改革课程或设置新课程。如在小学设置外语课、计算机课、信息课等。宁波江北区实验小学就具有课程改革的特色。

2. 教材改革特色，即学校依据少年儿童认知能力发展的规律，改革教

[①] 周仁康. 走向智慧的校本管理［M］. 北京：国家行政学院出版社，2013：97-98.

材，促进某学科教学质量的显著提高。主要有"注音识字，提前读写实验""音标实验""三算教学实验""现代数学实验"等。如闻名全国的辽宁黑山北关小学的"注提实验"及杭州求是小学的"小学数学整体教学实验"就是典型的教材改革特色。

3. 学科教学特色，即学校的某一学科教学质量高，成绩显著，形成优良传统。某一学科有特色，必然有教学水平高、风格独特的教师。如江苏南通师范第二附属小学李吉林教师的"情景教学"独树一帜，且教学质量高。在李教师的带动下，从"情景教学"发展到"情景教育"，成了该校的特色。

4. 第二课堂特色，即学校根据下要保底，不上封顶的原则充分发展学生的个性特长，在第一课堂既减轻过重负担又打实学生基础的同时，积极组织学生开展第二课堂活动，使绝大部分学生的兴趣得到引发，特长等得到发展。主要包括：音乐特色、美术特色、书法特色、写作特色、奥数特色等，如我校创建的音乐特色就属此类。

5. 德育工作特色，即学校积极探索德育途径，逐渐形成独特的传统风格。主要有，"三结合"教育特色、"五育"教育特色、爱国主义教育特色等。如象山石浦镇校很早重视"家长学校"的建设，教育效果甚佳，学校形成了较为典型的"三结合"教育特色。

6. 教育思想特色，即学校以教育心理学原理为依据，更新教育思想，并将新思想渗透在学校各种活动及学科教学中。主要有乐学教育特色、主动教育特色、主体教育特色等。如上海一师附小、东阳市实小、慈溪市第二实小等都形成了乐学（愉快）教育特色。又如南京琅小的主体教育特色、天津红桥区二号路小学主动教育特色等。

7. 学校管理特色，即通过优化管理，使学校某方面工作具有优势，成绩显著，形成传统。主要有"校风、教风、学风"特色，校园文化特色，班主任工作特色；等等。如舟山市定海区舟嵊小学形成的"活泼向上，创新求实"的校风特色就属这个范畴。

8. 电化教育特色，即学校通过强化电教媒体的建设及作用的发挥，优化各科教学，提高教育质量。如金华实验的音像作文特色。

上面列举了8类学校特色，但其分类是相对而言的。它是由学校特色表现的不同层次、不同内容、不同形式所决定的。

三、培育特色应遵循的原则

整体性原则。学校教育是一个整体系统，由系统内部相互依存、相互影响、相互制约、相互作用的各种要素组成。因此，培育特色必须着眼于教育整体改革的全局。如果缺乏整体思考，只搞几项活动或改革一类课程，单项之间往往会缺乏有机联系，这种单项改革往往会偏离目标。但从整体着眼，并不等于多方面改革的一哄而上、万箭齐发。要按整体思路，分清主次，突出重点，分步实施，培育特色。

从实际出发原则。培育学校特色必须在原有的办学基础上，逐步提高，不能好高骛远、不顾实际地照搬外校经验。应在分析自己的办学基础，研究生源的家庭、社会环境条件上挖掘潜力，充分发挥自身优势，扬长避短，调动各方面的积极性，以形成学校特色建设的合力。

全员参与原则。全员参与包括两层意思。第一，要发动全体教师参与培育特色的工作，而不仅仅是学校领导和部分教师。第二，要让全体学生个个参与，使他们的特长得到较好发展，以促进全面素质的提高，而不仅仅是培养几个尖子学生。

四、本校特色项目的规划与实施

学校特色项目是学校发展的核心竞争力之一。通过规划和实施特色项目，可以优化教育资源配置。通过规划与实施学校特色发展战略，提高学校办学品位，推动素质教育的深入，是我作为新任校长的基本办学思路。

特色的形成是动态过程。根据我们余姚镇中心小学的实际状况我们于1995年8月定下了培育四大特色：少年警校、写字教育、奥数和节能教育。但经过两年的实践，我果断淘汰了少年警校这项特色，因为它的功能完全可以通过加强日常学校的体育工作来替代。因此，截至1997年8月，学校最终决定培育写字教育、智能数学和节能教育三大特色。

（一）写字教育特色的培育

从 1992 年开始进行写字教育研究。1996 年被中国教育学会书法教育专业委员会书法命名为"全国写字实验学校",先后于 1994 年、1998 年、1999 年、2000 年、2001 年 5 次被评为"全国写字教育先进学校",2004 年被评为"宁波市先进书法实验学校",2003 年 9 月被宁波市教育局命名为"书法艺术特色项目学校",写字教育已经成为学校的一个鲜明特色。"坚持写字育人"是学校的宗旨。学校有"三个学会"的教育口号,即学会写字——人人都能规规矩矩写字;学会做事——认认真真做好每一件事;学会做人——堂堂正正做文明人。我们在培育写字教育特色工作中从以下几方面着手。

1. 强化硬件建设

学校把一整幢教学楼命名为虞世南楼,挂上虞世南画像,介绍他的生平。在这幢楼中,挂上历代碑帖的放大本,浓缩了我国书法发展的历程。开辟两个书法专用教室,配上多媒体设施,每张桌上铺设毛毡,放置笔架,等等,为学生提供舒适的练字环境。

学校的每一个角落都有书法。将学校的走廊通道设计为书法走廊,将书法名家和学生的优秀书法作品装裱以后上墙,并做到定期更换。同时,在校宣传窗设立书法栏,定期展示历代优秀书法碑帖作品和优秀学生临摹作品。全校班班开辟书法专栏,将班级中写字优秀的同学和有进步的同学的作业上墙,激励和鼓舞全班同学写一手好字。在校报《东风人》中开设艺术栏,刊登学生的书法作品向全校家长宣传。

2. 配强书法专职教师

要培育写字教育特色,教师的重要性不言而喻,特别是配强专职教师尤为重要。因为普通教师是全才,专职教师是专才。写字教育专业性很强,这对培育写字特色来说,配好书法专职教师是至关重要的。1996 年我校被中国教育学会书法教育专业委员会书法命名为"全国写字实验学校"。我从市教委进城考试的教师中,精心挑选了擅长书法的施文浩老师进学校,作为书法专职教师。施文浩不负众望,经过几年努力,培养了一大批书法尖子。其中，戴卿卿同学在《中国教育报》组织的书法大赛（不分年龄）中，获得了全国一等奖（一等奖只有5人），获奖名单在《中国教育报》公布。2000年，由于施文浩调离，我又从当年参加进城考的教师中，挑选了金焕定老师进校作为书法专职教师。金老师发奋努力，把本校的写字教育搞得风生水起。

3. 重视写字教育研究

为了不断总结写字教育经验，推广好的做法，学习别家的长处，学校采用请进来、走出去的办法。几年来，在学校多次召开书法教育研究会议，如华东作协组写字教育研讨会、余姚市书法教育恳谈会、余姚市写字教育研讨会、余姚市书法教育分会动员大会。多次邀请余姚市著名书法家金精老先生来学校为全体教师作书法教育报告，还邀请余姚市著名书法家杨颖先生来学校作书法讲座。派书法老师参加全国各地的书法研究会议，学习外地开展书法教学情况。

4. 促使大面积书写质量提高

在浓厚的书法教育氛围中，学校非常重视写字教育的实际操作，正确处理好普及与提高两个环节。

（1）抓好课程建设。为了提高写字教学质量，在全校各年级每周开设写字指导课一节，每节课40分钟，由书法教师执教，各年级书法教师任课相对集中，有利于备好课，提高课堂教学效率。每天午后设写字练习课一节，每节课15分钟，积极改进教学方法，通过音乐放松、放录像片、讲书法小故事、运用生动形象的比喻等调节课堂气氛，掌握教学节奏，利用学校电视台，播出"跟我学书法"栏目，大大培养了全体学生的书法兴趣。学校还坚持德育思想的课堂渗透，做到教学生写字，育学生做人。还把写字单列一科，成绩记入成绩总录和成绩报告单。

（2）抓好各学科结合。各科教学都渗透、结合写字教育，以增强学生练写的时间。学校采取了两条措施，一是增强语文课的写字教学因素，尤其是一年级做到写字教学和识字教学相结合。加强了对一年级的双姿检查，为今后写好字打下扎实的基础。二是规范各科书面作业的规格和书写正确、清楚、整齐等要求，把写字课所学知识和技能，渗透到平时的作业书写中去，并在各科的测试成绩中，增加书写这一栏目。

（3）改进作业布置和批改。给学生布置适量的回家写字作业。改写字教师一人批改为学生互批、家长批改，引导家长重视学生的书写水平，让家长了解自己孩子在班级中的书写水平，从而督促孩子不断练习，提高书写水平。

（4）设置个性化的评价——"闪亮星"王羲之卡。从2005年9月开始，我们改传统的学生评价体制为新型的评价，对写字达到一定等级的学生发个性化绿卡，对在各级各类写字比赛中获奖的学生发写字最高奖——王羲之卡。新的评价体系大大激发了学生的写字兴趣，收到了很好的效果。

5. 以活动促提高

（1）组织写字测试。①组织书法考级。在认真辅导学生写好字的同时，我们积极组织学生参加宁波市书研会的书法考级，对学生的阶段写字技能水平进行全面测定。通过写字考级活动，大大地激发了学生的写字积极性。②组织全体学生进行写字水平测试和现场比赛。学校每学期对全体学生进行一次写字测试，第一学期测试硬笔字，第二学期测试毛笔字，将班级测试中的优秀学生集中起来，举行校级书法现场比赛，并及时公布现场比赛的成绩，评出团体奖和个人奖。根据班级测试和现场比赛情况做质量分析，提改进意见，交流经验。学生的写字水平测试和比赛，促进了教师教学，同时，学生写字技能在原有基础上有较大提高。

（2）成立兴趣小组，培养写字特长生。在全面提高学生书写水平的同时，我们组建了两个层次的学生书法兴趣活动小组。一是每班组建班级写字兴趣小组，由语文老师负责指导，把班级兴趣小组中的写字优等生推荐到学校的兴趣小组中去，进行专门的训练和培养。二是设校级兴趣小组两个，分初级班和高级班，参加者每天早上、中午、傍晚练习一个半小时，有老师组织进行专门辅导。

(3) 写字现场展示活动多。最近几年，学校组织书法特长生参加街道"百名小书画家画姚城"百米长卷书画展览、校百米长卷书法展示、小小书法家上街为群众写春联、庆七一老少书画家同展示、校百名书法特长生大型展示。又与余姚市老干部局联合举办"老少同乐"写春联活动，邀请市内著名书法家杨颖先生来校给书法特长生作春联书法讲座。

(4) 书法大赛成绩显著。我们在抓好全体学生书写水平的基础上，做好书法特长生的培养，积极参加省市乃至全国级别的书法大赛，每年能获得余姚市级以上奖项60人次以上，在余姚市小学中享有一定的声誉，并得到上级有关部门的肯定。

(二) 智能数学特色的培育

学校从1993年秋季开始，重视了智能数学，组建了兴趣小组，落实指导教师。在1995年以前，学校的奥数教学已显成效，奥数老师顾伟明在姚城也小有名气。为了传承和发展好学校现有的办学优势，我注重培育智能数学特色，具体做法是强化智能数学的师资队伍建设。从顾伟明的一枝独秀，转变为顾伟明、施美华、陈百初等并驾齐驱。每人从四年级开始带校级智能数学兴趣小组，直至这届学生毕业，3年为一个周期，依次轮流。这样责任明确，并在校内形成了竞争，收效显著。3位老师所带的学生参赛都取得了良好的成绩。

例如，2001年，在全国"华罗庚金杯"少年数学邀请赛中，本校学生陈瑜获得了全国一等奖，严晓晓、孙阳央、陈腾蛟3人获得了全国二等奖，郑滨、劳聿杰、王珊珊、陈巍、周琳琰、胡士葵、戚成栋、杨吉宁、蔡宇骄、吴陈杰10人获得了全国三等奖，郁晨等6人获得了全国优秀奖。这次比赛成绩本校居浙江省第一梯队。

(三) 节能环保教育特色的培育

为什么要培育节能环保教育特色？怎样重视培育节能环保教育特色？余姚作家谢志强等人所著的《东风蝴蝶——中国浙江余姚东风小学低碳行动纪实》一书中所描述的一个小故事《农民的儿子》，大概能诠释这些问题。

> 中国浙江余姚东风小学
> 低碳行动纪实

农民的儿子

一点也看不出,气质儒雅的周仁康竟是"农民的儿子"。交谈中,他三次提到自己是"农民的儿子",而且,口气里满含着自豪、自信。

他说:"我理性思维强,感性思维弱,这导致我做事,选择方向明确,却往往忽略细节。从1995年8月至2002年,我在东风小学当了七年校长,其中2002年至2005年担任书记。说到细节,我真的没印象。"

给周仁康续茶,不慎溢溅出,笔者急忙去抽面纸。

周仁康(中)与他的行政团队

图 8-20 《东风蝴蝶——中国浙江余姚东风小学低碳行动纪实》
谢志强等著宁波出版社 2012 年 1 月

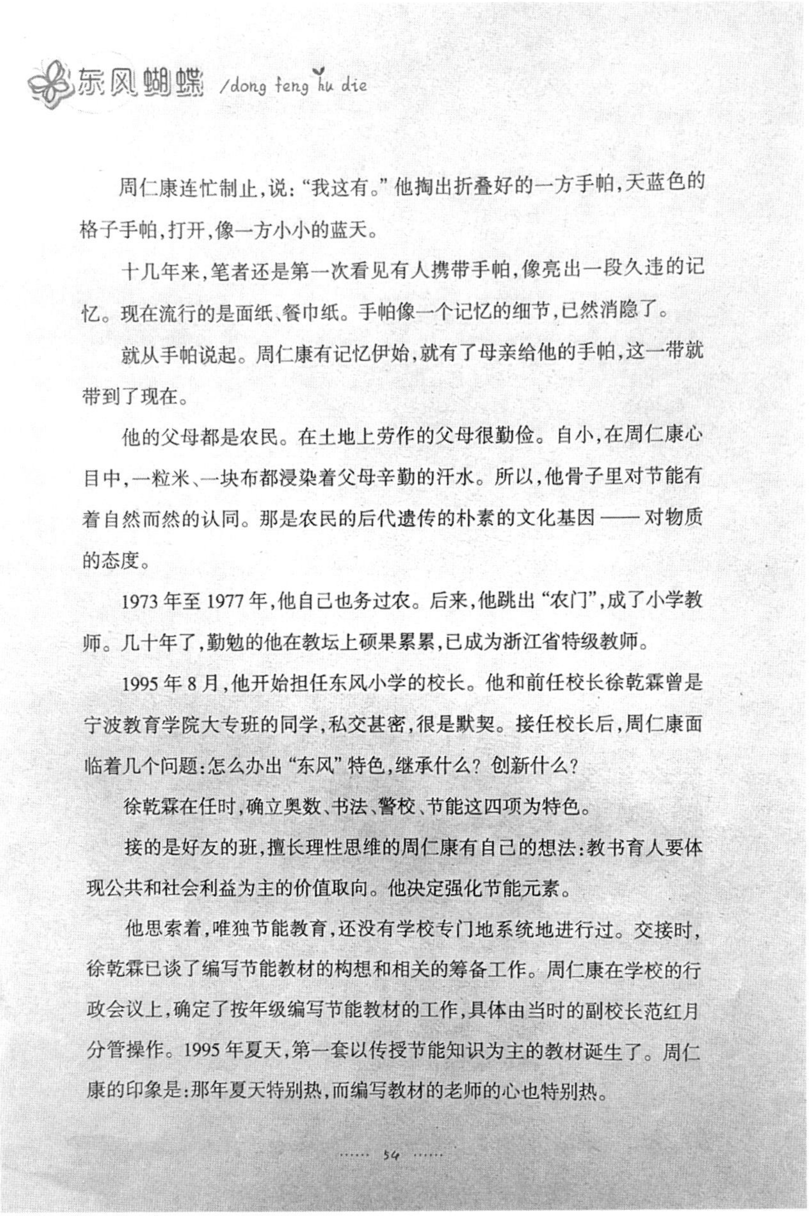

<<< 第八章 达善奋斗：丈夫志四海，万里犹比邻

东风蝴蝶 /dong feng hu die

周仁康连忙制止，说："我这有。"他掏出折叠好的一方手帕，天蓝色的格子手帕，打开，像一方小小的蓝天。

十几年来，笔者还是第一次看见有人携带手帕，像亮出一段久违的记忆。现在流行的是面纸、餐巾纸。手帕像一个记忆的细节，已然消隐了。

就从手帕说起。周仁康有记忆伊始，就有了母亲给他的手帕，这一带就带到了现在。

他的父母都是农民。在土地上劳作的父母很勤俭。自小，在周仁康心目中，一粒米、一块布都浸染着父母辛勤的汗水。所以，他骨子里对节能有着自然而然的认同。那是农民的后代遗传的朴素的文化基因——对物质的态度。

1973年至1977年，他自己也务过农。后来，他跳出"农门"，成了小学教师。几十年了，勤勉的他在教坛上硕果累累，已成为浙江省特级教师。

1995年8月，他开始担任东风小学的校长。他和前任校长徐乾霖曾是宁波教育学院大专班的同学，私交甚密，很是默契。接任校长后，周仁康面临着几个问题：怎么办出"东风"特色，继承什么？创新什么？

徐乾霖在任时，确立奥数、书法、警校、节能这四项为特色。

接的是好友的班，擅长理性思维的周仁康有自己的想法：教书育人要体现公共和社会利益为主的价值取向。他决定强化节能元素。

他思索着，唯独节能教育，还没有学校专门地系统地进行过。交接时，徐乾霖已谈了编写节能教材的构想和相关的筹备工作。周仁康在学校的行政会议上，确定了按年级编写节能教材的工作，具体由当时的副校长范红月分管操作。1995年夏天，第一套以传授节能知识为主的教材诞生了。周仁康的印象是：那年夏天特别热，而编写教材的老师的心也特别热。

图8-21 《东风蝴蝶——中国浙江余姚东风小学低碳行动纪实》
谢志强等著宁波出版社2012年1月

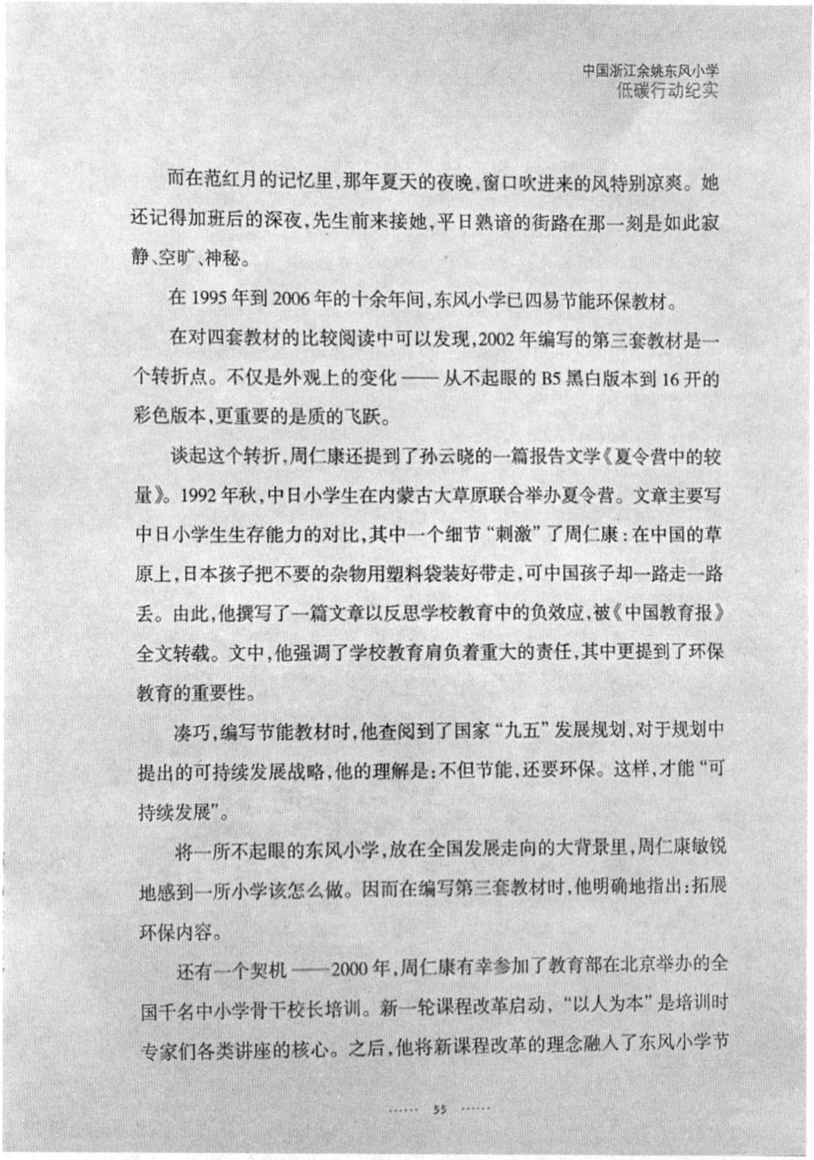

中国浙江余姚东风小学
低碳行动纪实

而在范红月的记忆里,那年夏天的夜晚,窗口吹进来的风特别凉爽。她还记得加班后的深夜,先生前来接她,平日熟谙的街路在那一刻是如此寂静、空旷、神秘。

在1995年到2006年的十余年间,东风小学已四易节能环保教材。

在对四套教材的比较阅读中可以发现,2002年编写的第三套教材是一个转折点。不仅是外观上的变化——从不起眼的B5黑白版本到16开的彩色版本,更重要的是质的飞跃。

谈起这个转折,周仁康还提到了孙云晓的一篇报告文学《夏令营中的较量》。1992年秋,中日小学生在内蒙古大草原联合举办夏令营。文章主要写中日小学生生存能力的对比,其中一个细节"刺激"了周仁康:在中国的草原上,日本孩子把不要的杂物用塑料袋装好带走,可中国孩子却一路走一路丢。由此,他撰写了一篇文章以反思学校教育中的负效应,被《中国教育报》全文转载。文中,他强调了学校教育肩负着重大的责任,其中更提到了环保教育的重要性。

凑巧,编写节能教材时,他查阅到了国家"九五"发展规划,对于规划中提出的可持续发展战略,他的理解是:不但节能,还要环保。这样,才能"可持续发展"。

将一所不起眼的东风小学,放在全国发展走向的大背景里,周仁康敏锐地感到一所小学该怎么做。因而在编写第三套教材时,他明确地指出:拓展环保内容。

还有一个契机——2000年,周仁康有幸参加了教育部在北京举办的全国千名中小学骨干校长培训。新一轮课程改革启动,"以人为本"是培训时专家们各类讲座的核心。之后,他将新课程改革的理念融入了东风小学节

图8-22 《东风蝴蝶——中国浙江余姚东风小学低碳行动纪实》
谢志强等著 宁波出版社 2012年1月

<<< 第八章 达善奋斗：丈夫志四海，万里犹比邻

东风蝴蝶 /dong feng hu die

能与环保的校本课程之中。其中，特别体现了将原来的知识性传授为主到以探求性学习为主的思路转变。

蝴蝶效应强调的是一个小因素对大环境的影响，而周仁康作为小小的东风小学校长，他的思维中总是装着"大"——世界、中国，以此决定东风小学的"小"的选择。大和小，小和大，往往是这样相辅相成的。

看着周仁康将蓝色的手帕折叠好，装入衣袋里，笔者便想到，它曾经替代过多少面纸，曾经避免多少木材被消耗啊。

周仁康笑着说：我骨子里还是农民的儿子，血管里流的是农民的热血。

如今，我们仿佛仍能看见他走在从乡村到城市的那条无形而漫长的路上，他身上依然携带着母亲给他的手帕。他说："现在，要买一块手帕很费事，大型商场买不到，只得去小商品市场寻找。"

可能是在一次学校行政会议上，周仁康拿出手帕使用。胡亿钧和柴利波看到了这个细节，于是就有了后来的小手帕活动——倡导小学生带小手帕，不用餐巾纸。

东风学子给幼儿园小朋友上环保课，送小手帕

"这一方方小手帕，幸福的是地球的未来，也是我们的未来。"周仁康如是说。他还问道：我这算不算农民意识？

图 8-23 《东风蝴蝶——中国浙江余姚东风小学低碳行动纪实》
谢志强等著 宁波出版社 2012 年 1 月

145

根据 2022 年学校档案室查阅并整理到的历史资料，得到"东风绿色生态教育大事记"，为我们连续六任校长棒棒相传，努力培育节能环保教育特色工作做了很好的例证。

五、东风绿色生态教育大事记

1991 年

10 月，第一个全国节能宣传周活动，拉开了"节能教育"活动的序幕，点燃了东风节能环保教育的星星之火。

1995 年

10 月，第一套节能教材诞生，学校迈出了实施校本教材课程的第一步。

1996 年

10 月，节能教材在全国"八五"科技展览会上展出，开创了我国节能教育校本教材的先例。

2002 年

10 月，第二套节能教材全新编撰，新课程理念融入内容，课程内涵由"节能"扩展到"节能与环保"，与课程改革同步实施。

2003 年

5 月，课题成果获得第二届"浙江省基础教育教学成果奖"一等奖。

11 月，课题成果获得第三届"宁波市基础教育教学成果奖"一等奖。

2004 年

9 月，学校被评为浙江省"绿色学校"。

2005 年

2 月，我校节能环保特色教育课题获"中国教育学会奖"二等奖。

12 月，学校节能与环保教育成果参加"全国创建节约型社会展览会"。

2006 年

4 月，学校在北京人民大会堂捧回"地球奖"。

6 月，第三套节能教材经再次修改，更科学、更完善、更全面，由浙江科学技术出版社正式出版。

2007年

6月，学校被评为全国"绿色学校"。

8月，全国节能减排启动仪式校园分会场在我校进行。

11月，学校参加"第三届可持续发展教育国际论坛"。

12月，我校学生参加北京"绿色小记者"新闻作品颁奖活动。

2008年

4月，中国工程院副院长杜祥琬院士考察我校节能环保教育。

2009年

1月，学校被评为"节能减排与可持续发展社会行动项目示范学校"和"联合国教科文组织中国可持续发展教育示范学校"。

7月，中央电视台科教节目制作中心来我校拍摄新中国成立60周年献礼片《地球变暖与人类》的素材。

2010年

12月，我校参加"节能减排，低碳生活"福特汽车环保奖颁奖典礼。

2011年

4月，我校受邀参加第六届全球人居环境论坛，学生代表方涵在大会上作"携手1+6，呵护我地球"全英文演讲。

5月，全国百家媒体聚焦我校环保教育。

6月，我校举行节能与环保教育20周年纪念活动。

2012年

7月，我校参加全国特色学校和特色教育先进个人表彰大会。

12月，学校被评为"全国环境教育示范学校"。

2013年

12月，我校参加全国环境教育发展论坛暨环境教育年度盛典。

2014年

5月，荣获中华宝钢环境奖优秀奖。

5月，学校"红领巾手拉手护卫队"荣获宁波市十佳"美德少年"唯一的集体奖。

2015年

12月，学校被评为"2015全国生态文明教育示范学校"。

2016年

4月，中央电视台科教节目制作中心摄制组入驻学校，以我校"绿色环保教育"为视角现场拍摄《碳足迹》纪录片的素材。

5月，中国气象局气象频道记者来东风校区拍摄低碳行动节目——放慢气候变化的脚步。

6月，宁波市经济和信息化委员会副主任鲁章敖一行在余姚市经济和信息化局局长黄红珍等领导的陪同下，来学校指导学校节能与环保教育工作。

2018年

3月，集团党员教师带领护卫队队员开展"垃圾分类"宣传活动。

4月，余姚市红领巾助力"五水共治"活动启动仪式在东风校区举行。

12月，学校被评为"2018全国生态文明教育特色学校"。

2019年

3月，疫情防控期间，东江校区502中队承担主题为《我为地球发声》的"云升旗"仪式。

10月，《余姚日报》刊文《东风小学教育集团：让垃圾分类的种子在孩子心中生根发芽》。

12月，学校被评为"2019全国生态环境百强学校"。

2020年

10月，学校被评为"全国垃圾分类样板学校"。

12月，学校作为教育系统代表接受浙江省垃圾分类工作专项检查。

2021年

3月，凤山街道凤山社区联合东风校区少先队大队部，举行"让一个孩子影响一个家庭，垃圾分类小手拉大手"实践活动启动仪式。

9月，《宁波晚报》《余姚日报》（网络版）刊文《10万余个！余姚这群学生开学干了件大事！》。

2022 年

4 月，余姚市委常委、副市长毛丕显来校调研指导绿色环保教育工作。

5 月，学校开启绿色环保教育新主题——生态教育，开展"人工鸟窝、昆虫旅馆"项目学习。

7 月，《环境教育》刊文《东风小学教育集团生态文明教育纪实》。

8 月，《宁波垃圾分类》（网络版）刊文《@东风学子，又快开学了，你们攒了一年的小罐有多少了？》。

9 月，《文明余姚》（网络版）刊文《浙江有礼·"余"你同行｜"小罐"有大用！这所学校的开学礼，从"环保"开始！》。

第五节　队伍建设

教师队伍是一所学校最为基础的组成部分，对于学校的发展有着不可或缺的重要作用。重视教师队伍建设，是学校提升教育质量，提高学生素养，推动学校稳步发展的必经之路。为此我将工作重心放在以下几方面。

一、关注中青年教师的培养

《中国教育改革和发展纲要》指出："振兴民族的希望在教育，振兴教育的希望在教师。"中青年教师是学校的主力军，是教育事业的希望所在。他们的精神风貌、政治素质、文化水平、业务能力、身心健康将直接关系到今后 10 年、20 年乃至更长时期师资队伍的发展水平，关系到中华民族教育的大计。因此，在新旧世纪交替的今天，我们必须站在发展战略的高度，切实加强对中青年教师的培养和提高，以适应新世纪教育发展的需要。

2000 年，余姚镇校有 48 位教师，其中 45 周岁及以下的中青年教师 36 人，占教师总数的 75%，这支队伍素质的好坏将直接关系到本校今天及今后相当长的一个时期内办学水平的高低，因此，我把教师队伍建设的主攻方向放在培养中青年教师上。我们认为，从某种意义上讲，谁抓好了中青年教师的培养和提高，谁就赢得了教育竞争的主动权。

培养和提高中青年教师的方法和途径，各学校"八仙过海，各有神通"。余姚镇校也进行了积极探索，其主要做法是着眼于关注中青年教师的主体发展，来实施对他们的培养和提高。

什么是主体？主体是指事物的主要方面，是事物发展过程中起决定作用的主要方面。

北京实验二小提出的"按照双主体育人思路推进素质教育"被专家认为是教育理论的新创举。那么在对中青年教师的培养过程中确立他们的主体地位，更是毋庸置疑的了。

我们积极关注中青年教师主体发展，就是以人的发展为本，通过激发中青年教师主体发展的内在动机和建设与优化主体发展的外部环境，使中青年教师自觉成为发展的主体，使之战胜自我、充实自我、完善自我、超越自我，使中青年教师走上快速、健康成才的道路，建立一支能体现素质教育前沿思想和前沿教育水平的中青年教师队伍。为此，我们进行了如下探索。

（一）激发中青年教师主体发展的内在动机

我们认为，每位中青年教师都是一个生动的主体，主体的发展，从根本上说，取决于内在动机的驱动。管理者培养的任务，从低层次看，是要求教师怎么做，怎么学；从高层次看，是如何最大限度地激发主体的内在动机，从而激活人的潜能。我们的做法是既注重目标的引导性，更注重过程的发展性，以完善的管理为中青年教师的主体发展不断注入内驱力。

1. 唤醒主体的职业荣誉感

树立校兴我荣、校衰我辱的荣辱观，是增强中青年教师的内驱力，激发积极情感的一项重要工作。我们的做法有三。

第一，开展校史教育。我们余姚镇校是一所百年老校，始创于1898年，与北大、浙大同龄，是维新运动浪潮推动下兴办的一所新式学堂，是爱国变法运动的产物。百余年来，学校培养了大批人才。明史专家黄云眉、爱国儒宗蒋梦麟、知名画家陈之佛、著名作家楼适夷、当代将军周曼天及众多专家学者、政府领导、模范人物等都在这里接受过启蒙教育。1998年，我们以百年校庆为契机，通过系列活动，激发大家的荣誉感。

第二，倡导学校精神。1995年以来，我们注重唤醒教师的主体意识，在学校中提出并大力倡导"主人翁精神、奉献精神和谦让精神"，帮助中青年教师树立正确的人生观，培养正确的价值取向和良好的职业道德。

第三，尝试成就激励。实施成就激励我们注重两方面结合，首先是大力提倡集体荣誉感；其次是充分肯定正当的个人荣誉感。大力宣传学校的成绩和荣誉，并将其归功于全体老师；开展学习身边榜样活动，大力宣传中青年教师的先进事迹，使之在师生中形成明显的认同感和凝聚心理，充分利用中青年教师有理想、有抱负的成就心理，积极鼓励他们在工作中做出突出的成绩。这样，学校中青年教师中出现了你追我赶的良好态势，并涌现了许多优秀教师。如汗洒操场，爱润心田的省优秀教师吴培荣；心系老区，带头支教的宁波市优秀教师顾伟民；等等。

2. 唤醒主体的职业紧迫感

知识经济初见端倪的今天，科学技术知识正以惊人的速度向前跃进。此时知识的陈旧率也在加速。有人统计，大学生在校学习，只能获取所需知识的10%左右，其余90%要通过后继学习和在工作实践中获得。为此，我们通过思想上引导，政策上倾斜及行为上表率来唤醒中青年教师的职业紧迫感。通过思想引导，让中青年教师明确更新知识，充实完善自身的重要性与迫切性，树立了终身学习的思想。学校还对学历进修和现代教育技术培训在经费上、时间上进行政策倾斜，学校领导带头积极参加高层次学历进修和现代教育技术培训（校行政中45周岁及以下共7人，其中3人正在进修本科学历，2人今年报考本科函授，2人正在进修大专，7人全部通过了计算机二级考试）。至今全校中青年教师学风正盛，今年就有11位中青年教师报考了本科，36位中青年教师已有34位取得了计算机二级证书，有30人取得了普通话等级证书，为培养和造就高素质的教师队伍奠定了基础。

3. 激发主体的职业使命感

培养适应新世纪祖国建设和国际交流的创新型人才，是今天的教师不容推卸的历史责任。为此，我校把转变教育观念、改革教育方法、推进以创新教育为重点的素质教育提到关系中华民族兴衰存亡的高度来教育和引导教师，特别是中青年教师，以激发中青年教师主体的使命感。我们的具体做法是依托教育科研来提高和促进这支队伍的建设，学校向全校中青年教师提出了"教书育人会科研"的口号。要求每个教师人人有课题，个个搞科研，年年出论文，并要求大家将科研与教学有机结合，根植各学科实际积极探索，以切实提高教育的效率和质量。这样，让中青年教师进一步明确我们只有依靠教科研，才能提高教育质量和教学效率，进一步激发大家进行教育科研的热情。学校依靠教育科研，做好了"减负增效"的文章，广大中青年教师在科研过程中得到培养和提高，陈百初、胡亿钧、顾伟民、柴利波等老师都成长为学校教育科研的主力军，学校取得了丰硕的科研成果，并被评为"宁波市教育科研先进集体"。

（二）创设中青年教师主体发展的良好环境

我们知道，良好的外部环境是主体解放的必要条件，也是主体发展的基本需求。外部条件的创设，主要为两个层次：层次一，创建一个良好的人文环境和学术氛围，满足中青年教师积极向上的精神追求；层次二，建立事业成功和个人价值实现的认同机制。

1. 营造浓浓的学术氛围，为主体发展烙上深深的印记

学校的学术氛围，是教师群体价值取向的反映，良好的学术氛围能促进中青年教师积极向上的精神追求，同时也能增加教师群体的凝聚力和吸引力。为此，我们倡导大家勤读书——每学期人人读一本教育理论专著；多阅报——学校为每位教师订了若干份教育报刊；广交流——学校经常组织教师交流各自的教育教学经验，交流汇报外出听课考察所获得的各种教改信息；常讲座——学校邀请名师、名家来校作专题讲座。如周一贯、贺诚、庄允吉、杨一清等。学校还通过举办余姚镇小学教育节等大型学术活动，来营造

浓浓的学术氛围，让中青年教师人人受到感染，并成为积极参与者。

2. 建立公平的竞争环境，为主体发展孕育适宜的气候

一位哲人说过："人是环境的产儿。"什么样的环境产生什么样的人才，中青年教师也一样会受环境的影响。

坚持公平竞争，任人唯贤是我们教师队伍建设的一条重要准则，这里的"贤"就是要求中青年教师做到"德才兼备，又红又专"。只要教师按这条准则做，就会受到重用。这就为中青年教师创造了一个公平竞争的工作环境，营造了一个让每个中青年教师展露才华、大显身手的环境。

3. 创造多种的展示机会，为主体发展搭建成功的舞台

中青年教师主体的发展，不能仅靠其自身的努力和积累，学校还应为他们提供不断战胜自我、超越自我的机会，我们的策略就是为中青年教师的事业发展搭建成功的舞台，其做法有三。

第一，压担子。大胆使用中青年教师，积极创造条件让他们担任班主任、年级组长、教研组长、团队干部、教导主任、校级领导，让他们接受锻炼，经受考验，增长才干，为他们脱颖而出创造条件。1996年以来学校已向全镇输送校级领导4名（其中，2名正职、2名副职），提拔本校校级领导1名、中层干部6名。

第二，搭台子。为广大中青年教师提供成长和成才的舞台，使他们有展露才华、实现自我追求和人生价值的机会。让中青年教师执教公开观摩课；让中青年教师做学术讲座；为中青年教师作品的发表提供支持和帮助；组织中青年教师自编校本课程；等等。

第三，结对子。学校选派德艺双全的老教师与中青年教师结对子或称师徒结对，以加强联系。通过谈心、教研、指导科研等途径，帮助中青年教师，特别是青年教师业务上求精、思想上上进，为他们健康成长创造条件。

通过上述途径，本校中青年教师迅速成长，截至2005年，已有1人被评为省特级教师和宁波市名师。有4人次被评为宁波市教坛中坚、教坛新秀和学科带头人；有20人次被评为余姚市学科带头人、骨干教师和教坛新秀，有

2人被选送为余姚市教研员。

教师的素质是一个多元的动态发展系统，随着时代的发展，社会对教育的要求也日益提高，教师素质也必然会有新的要求。我们将不满足于现有成绩，紧跟时代步伐，坚持以人为本，关注中青年教师主体的发展，不断提高教师个体和整体素质，为适应教育现代化做出新贡献。

二、关注提升非权力性影响力

现代学校管理层中，校长是主角。校长只有不断完善自我，才能提高自己的影响力，管理好现代学校。

校长的影响既取决于必要的行政权力，也取决于校长个人的品格和才能等非权力性影响力，而后者往往起着主导作用。因此，校长必须努力提高自己的非权力性影响力，本人认为校长应从以下三方面着手提高自己的非权力性影响力，完善自我。

（一）加强道德品格修养

优秀的道德品格是增强非权力性影响力完善自我的根本保证。因为道德品格是一个人对他人影响最强，时间最长的深层因素。校长优秀品格集中表现在以身作则上，古人云："其身正，不令而行；其身不正，虽令不从。"一个只会使用"职位权力"，不会用自己的模范行动去影响师生的校长，是很难把学校办好的。相反，一个敬业奉献、不谋私利、励精图治的校长能以自身的人格、品质、作风、意志等赢得教职工发自内心的尊敬、热爱和信任，就能团结教职工为实现共同的目标而奋斗。

（二）提高专业知识技能。

校长大多是满腹经纶、学有所长的教育专家，如原天津南开大学的校长张伯苓，原上海育才中学的校长段力佩，辽宁锦州中学的校长魏书生，杭州学军小学的校长杨一清等都是我们学习的楷模。当前，由于各种原因，校长很难不受非教育因素的干扰，但是校长的首要任务是办好学校，培养人才。因此，校长要及时了解学校教育、教学情况，要学习和研究教育理论，不断提高教育水平。这就要求校长做到以下"四个要"：一是要兼课，二是要听

<<< 第八章 达善奋斗：丈夫志四海，万里犹比邻

课，三是要有藏书，四是要有一些著述。虽然做到了这"四要"，不一定能成为教育专家，但至少能为校长增添几分学者味，能帮助校长在指导教育、教学工作时有的放矢，逐步具有教育、教学的发言权。本人虽居学校领导岗位多年，但始终重视提升自我素养，并获得了普遍认可。1994年，获"宁波市教坛中坚"称号；1999年，获"余姚市名教师"称号；2000年，获"宁波市首届名教师"称号；2000年，获"浙江省特级教师称号"。

图8-24 余姚市"名教师"证书　　　图8-25 宁波市"名教师证书"

图8-26 浙江省特级教师证书

（三）经常自我反省

经常自我反省，有利于校长知己之短，补己之短，不断走向自我完善。

155

校长要努力做到"三忌"。一忌居功自傲。学校工作取得了一定的成绩,无论是校长独立完成的,还是其他同志协作完成的,校长均不该把成绩占为己有。校长要最大限度地承担责任,克制私欲,把享受和荣誉让给别人。二忌厚此薄彼。校长在处理年度考核、评优、调资等关系到教师切身利益的问题时,要掌握政策,出于公心,不能感情用事,不能厚此薄彼,努力为教师创造公平竞争的环境。三忌打击报复。在学校工作中,个别教师可能因某种原因会对校长产生误会或有意见,此时校长要冷静,切莫对这些教师进行显性的或隐性的打击报复。校长的宽宏,并不是软弱,而是校长修养的一种体现,它会对教职工产生积极的心理影响。

总之,我认为做到了以上这"三要",我们现代学校的管理将会充满阳光,将会增添色彩。

三、关注学校干部队伍建设

学校干部队伍对于提高教育管理质量具有至关重要的作用,一个优秀的管理团队,是促进学校事业发展的保证。学校干部队伍建设途径千万条,本人十分关注两个方面。

(一)放权赋能

一个优秀的校长一定要学会放权赋能。对每位学校干部要规定明确的岗位职责,并注重放权赋能,这样可以锻炼和考察每位学校干部的实际工作能力。作为学校的一把手,不要插手行政同志的具体工作,不要指手画脚,不要以为自己最聪明。一定要相信同事,让他们大胆工作,独立处事,这样有利于学校干部的成长,因为人的才干是在实际工作中成长起来的;还有利于激发每位下属的工作热情,迸发出智慧的火花,推动学校工作不断优化。

(二)提拔流动

一个优秀的校长一定要学会发现人才,并在实际工作中大胆使用、大胆提拔,助力其成长。我在东风小学及在凤山街道教辅室岗位上,先后发现和提拔了一大批学校干部,并重视干部队伍的流动,千万不要把优秀人才揽在自己的一亩三分地里不放。

"流水不腐,户枢不蠹。"这句话比喻经常运动的事物,不容易受到外物的侵蚀,生命力持久、旺盛。

一个学校也好,一个单位也好,如果死水一潭,工作肯定没有劲头。有幸的是从东风成长起来的十几位校级领导,遍布在东风、阳明、龙山、世南、新城市、舜水、实验二小、新建、双河、瑞云等小学。为此城区知情者都称东风小学是"黄埔军校",因为在短短十几年间涌现了一大批校级领导。此外,还向市教研室输送了两位学科教研员。

四、关注对教师的听课评课

听课是一种对课堂进行仔细观察的活动,它对于了解和认识课堂有着极其重要的作用。对于校长而言,听课应放在学校管理具体工作的首位。一个不进课堂上课的校长,肯定不是好校长;一个不重视听课评课的校长,肯定也当不好校长。因为课堂是我们的主阵地,校长放弃阵地怎么能取胜呢?

我在任期间,在校内倡导了"随堂听课"制度。因为校长的工作时间是不能自主决定的,你与老师相约明天去听课,晚上一个电话通知,第二天必须参加某个会议,你就有可能失约。我对老师们讲,我们倡导"随堂听课",并不是对谁搞突然袭击。我们听"家常课",不要特意准备,你原先怎么预设就怎么上,不要有心理负担。这个"随堂听课"是我倡导的,就从我做起,欢迎大家有时间来听我的家常课,我是这样说,也是这样做的。还记得有一次我在四年级的一个班上教课文《绿》,就有好几位老师"随堂听课",课后我们还探讨了教法。

那时,城区也有个校长尝试"随堂听课",结果却被老师拒绝了。因为这个校长的"随堂听课"是单向的、居高临下的。而我倡导的"推门听课"是双向的、平等的,老师是通情达理的,自然不会拒绝我。这也说明在学校管理上东施效颦是行不通的。

第六节 素质教育

素质教育是一种深刻的教育哲学理念，一种进步的教育价值取向，它体现了时代发展的特征，也顺应了世界文化的整体走势。

李岚清副总理在山东考察教育时强调，应试教育要转向素质教育。他指出，在义务教育中推行素质教育，这不是一个教育业务问题，而是关系到我国培养一代什么人的大问题，是事关我国教育全局指导方针的大事。

柳斌同志认为，实施素质教育，把一个能够有效提高国民素质的基础教育带进21世纪，是当前摆在我们面前的十分重要的任务。

余姚镇中心小学是一所百年老校，始创于1898年，是在维新变革运动推动下创办的新式学堂。办学百年，人才辈出，明史专家黄云眉、当代儒宗蒋梦麟、知名画家陈之佛、著名作家楼适夷等众多名家名人都在这里接受过启蒙教育。

近几年来，学校以教育要面向现代化、面向世界、面向未来为指针，扎实实施了文明工程、质量工程、特色工程、名师工程、教育现代化工程。素质教育全面推进，学校特色得以形成，全面质量大幅度提高。学校连续多年被评为余姚市先进学校，还被评为宁波市示范性文明学校、宁波市教育科研先进集体（连续两次）、宁波市语言文字合格学校、浙江省节能教育先进单位、浙江省推普宣传先进单位、全国写字教育先进实验学校（连续多次）、全国手拉手活动先进学校、全国红旗大队等。我们的主要做法是积极实施五项工程，全面推进素质教育。

一、加强德育工作，实施文明工程

思想道德素质是人的素质最重要的组成部分之一，为此，我们十分重视对学生进行思想道德素质的培养。

第一，以爱国主义教育为主旋律，抓好学生的思想情感教育。这几年来，学校精心组织了爱国主义教育系列活动。如"爱家乡，爱中华"读书教育活动、"纪念抗战胜利 50 周年"教育活动、"立志成才，报效祖国"读书教育活动、"纪念长征胜利 60 周年"教育活动、"笑迎九七香港回归"和"九九迎澳门回归"系列教育活动等。在组织这些主旋律活动时，我们做到了精心安排、系列展开、形式多样、寓教于乐。如开展"笑迎九七香港回归"系列活动时，学校组织学生收集有关香港的资料并相互传阅，以增进对香港的了解；学校童心电视台播出了以"香港之最""香港百年""香港风貌""区旗区徽"为题材的节目，对学生进行中国近代史教育；组织学生跟香港旺角劳工子弟学校学生进行通信联谊活动；等等。通过这些系列活动来激发学生的爱国情感。

第二，以礼仪教育为重点，抓好学生的行为规范养成教育。讲礼仪是中华民族的优良传统。我校把对学生进行礼仪教育作为加强学校德育工作的重要内容来抓，扎实开展了礼仪教育活动。学校拟订了《余姚镇校学生礼仪常规》十条并加以贯彻；组织学生观看礼仪录像；组织礼仪知识竞赛和礼仪节目表演赛，引导学生掌握礼仪规范；设置礼仪监督岗、建立家庭礼仪联系卡、进行礼仪实践考核，规范学生礼仪行为；组织礼仪之花在开放中队观摩活动，推广典型经验；评比礼仪示范生，树立礼仪样板。通过丰富而有序的教育活动和反复的行为训练，学生真正做到了对人讲礼貌，对己讲仪表，在社会上讲公德，在家庭里讲孝顺。为深化行为规范养成教育，今年，我们又组织开展了以"学习习惯美、语言表达美、行为举止美、思想情操美、人格健全美"为主要内容的"五美"竞赛教育活动，以切实抓好学生的行为规范养成教育。

第三，以手拉手互助活动为载体，陶冶学生的道德情操。我校先后同宁夏彭阳县白杨镇小学和本市四明山镇校结成联谊学校，扎实开展了联谊活动。通过为白阳镇小学学生赠衣赠物、为四明山镇校捐希望书库及捐款资助该校特困生等互助活动，培养了学生的互助友爱精神。学校被团中央、全国少工委授予了"全国（百所）手拉手互助活动先进联谊学校"荣誉称号。

二、加强管理与科研，实施质量工程

第一，加强教学管理。（1）抓教学常规管理。一方面抓严肃执行教学计划；另一方面抓"教学五认真"，以扎实的工作确保高质量教学。（2）抓教学策略管理，即面向全体，抓两头带中间。（3）抓教学研究管理。教研活动做到有计划、有重点、有解剖、有总结。此外，我们还通过邀请名师来校上示范课、开展青年教师教学比武等活动来提高本校教研工作档次。（4）抓质量分析管理。我们对待传统考试的态度是扬弃而不是废弃。我们的主要做法是淡化考试的分数功能，强化考试的诊断功能。每次考后不以分数论英雄，而十分注重试卷分析，充分发挥考试的信息反馈作用，调节以后的教学行为。（5）抓教学的过程管理。学校从1996年开始实施了全校教师随堂听课制度，促使教师上好每一堂课。我校的语数两大教研组均被评为"市先进教研组"。

第二，加强教育科研。我们向全校教师提出了"教书育人会科研"的要求，要求老师们依靠教育科研做好"减负增效"这篇文章，重点抓了三方面工作。（1）抓宣传引导。学校组织教师认真学习素质教育理论和科研知识，大力宣传向科研要质量要效率的观念，定期辑印各地教改信息，邀请专家来校作科研知识讲座，以营造开展教育科研的氛围。（2）抓课题申报。学校建立科研课题申报制度，要求每个教研组确定一个研究重点，人人申报科研课题，这样为教育科研的开展奠定了基础。（3）抓激励制度。学校制定了科研成果奖励条例，以调动教师开展教育科研的积极性。2000年，本校教师在余姚市级以上发表、获奖、交流论文48篇，其中，省级以上CN刊物发表论文6篇。教育科研工作的蓬勃开展，有效减轻了学生过重的课业负担，有力促进了学校全面教育质量的提高。学校也连续两次被评为"宁波市教育科研先进集体"。

三、加强个性教育，实施特色工程

发展个性特长，创建学校特色，不仅是追求办学高水平，实现培养目标的治校之道；而且是突破"应试教育"怪圈，实现素质教育的改革之路。为此我校从以下三方面进行了探索。

第一，抓好写字教材教育实验，培育学校书法特色。本校从1992年开始参加了全国写字教材教育实验，通过几年努力，学校在书法教育领域已取得了较为丰硕的成果，学校也被评为"全国写字教材教育实验先进集体"。为此，我们把书法列为学校特色之一并加以培育。1996年，我校经全国书研会考察并被命名为"全国书法实验学校"后，我校召开了书法教育恳谈会，制订了写字教学计划，配好师资，腾好墨园，保证时间，扎实教学。同时，学校构建了以班级为基地，以兴趣小组为提高层，以写字考级和参赛为动力的写字教育运行机制，极大地调动了学生写好字的积极性。至今，全体学生书写水平又有了较大提高，并冒出百名书法尖子，学校书法特色正在逐渐形成。

第二，抓好节约能源的教育，培育学校节能特色。"节约能源，保护资源，造福子孙。"如何从小学开始抓好节能教育，在孩子幼小的心灵里播种"能源、资源、环境"的种子，这在国内教育界还是一个新课题。本校从1991年开始探索对小学生的节能教育，我校的做法有三：（1）以节能教材为载体，对学生进行能源知识教育。我们自编自印了6册节能教材（每年级一册），每周设置一节节能课实施教育，让孩子们了解能源知识和现状。（2）以节能宣传周为中心，深入开展丰富多彩的活动。（3）以习惯培养为重点，扎实搞好节能养成教育。经过行为训练，"人离灯熄，人走水停"的节能习惯得到了较好培养。学校连续多年被评为宁波市及余姚市唯一的节能教育先进单位，这两年又被评为浙江省唯一的节能教育先进单位，学校自编的节能教材被摄入国家"八五"节能科技成果专题录像片中，本校的节能教育成果由人民画报社出版并在北京中南海举行首发式，向全球公开发行。

第三，组织好兴趣小组活动，发展学生的个性特长。如何对小学生的兴趣活动进行正确的导向、合理的组织和科学的安排，这是教育界同仁普遍关注的热点。我校十分重视对学生兴趣特长的培养和开发，学校共设置了电脑、儿童英语、国画、儿童画、科技、田径、书法、写作、演讲、阅读、舞蹈、声乐、琵琶、趣味数学、篮球、铜管乐、腰鼓、鼓号等 18 个门类构成的 26 个活动小组。在兴趣小组活动中，我们注意了以下五个结合：坚持自愿与适当引导相结合，兴趣活动与培养学生个性特长相结合，兴趣活动与培育学校特色相结合，兴趣活动注意普及与提高相结合，兴趣活动与社区教育相结合。这样做，既深受家长、学生欢迎，又发展了学生的个性特长。

特别是学校运动队，从 1997—1999 年连续 3 年夺得余姚市中小学生田径运动会团体总分第一。

四、加强硬件建设，实施教育现代化工程

邓小平同志"教育要面向现代化，面向世界，面向未来！"的题词为使我们今天培养的人才适应 21 世纪的需要指明了方向。"九五"期间我校首先在教育内容的现代化上做了探索，即增设了电脑、英语这两门学科。为扎实上好这两门课程，我们确立并实现了三个硬件建设目标——建成电脑教室、语音教室、校内闭路教育电视系统。"十五"期间正值校园迁建，我们又构建了《学校现代化建设蓝图》，在信息教育技术的硬件装备上着重抓好"四室四系统"建设，即建好校园双向闭路电视系统、校园音响系统、校园网络系统、校园通信系统和电子阅览室、多媒体综合电教室、计算机教室、语言实验室，以为学校现代化建设奠定物质基础。

五、加强队伍建设，实施名师工程

素质教育呼唤高素质的师资队伍。为此，我校提出并实施了名师工程。实施这项工程的主要途径有三条：

第一，加强对教师的政治理论学习与职业道德教育的培养。我们组织教师认真学习国家的重要思想，学习有关教育的法律法规，以提高全体教师的政治思想素质和法治观念。学校精心设计并组织了有影响力的主旋律活动以加强对教师的职业道德教育。我们在教师中开展了"三讲三比"活动（即讲奉献精神、讲团结协作、讲职业道德；比工作热情、比工作方法、比工作实绩）、撰写"爱生心语"活动、学身边榜样活动等。我们又在教师中开展了"十个一"竞赛活动，即使用一口文明礼貌用语，脸挂一份真诚的微笑，对每个学生进行一次家庭访问，帮助一位困难学生，阅读一本教育理论著作，执教一堂创新教育观摩课，整理一篇创新课堂实录，撰写一个创新教育案例，提炼一个创新教育课堂模式，贡献一个学校发展金点子。通过这些主旋律活动，提高了师德修养，规范了师德行为，调动了教师的工作热情，促进了教育工作。教师的主人翁精神、谦让精神、奉献精神得到了发扬，在教师中形成了和谐团结、积极向上的群体氛围。

第二，加强教师的岗位培训。学校抓了以现代教育技术、普通话、三笔字、简笔画为内容的教师基本功训练，并做到了全盘规划，突出重点，分步实施。在岗位培训中我们做到了将辅导、练习、展览、竞赛、讲评相结合，有效提高了教师的教学基本功水平。至今，32位45周岁及以下的教师均已取得计算机二级证书，29位教师取得普通话等级二级乙等以上证书。

第三，鼓励教师参加高一层次的学历进修。我校现有48位任课教师，学历都已达标。为造就高素质的教师队伍，我们鼓励和支持教师参加高一层次的学历进修，在时间上给予方便，在经费上给予补助和奖励。

总之，以上五项工程建设的实施，有力推进了本校的素质教育工作，使我们这所百年老校至今仍青春焕发、生机盎然。

第七节　校长培训

"问渠那得清如许？为有源头活水来。"校长培训本就是一次次灵魂的撞击，是一场诗意的修行！从1999—2005年，我先后参加了宁波市、浙江省和全国的三级骨干校长培训。时光清浅，光阴流转。掬一捧阳光，岁月安然，撷一束研语，沉香流年。总的来说，三个层次的骨干校长培训让我受益匪浅。

2000年10月10日—2000年11月6日，我参加了教育部全国千名中小学骨干校长培训。这次培训是从全国10万名中小学校长中选拔1000名校长进行培训，是真正意义上的百里挑一。宁波是计划单列市，有4名小学校长参加了这轮培训，我有幸入选，成为其中的一员。国家层面对教育十分重视，每位校长一个月培训经费是10000元，全部由教育部承担。这在中国学校干部培训史上是头一回。培训是在北京师范大学教育管理学院、教育部中小学校长培训基地进行的。这次培训师资是国内顶尖的，参与授课的是谢维和（北师大教育管理学院党委书记）、顾明远（北师大教育管理学院院长）、孙云晓（中国青少年研究中心副主任、首席专家）、褚启宏（现任国家督学）等，还有来自教育部、中央教科所、华东师范大学等著名教授。

图8-27　在北师大参加全国千名骨干校长培训时留影

　　那是一段美好的回忆。与我同届参加培训来自浙江的还有两位校长。一位是杭州天长小学校长何慧，另一位是绍兴市实验小学（现嵊州市剡山小学）校长周瑛。本次培训主要内容有两块：一是学校管理方面的内容，二是新课程改革方面的内容。这里不再具体叙述。还是回忆一下培训过程中的生活小事吧。

　　北师大食堂的伙食我们南方人吃不习惯，因此，我们三位浙江老乡晚饭基本到外面去吃。

　　我们常去吃饭的地方是王府井大街附近，一个小巷里的一个小餐馆，多年过去已记不清店名了。北京店家实诚，每道菜的分量很足，开始我们三个人点四道菜，发现吃不完，后来干脆点三个菜，量刚刚好。我们一男两女，用餐时喝点小酒，餐后逛逛王府井商场，生活挺有诗意。记得两位女同胞为我妻子精心挑选了一件披风，黑底布料，有深红的镶边。这一款当时在大城市比较流行，她们两位自己也买了，结果带回家后不符合妻子的审美，还数落了我几句。我自己在王府井商场买了一件特价50元的上衣，是灯芯绒的面料，至今还挂在畈周老家的衣橱里。

虽然是一个月培训，双休日过得还颇丰富。

一个双休日是教育部中小学校长培训基地安排的，我们游览了北京近郊的国家4A级景区——红螺山红螺寺景区。红螺寺始建于东晋，扩建于盛唐，是中国北方最大的佛教丛林与超凡脱俗的净土佛国，千余年来在佛教界享有极高的地位。

然后，我们又驱车游览了慕田峪长城。慕田峪长城享有"万里长城，慕田峪独秀"的美誉，它也是北京十六景之一。此长城是由朱元璋手下大将徐达在北齐长城遗址上督建而成，它是明代万里长城的精华所在，这段长城东连北固口，西接居庸关，自古以来就是拱卫京畿的军事要处，有正关台、大角楼、鹰飞倒仰等景观，长城墙体保存完整，较好地体现了长城古韵，有着深厚的历史价值和较高的文化价值。全体学员在明长城上玩得不亦乐乎，我们三位浙江老乡还在明长城上拍了合影，可惜照片已找不到了。

一个双休日，我与广东的两位校长（一位是深圳的，另一位是佛山的）相约来到承德避暑山庄，避暑山庄主要分为宫殿区和苑景区两部分。它是皇家园林，它继承和发扬了中国古典园林"以人为之美入自然""符合自然又超越自然"的传统的造园思想，按照地形地貌特征进行总体设计，因山就水，顺其自然。它集中国造园艺术和建筑艺术之大成，是具有创造性的杰作。我们3人两区并游，在这里住了一个晚上。最使我惊叹的是避暑山庄里的浴场，规模太大了，服务项目俱全。这里晚上人山人海，热闹非凡。这等规模的浴场，生活在南方的我是没有见识过的。

另一个双休日，本来打算去天津，听说乘高铁一个小时就到了。那时，从北京到天津上午只有一班高铁，可惜我们没有赶上这唯一的高铁班次，只得作罢，好在北京可游览的地方实在是太多了。

宁波市骨干校长培训最早进行。培训始于1999年暑假，同期还进行了骨干教师培训。我因为被评为宁波市教坛中坚，自然也入选了骨干教师培训，成了双料培训对象。开始两个班是合班上课的，我自然没有问题，但后来分班上课，由于分身乏术，只好"朝三暮四"两边跑。这次培训是宁波市教委举办的，具体由宁波教育学院实施。2000年暑假，培训班组织小学校长去新加坡与香港等地进行了教育考察。教育考察由宁波市教委党委副书记施德芳带队，教委组织处的处长、教育学院的主要领导

图8-28　全国骨干校长培训结业证书

协助。在新加坡，我们参观考察了6个学校，其中影响较深的有两个学校：一个是新加坡女子高中，校园的建筑风格是欧式的，我们新校园连廊与教学楼底层的拱形建筑是模仿这所学校所建的。另一个是新加坡醒华小学。在这个学校的考察是全方位的。我们参观了校容校貌，进课堂听了两堂课，与教师座谈……我还与校长、教导做了深入交流。在这所小学，我发现了与国内小学不同的三方面：一是这所学校没有一个专门的教师办公室，所有的老师办公桌都放在教室里；二是学校的走廊、大厅等开放性场所都放着或多或少的计算机，供学生随时使用；三是新加坡学校的品德课教材编写很有特色，我的教育考察报告还以此为内容撰写。

图8-29　本人与醒华小学校长、教导主任合影留念

新加坡教育考察返回途中，我们转道去了香港、澳门游览。返回后，我

根据要求，撰写了以《新加坡小学公民与道德教育教材的特色及其对我们的启示》为题的教育考察报告，后被择优刊载在《宁波教育报》。下附考察报告：

新加坡小学公民与道德教育教材的特色及其对我们的启示

浙江省余姚市余姚镇中心小学　周仁康

8月中旬，本人有幸作为宁波市教育考察团人员赴新加坡进行了为期一周的教育考察，受益匪浅。特别是该国的小学公民与道德教育教材更是特色显明，给我们进行小学德育教育以很好的启示。

新加坡小学公民与道德教育教材包括课本、活动、教师手册及图书图卡，琢磨教材，不难发现它具有以下四个特色。

一、纲领鲜明

每册教材的封二上都印有鲜明的纲领，即小学德育课程的"纲领"——价值观，具体分两个层次。

"我们共同的价值观"：国家至上，社会为先；家庭为根，社会为本；关怀扶持，尊重个人；求同存异，协商共识；种族和谐，宗教宽容。这一价值观从新加坡作为移民国家的实际出发，强调了爱国家、爱社会及种族团结，能较好地起到凝聚作用。

"新加坡家庭价值观"：亲爱关怀、互敬互重、孝顺尊长、忠诚承诺、和谐沟通。这一价值观强调了东方传统价值思想，让学生学会怎样做人，能较好地发挥导向作用。

教材将以上两个层次的价值观置于封二，是要求师生时刻牢记它，努力实践它。这是多么鲜明的"纲领"。

二、训练有序

教材强调东方传统价值观，累计35个科目、分属5个范畴，即个人修养、个人与家庭、个人与学校、个人与社会、个人与国家/世界。在教学内容编排上，低年级看重的是个人修养、个人与家庭、个人与学校。如一年级（上）共14篇课文，《老师午安》等6篇是训练个人修养的；《爸爸吃，妈妈吃》等5篇是训练个人与家庭的；《我们的厕所真清洁》等3篇是训练个人与学校的。而高年级则扩展到个人与社会和个人与国家/世界。如六年级（下）编有《平等的社会》《世界是个大家庭》等篇目。

作为对学生进行德育教育载体的教材，在内容编排上充分考虑了学生的年龄特点，从自身到国家、世界。既有利于学生视野的拓展，又符合学生认知水平的发展，循序渐进，训练有序。总之，这种编排体系是很科学的，也很值得我们借鉴。

三、生动灵活

"课本"的内容以4个不同种族的孩子的日常生活作为故事的架构（适当穿插历史故事、寓言和童话），由于课文多具故事性，也易激发学生的学习兴趣。

"活动"更是生动多样，不重文字作答，其目的在激发学生的思考能力，从而培养正确的道德观念，学生自然喜欢参与其中。

"教师手册"强调了教法应该多样性、灵活性。倡导使用"文化传递法""设身处地考虑法""价值澄清法""道德认知发展法"，并要求教师在进行教学时，可采用讲述、讨论、辩论、唱歌、角色扮演、访问、参观、游戏等方式，及充分利用视听教具以加强教学效果。这样，有利于教师创造性地进行教学活动。

四、强化参与

教材"前言"中强调了教学方式以学生为中心，鼓励学生积极参与学习和讨论，彼此交流看法和感受。并强调各种教学活动的目的在于激发和训练学生的思考，让学生接受正确的价值观念，培养健全的人格，成为好公民。

"活动"是新加坡小学公民与道德教育教材的重要组成部分，每学年分上下两册。活动的设计生活有趣，形式多样。每一课的活动分"大家做"和"大家再做"两部分,其中"大家做"是强制性项目,必须在课堂上进行;"大家再做"是非强制性项目,教师可斟酌情况,决定是否让学生在课后进行这一项目。这样,每个学生都能参与到活动(实践)中,能较好地培养学生的参与意识和实践能力。

颇具特色的新加坡小学公民与道德教育教材给我们以深思与启迪。在小学德育教育中,学习、借鉴它山之石,弘扬中华民族传统价值观中的精华,加强德育教育的针对性、灵活性和参与性,努力探索出符合中国国情的行之有效的小学德育新途径。

第八节 学校规划

"凡事预则立,不预则废。"规划是事业成败的关键。一所学校要获得良性的持续发展,首先要拟订一份科学的校本规划——学校发展规划。

学校发展规划是一种战略规划,它是以学校为发展主体,通过对学校现状及环境进行系统的分析和诊断,寻找学校变革的突破口,确定学校发展的愿景、使命和目标,制订具体的实施方案和计划文本,它在校本管理中有举足轻重的地位。

规划工作是一项先导性工作,在学校发展中具有引领标帜的重要意义。一份好的规划,对学校今后的发展、教职工思想的统一、各方面资源的整合、学校制度的完善、学校特色的形成、学校文化的提升,都会产生积极作用。

学校发展规划是由学校自身人员从教育发展的宏观背景和学校自身的现实条件出发,以学校自主确立的教育信念和价值目标为导向而实行的一种战略管理。根据美国管理学家费雷德·大卫(Fred David)的定义,战略管理是一门着重制定、实施和评估管理决策与行动的具有综合功能的艺术和科学。这样的管理决策与行动可以保证在一个相对稳定的时间内达到一个机构所制定的目标。

当我们从学校变革的视角来审视学校发展规划时，我们能切实感受到学校变革需要学校发展规划。

首先，我们能感受到学校的发展需要对学校进行规划。长期以来，我国中小学的发展，在发展方式上主要以自上而下、大规模的改革行为为主；在内容上以办学条件的完善、教学方法的探新、课程改革的推进为主，这自然是学校发展的重要内容。而从当前中国学校变革的走向看，学校发展的方式需要更加关注学校自身的特点和发展内动力的唤醒。我们要走向智慧的校本管理，学校的发展内容要更多倾向于以学校办学思想和师生日常生存方式的完善为主；在改革的路径上更强调研究型改革的实践价值，以此提升学校教育的品质。而这一发展趋势，需要改变完全依靠上级领导指示、按部就班管理学校的思路。而校本规划，就是学校立足自身基础和发展可能，自主规划学校发展方向并付诸实践的过程。因此，从学校内涵发展、自主发展的角度看，需要对学校进行规划。

其次，我们还能感受到校长和教师的发展需要和学校发展规划。校长和教师是学校发展中重要的承担责任的主体，也是学校发展的重要目标群体。这类主体的发展是在学校变革的过程中实现的，因此，学校发展本身为人的发展提供了发展契机和时空。

通过对学校发展规划的拟订，促进校长等管理者实现学校管理方式的转型，即从"行政事务型"转向"发展策划型"。

再次，我们还能感受到学校教育系统的变革需要对学校进行规划。当我们从整体的学校系统的改革来看，我们同样可以看到，整体学校系统活力的获得，恰恰来自系统内部各子系统活力的焕发。学校教育系统的整体变革不是靠自上而下的统一行动而获得的，而恰恰是通过内部各单元主动发展而实现，并为各单元的主动发展提供了更广阔的空间。

在我任校长期间，先后制定了两份学校发展规划。那时余姚市教委对学校并没有提出过制定学校发展规划的要求，完全是自发的，是学校发展的自我需要。下面列举本人制定的《余姚镇校"十五"教育改革和发展规划》，此规划在2000年12月28日全校教职工全体会议通过。

新世纪学校现代化建设蓝图
——余姚镇校"十五"教育改革和发展规划

一、目标与口号

"成功＝远见＋激情＋行动"这是我们的思维公式。有人说得好，思路决定出路。若没有很好的思路，没有创意的点子，没有大胆的构想，没有扎实的措施，任何事物的发展只能是缓慢的，甚至会停滞不前，学校及教育也是如此。

21世纪的现代化学校是个什么样子？新世纪的教育在哪些方面将发生重大变化？基础教育在什么环节上会产生突破性变革？这些都是世纪之交的探索者们正在考虑的问题。

经济的全球化和信息的网络化加速了社会的国际化。这使我们的教育不能不培养学生的国际视野和健全的人格，不能不培养学生的跨文化价值选择能力和多媒体信息加工能力，不能不培养学生的批判整合意识和创新思维意识，也不能把新世纪公民培养的内容和方法局限在20世纪的框架内。

我们要在时代的冲击波上破浪飞舟，要在发展的关键点上抓住机遇，要在教改的主旋律上引吭高歌，就必须在历史与现实的广阔背景上，以实施素质教育为行为指南，以争创国内一流的现代化品牌小学和为培养适应新世纪祖国建设与国际交流的德才兼备的人才打下扎实基础为双重目标，把学校现代化建设的文章做够、做实、做好。

"抓住机遇，描绘蓝图，练好内功，办出特色，铸造辉煌！"是我们的行动口号。在新世纪来临之际，在新校园建设之时，学校构建和拟订"新世纪学校现代化建设蓝图——余姚镇校'十五'教育改革和发展规划",以真正担负起时代赋予我们的重任——让学校实现跨越式发展。

二、内容与计划

本规划集学校整体发展、教育教学改革、精神文明建设于一体,是新世纪前5年本校的行动纲领,也是新世纪学校的远景图。本规划主要内容包括并依托以下10个单项计划加以实施。

(一)养成教育实施计划

素质教育的目标是发展学生各方面的能力,全面提高学生素质。小学教育属启蒙教育,在教育过程中需以人为本,以学生为主体,通过生动的教育和有益的活动,让学生自我教育,自主发展,逐步形成良好的行为习惯、思想情操和健全的人格,教育学生在家做个好孩子,在校做个好学生,在社会做个好儿童、好少年,具体做到"五美"。

1. 学习习惯美。主动学习,做到勤学与巧学相结合,掌握学习方法,学会学习,尝试创新。作业书写正确、端正、整洁、美观。学校坚持每天练字半小时。每班每月进行一次优秀作业展览,每学期举行一次校最佳作业评比及书写测试,每学年举办一次校书法成果展览或现场表演,以强化良好的作业习惯,还要养成认真预习复习、专心听讲和主动质疑探索的习惯。

2. 语言表达美。能正确使用"请、您好、对不起、没关系、谢谢、再见"等礼貌用语。校内坚持讲普通话,校外积极推广普通话;强化隔日一拼制度和普通话监督制度,每学期举行一次大型的校普通话比赛,积极参加上级部门组织的各类普通话比赛。广泛阅读课外书,注重积累,勤于练笔,三年级以上大部分学生每学期向各类报纸杂志投稿一篇及以上,以培养学生的参与能力。

3. 行为举止美。继续以规范教育争章活动为抓手,坚持正确引导,重视行为导向,深化规范教育。根据实际情况,每周有重点地进行规范教育,熟记一条《规范》内容,每两周争一枚规范奖章,每学期期中、期末进行《规范》《争章》书面检查,每学期期末评比行为规范全优生。

4. 思想情操美。热爱集体，积极参加集体活动；勤劳节俭，认真做好自我服务劳动，主动参加校园劳动、家务劳动及公益劳动；有爱心、关心他人，积极参加手拉手活动；能欣赏美、创造美，能积极参加上级组织的各类艺术活动。

5. 人格健全美。诚实正直，敢于承认错误；积极进取，能正视自己的优缺点；坚守信用，能同情宽容别人。开展主题队会，进行民主评议，从而提高认识。

(二) 教师形象塑造计划

要把余姚镇校建设为现代名牌小学，教师的形象是学校形象的核心。教师的言行举止、仪态人格、水平能力都对学生的成长和学校的声誉产生直接影响。因此，学校要把教师形象塑造作为本规划的重要组成部分来抓。

教师形象塑造的主要内容是"三美化三提高"，即美化言行、美化仪态、美化人格，提高科学文化水平、提高教科研水平、提高现代媒体使用水平。

学校将通过视觉识别系统、文本识别系统、观念识别系统、行为识别系统四方面加强对教师的培训、教育、激励、鞭策，从而塑造余姚镇校教师的良好形象。

1. 视觉识别系统。这是从视觉上、形象上去标明余姚镇校教师与其它学校教师的不同，以加强余姚镇校的公众形象和教师的独特形象。我们要求教师要仪表端庄、举止高雅、谈吐文明、服饰大方，走出去使人一看就知道是余姚镇校的教师，代表余姚镇校的形象。在校内，教师的形象本身就是一种有形的教育影响力，且这种影响还不可抗拒。具体实施意见有：(1) 征集设计学校标志图案和校徽，提高校服的文化含量和教育品位；(2) 在学校领导名片的制作上，设计标志，集中体现学校形象；(3) 在校园文化的建设上，继续加大有现代教育特征、创新教育特色、学生学有特长的"三特"学校建设力度，发挥余姚镇校公众形象的辐射作用。

2. 文本识别系统。现代教师素质高低，已不仅仅要会教书，还要善于钻研、探索、创新；不仅仅要会做，而且要会总结；不仅仅要会说，而且要会写；不仅要会继承发扬优秀的教学传统，而且要会运用现代的教育技术和手段。对于学校教师而言，其"文本"既包括学历程度和在职的进修进度，也包括发表论文和出版专著的数量和质量。具体实施意见：（1）鼓励教师进修专科或本科学历；（2）建立"学校教师论文奖励制度"，对教师发表的论文、科研成果、实验报告等给予奖励，定期选辑教师论文集，不定期正规出版教师的著作；（3）建立多媒体计算机校园网，加强对教师进行现代教育技术的培训；（4）建立奖教奖学制度，对在教学中做出突出成绩的老师给予奖励。

3. 理念识别系统。从思想层面、理论深度、目标定位等方面全面总结、提升，形成学校、教师、学生的办学之魂、工作之魂、成长之魂。也就是说，要形成自己的一套方法与理论，使人一接触就知道这是哪所学校的办学思想和培养目标，这是很重要的。具体实施措施有：（1）全方位地总结和提升余姚镇校的办学指导思想、治教治学原则、学生培养目标、教育哲学理念；（2）全方位地提升教师的现代教育观、现代教学观、现代德育观、现代学生观、现代师生观、现代人才观、现代质量观、现代学校观；（3）全方位地塑造学生的人生观、价值观、世界观，努力开发学生的童真、童趣和童心，培养学生的动手操作能力和创新意识。

4. 行为识别系统。这是从行为举止中区别本校教师与其他学校教师的不同点。该系统实质上是一个综合素质外显行为上的表现，具体来说包括教师平日的一举一动，对学生的评价和表情，对学生作业和行为反应等。具体实施意见有：（1）聘请礼仪公司职员或用录像片对我校教师的行、坐、立、言等进行严格的指导训练，进一步树立我校教师的良好形象；（2）建立完善对教师的评价激励系统；（3）定期进行师德问卷调查并反馈。

(三) 教育信息技术发展计划

"我们在发展,世界也在发展,时不我待,各级教育部门的领导要有'只争朝夕'精神,知难而进,把普及信息技术教育工作抓紧抓实,开创中小学信息技术教育的新局面。"[①]

作为一所创办百余年的历史名校,要实现学校教育现代化,大力推进信息技术教育已是当务之急。为此,学校拟抓好"四系统四室"建设,即校园闭路电视系统、校园网络系统、校园音响系统、校园通讯系统和计算机教室、电子阅览室、多媒体综合教室、语言实验室。

1. 新置计算机 50 台,建立一个全新的计算机教室,普及和提高计算机教学的水平。

2. 建立多媒体综合电化教室 1~2 个。推进以多媒体计算机技术为核心的信息教育技术在学校的普及和运用,加强教师多媒体教育技术培训,全校教师 100% 使用多媒体辅助教学,部分教师能制作课件。

3. 建立师生电子阅览室。

4. 建立校园网(各办公室配电脑),并与"区域网"或"英特网"联网,教师必须学会区分利用网上资源,以完善提高自己。

5. 完善校园闭路电视系统,使之发挥更大的效益。

(四) 创新能力培养计划

创新是民族进步的灵魂。没有创新意识、创新精神、创新能力的学生,是不可能成为一个高素质人才的。而在学校教育中,学科课堂则是能力培养的主渠道。为此,学校从 1999 年开始已建立总课题"在学科教学中培养学生的创新能力的实践与研究"。今后五年中,我们不仅要按课题方案扎实实施,而且要不断深化,具体要抓好以下四方面的研究:(1) 探索和构建创新教育课堂模式;(2) 尝试和积累创新教育个

---

① 周仁康. 走向智慧的校本课程开发 [M]. 北京:国家行政学院出版社,2013:84-85.

案；(3) 编写和整理创新教育教案；(4) 寻求和摸索创新教育的方法途径。

此外，要充分展示本校"创新"校训，在各类教育活动、兴趣小组中注重培养学生的创新能力，以迎接新时代的挑战。

(五) 双语教学实验计划

根据学生最佳学习期原理，我们要在小学一年级开始加强语言（特别是英语）训练，使其获得最佳学习效益，同时为学生长大后参与国际交流奠定语言基础。学校拟从2001年或次年开始，在新一年级建设一个双语实验班，选用合适的英语教材，每周开设6~8节英语课实施教学，强化英语口语训练，直至小学毕业，基本能做到运用英语思维，为学生的后继学习和语言交流打下坚实的基础。

(六) 分层递进教学计划

这是本规划在教学上的重要体现和重要指标。实行"双轨制"，形成"分层递进"动态教学组合模式。所谓"双轨制"，就是把"行政班"和"教学班"分开，实行"两条腿"走路的教学模式。具体实施意见有：(1) 保留原来的班级作为"行政班"，班主任不变，学生干部不变，班集体活动不变，上非工具科不变，使"行政班"中优好中差学生相互搭配，使班里"优、中"学生占大部分，便于形成良好的班风和学风；(2) 在工具科"语、数"两科中，根据学生的基础，分成"A、B、C、D"四个层次进行教学。A班学生基础较好，可以适当提高要求，使每一堂课上成"培尖课"。D班学生基础较差，可以适当降低要求，使每一堂课上成"提差课"，真正做到因材施教；C班引进"递进"的竞争机制，好像足球"甲A""甲B"一样，经过一段时间的教学和测试，A班后5名调到B班上课，B班前5名调到A班上课，充分激发学生的学习积极性。

(七) 特色教育深化计划

学校特色建设是学校现代化建设的重要体现，要创品牌，无论是企业，还是学校都必须有自己鲜明的特色，否则创品牌的愿望是难以实现的。前五年中，我校基本显露了节能教育、写字教育、竞赛数学三大特色，正在着力培育科研、体育两大特色。今后五年我们要积极深化这五大特色，并寻找新优势，培育新特色。

1. 深化节能教育，并拓展环保内容，利用校本课程及教材扎实实施教育。

2. 写字教育要继续坚持普及与提高相结合的原则深化特色，要坚持以考级、竞赛、作品展览、现场表演等手段为激励机制，以班级为基础，以校兴趣小组为提高层常抓不懈，并探索和引进新的激励方法，尝试各科作业批改双评制，以真正实现写字无差生、学校有百名书法尖子生两大目标。

3. 竞赛数学要以兴趣小组为途径抓实抓好，继续保持优势，并把此特色的深化与学生创新思维的培养相结合，与学校总课题的研究相联系，努力做到既出成绩，又有成果。

4. 学校继续着力培养体育特色，做到群体活动、竞体工作、体育课堂教学三者并重，以培养学生良好的身体素质，丰富校园生活、保持竞体优势。

5. 教育科研要继续强化。我们要做到依靠科研提高教育质量和效益，依靠科研提高师资水平和业务素质，依靠科研为学校创品牌。

（八）校本课程开发计划

第三次全教会指出，要实行国家课程、地方课程和学校课程三种课程制度。这是国家在课程建设上的一次大突破，也符合世界课程建设潮流。为此，我们拟着力做好以下三项工作。

1. 深化节能教育。在原有自编节能教材的基础上，增加环保内容篇目，编制成"节能与环保"学校教材，在课程计划中调节适当课时实施教学，以增强学生的环保意识和节能意识，开展可持续发展教育，为培养学生全面素质奠定好基石。

2. 开发集法制、历史、地理、校情、市情等于一体的综合课程。以问题为导向，以培养学生主动性、创造性和复合能力为目标，以队活动方式或兴趣小组形式为途径组织教学全过程。逐步积累活动设计方案及活动记录，在适当的时候，辑印成综合课程读本。

3. 开发第二课堂（兴趣小组）活动系列读本和特长教学读本。

（九）校园文化培育计划

美化校园环境、美化师生心灵是我们校园文化建设的出发点，在校园文化建设中，我们将从以下几方面着手工作。

1. 抓住校园迁建契机，加强校园物质文化建设。（1）积极参与校园建筑与布局，力争使新校园体现艺术性，做到朴素、典雅、鲜明、协调、造型新颖、富有教育意义；（2）精心设计校舍内部陈设与布置，充分发挥墙壁、走廊、橱窗、黑板报等每一阵地的教育作用；（3）人人动手参加校园绿化和美化，鼓励师生用自己的汗水换来美丽的校园，开展我为校园添光彩活动。

2. 建立和健全学校规章制度，塑造良好的校园制度文化。（1）从教育、教学实际出发，从有益教师身体健康、学生全面发展入手，修订健全各项规章制度；（2）真正发挥校园制度文化的作用，加强制度宣传力度，使全校师生真正接受并付诸行动。

3. 着眼于校风、教风、学风、班风的培植，深化校园精神文明建设。（1）发扬优良的校风，确定严格的校训，培养师生的爱校意识；（2）树立良好的教风，充分体现"为人师表""教书育人"的师德师风；（3）培养良好的学风，发展和完善学生的人格品质。

4. 加强校园文体活动，活跃校园文化生活。（1）充分利用导向、规范、激励、约束、凝聚等手段，发挥校园文化的教育功能；（2）创设民主、友好、合作、谦让、生动活泼、积极向上的学生心理氛围；（3）统一规划、周密部署、广泛发动、狠抓落实，加强检查和督促，使各项任务圆满完成。

(十)现代学校管理创新计划

为使本规划较好实施,必须在学校管理中进行探索和革新,这种探索和革新,主要集中在四个层面:一是管理体制问题,二是运行机制问题,三是规章制度问题,四是机构功能问题。

前两个层面必须按市教委和镇政府对我校发展的战略部署要求来定,目前我们主要要处理好物质文明与精神文明两手抓的问题,处理好规模与质量、公平与效益的关系问题。

建立和完善学校的规章制度是为了对学校方方面面的工作进行科学规范的管理。现在我们要根据时代的特征,对已有规章制度做进一步修订、完善,使其能更适应学校教育现代化的需要和新校园客观实际需要,同时应逐步拟订新的规章制度从而对学校的管理加以规范。如《学校中层干部职责履行考核奖惩细则》《防止"教育事故"条件》等,以加强责任意识。

新世纪引发了许多的革新,原有的机构功能要做调整、更新和强化。(1)校长室主要抓目标研究、依法治校研究、以人为本的研究;(2)教导处要强化教学工作、强化德育工作、强化养成教育;(3)总务处要强化服务意识、责任意识、校产规范管理意识;(4)教科室要强化课题意识、信息意识、创新意识;(5)团队线要继续办好《雏鹰天地》和童心电视台,要设立心理辅导室,对学生的心理问题进行咨询辅导。

三、形成与实施

本规划于2000年年底形成,在规划拟订中,学校坚持走群众路线。首先,向全校教职工以书面形式征集"新世纪学校现代化建设蓝图——余姚镇校'十四五'教育改革和发展规划""金点子"。其次,根据"金点子"拟出规划讨论提纲供全校教职工讨论;然后由校长室拟定规划初稿并征求教职工意见,加以修改后定稿,最后由学校教职工全体大会通过。因此,本规划在校内具有规范效力,它对学校今后五年的改革和发展将带来直接的导向作用和规范作用。

本规划的实施将依托纵横两线进行，一是规划第二部分中的10个单项计划（各单项计划将具体化，在内容、时间、形式上做界定并由专人负责）；二是今后五年的年度计划和学期工作计划（各单项计划内容、指标分别在各学期加以实施和落实）。

本规划所列内容根据时代发展将做适当调整与完善；本规划在适当时候将邀请领导专家加以论证。

总之，本规划的实施必须是符合时代要求、适合校情特点的，是为实现规划双重目标服务的。本规划双重目标的实现还要依托全校教职工发扬主人翁精神、奉献精神和创业精神。

最后，本规划在全校教职工全体会议通过之日起实施。

第九节　专著出版

校长的角色不仅是教育管理者，还应该是教育和学术的研究者和实践者，校长也是校园文化、核心价值观的引领者。通过撰写书籍，校长可以将自己的教育思想和经验分享给更多的读者，对教育产生积极的影响。校长著述，能从中提升自身修养，促进专业发展；校长著述，能对学校教师起到示范引领作用，推动校园文化建设，使学校形成良好的学术氛围。我出版的第一本书是《管理创新与教海探航》。

这本书其实是对自己前半生的学校管理与教育教学的总结。本书内容大多是之前发表或获奖的文章。全书分两部分：第一部分为管理创新，其中有愿景实践篇、领导行为篇、队伍建设篇、科研兴校篇；第二部分为教海探航。其中有教育思索篇、阅读探新篇、作文教改篇、写字实验篇。我在本书的"序言"中是这样表述的。

现代管理理论认为，管理是在动态环境下的主体创新活动，校长是办学的主体。今天，面对计划经济和市场经济并存的社会环境，面对学习化社

<<< 第八章 达善奋斗：丈夫志四海，万里犹比邻

会，面对信息技术的个性化发展趋势，校长要发挥自己和整个教育群体的创新性，研究新情况，解决新问题。

探求现代管理创新，北师大陈孝斌教授认为，不可能从以往出版的学校管理著作和教材中找到答案，它要靠我们教育管理者去研究、实践和创造。从这个意义上讲，教育管理又是一个等待我们去开发的新兴事业。

非常有幸，在改革开放不断深化的大背景下，我担任了10余年校长，作为一名现代化学校管理的实践者，我在自己的责任田里耕耘和探索。

图8-30 **《管理创新与教海探航》**
中国文联出版社 2003 年 7 月

我的管理实践告诉我：创新是我们这个时代的主旋律，创新是现代学校管理的核心。学校愿景的描绘和实践需要创新，教育现代化的追求和实践需要创新，以人为本的领导行为和队伍建设需要创新，实施素质教育促进学生全面素质的提高需要创新。总之，学校、教师、学生的健康、协调、快速发展都离不开创新。

我的管理实践告诉我：教育科研是创新的有效载体。它为学校的跨越式发展，为教师的专业成长，为学生全面素质的提高提供了不竭的动力。本书8篇内容真实记录了我和我的同事们依靠教育科研兴校、兴教、兴师、兴生的客观事实。我深深感悟到，离开了教育科研，管理将是僵死的，教育定是陈旧的，学校、教师、学生的发展将是缓慢的，甚至可能停滞不前。

我的管理实践还告诉我：现代学校管理者要管理好学校，必须努力提高自身的非权力性影响力。校长优秀的人格、品质、作风、意志是对教职工影响最强、影响时间最长的深层因素。要成为一个优秀的教育管理者，校长首先必须使自己成为优秀的教育工作者。校长不一定是教育专家，但至少要有几分学者味，这样才能在探究和指导教育教学上更有发言权。本书"教海探

181

航"部分选辑了自己近 10 年对教育教学探索的心得文章,作为引玉之砖,以飨读者。

2000 年,教育部全国中小学骨干培训期间,我接受了许多新思想、新观念,了解了全球有关管理与教学的趋势。从那时开始,我结合自己的管理与教学实践,着手构思、撰写、出版了"智慧"系列的三本书。

第一本书着眼于对语文新课标的解读,引导教师认识语文新课标,并在教学中扎实实施语文新课标。

《走向智慧的语文教学——语文新课标解读与实施》
中国文史出版社　2005 年 3 月

目　　录

第一章　全新的教学理念

第一节　全面提高学生的语文素养

第二节　正确把握语文教育的特点

第三节　积极倡导自主、合作、探究的学习方式

第四节　努力建设开放而有活力的语文课程

第二章　创新的教学原则

第一节　价值性原则

第二节　基础性原则

第三节　民主性原则

第四节　启发性原则

第五节　激励性原则

第六节　开放性原则

第三章　探新的教学模式

第一节　教学模式的概念、特点和功能

第二节　教学模式的改革和发展趋势

图 8-31　中国文史出版社
2005 年 3 月

第三节　语文教学模式探新示例

第四章　趋新的学习方式

第一节　自主学习方式及其习惯培养

第二节　小组合作学习及其组织实施

第三节　探究性学习方式及其引导

第五章　灵新的教学设计

第一节　教学设计

第二节　动态生成

第三节　教学设计与动态生成的关系

第四节　教学设计案例

第六章　清新的教学资源

第一节　语文课程资源的内涵和范畴

第二节　语文课程资源开发和利用的策略

第三节　语文课程资源开发和利用的注意点

第七章　求新的教学策略

第一节　关于识字与写字教学的策略

第二节　关于口语交际教学的策略

第三节　关于阅读教学的策略

第四节　关于写作教学的策略

第五节　关于综合性学习教学的策略

第八章　标新的教学艺术

第一节　教学的语言艺术

第二节　教学的板书艺术

第三节　教学的提问艺术

第四节　媒体的使用艺术

第五节　课堂的导入艺术

第六节　课堂的结尾艺术

第九章　更新的教学评价

第一节　语文教学评价改革势在必行

第二节　语文教学评价改革的探索

第三节　语文教学评价改革的发展趋势

第十章　崭新的教学反思

第一节　关于教学观念反思

第二节　关于教学能力反思

第三节　关于教学实践反思

第二本书是着眼于校本课程的开发。校本课程开发，又叫学校中心课程规划。我国课程开发长期以来由国家包揽，1999年召开的全国教育工作会议做出了实施国家课程、地方课程和学校课程的决策。广大教师缺乏课程开发的理论积淀和实践经验。为解决这一问题，本人以自己的课程开发实践为依托，详细叙述了如何开发校本课程的问题。

《走向智慧的校本课程开发》　中国文史出版社　2006年3月

目　录

第一章　校本课程开发的导语与案例

导语：走向智慧的校本课程开发

案例：以"节能与环保"校本课程为突破口，促进学生主动发展——余姚市东风小学校本课程开发案例

第二章　校本课程开发的内涵与渊源

第一节　校本课程开发的内涵

一、课程及其类型

二、校本课程开发的概念解读

第二节　校本课程开发的渊源

图 8-32　中国文史出版社 2006年3月

一、校本课程开发的起源与演进

二、我国校本课程开发的背景与发展

第三章　校本课程开发的意义与效应

第一节　校本课程开发的意义

一、有助于克服国家课程的弊端

二、有助于学校办学特色的形成

三、有助于教师专业素养的提高

四、有助于学生学习方式的改变

五、有助于促进教育民主化的进程

六、有助于促进教育的合作与交流

七、有助于课程教材的拓展与创新

第二节　校本课程开发的效应

一、校本课程开发的正面效应

二、校本课程开发的负面效应

第四章　校本课程开发的条件分析

第一节　学校内部条件与校本课程开发

一、校情：校本课程开发的奠基石

二、校长：校本课程开发的主心骨

三、教师：校本课程开发的主力军

四、学生：校本课程开发的参与者

第二节　学校外部条件与校本课程开发

一、行政部门：校本课程开发的支持者

二、专家学者：校本课程开发的咨询者

三、社区人士：校本课程开发的信息员

四、学生家长：校本课程开发的督导员

第五章　校本课程开发的特征与原则

第一节　校本课程开发的特征

一、课程目标的个性化

二、课程决策的民主化

三、课程内容的动态化

四、课程优势的互补化

五、课程情境的互动化

第二节 校本课程开发的原则

一、主体性原则

二、目标性原则

三、协调性原则

四、整合性原则

五、多样性原则

六、可行性原则

第六章 校本课程开发的资源利用

第一节 课程资源的内涵及分类

一、课程资源的概念

二、课程资源的特点

三、课程资源的分类

第二节 课程资源的开发利用的意义和原则

一、课程资源的开发利用的意义

二、课程资源的开发利用的原则

第三节 校本课程资源开发利用的新视角

一、社区课程资源的开发利用

二、网络课程资源的开发利用

三、教师人力资源的开发利用

第七章 校本课程开发的设计与实施

第一节 校本课程开发的设计分析

一、共性目标可实现性程度分析

二、个性化目标重要性程度分析

三、薄弱共性目标与重要个性化目标实现途径分析

四、学校资源对备择校本课程支持的可能性分析

第二节　校本课程开发的典型程序

一、国外有代表性的校本课程开发的程序

二、国内专家有代表性的校本课程开发的程序

三、我国实践层面的有代表性校本课程开发的程序

第三节　校本课程开发的程序解析

一、情境分析　确定主题

二、构建目标　组织课程

三、实施课程　进行探究

四、开展评价　完善课程

第八章　校本课程开发的评价

第一节　课程评价的内涵及其类型

第二节　校本课程开发评价的价值观

第三节　校本课程开发评价的特点

第四节　校本课程开发评价的模式和样表

第五节　校本课程开发评价的要点和指标

第九章　校本课程开发的反思与问题解决

第一节　校本课程开发实践的反思

第二节　校本课程开发中的主要问题

一、权力分享滞后

二、时间成本过高

三、教师准备不足

四、资源较为欠缺

五、评价基础薄弱

六、质量难以保证

七、合作隐含冲突

第三节　校本课程开发中的问题解决

一、正确处理关系　做到放权到位

二、采用多种方法　做到时间保障

三、加强师资培训　提高专业水准

四、坚持因地制宜　突破资源瓶颈

五、完善评价机制　力求全面科学

六、加强交流合作　规范必要手续

第十章　校本课程开发中的教师专业成长

第一节　教师专业成长的涵义与特点

第二节　校本课程开发对教师专业成长的意义和挑战

第三节　在校本课程开发实践中提升教师专业素养

附录部分（略）

第三本书着眼于学校管理。21世纪初，校本思想异军突起，席卷全球。撰写此书的目的是要启发校长们有创造性地实施校本管理，提高管理效益。

《走向智慧的校本管理》　　现代教育出版社　2007年4月

目　录

第一章　校本管理的概述

第一节　校本管理的涵义与理念

第二节　校本管理的缘由与举措

第三节　校本管理的特征与意义

第四节　走向智慧的校本管理

第二章　校本经营的理念

第一节　校本经营的理念解读

第二节　校本经营的探索实践

第三节　校本经营的问题探讨
第三章　校本规划的拟订
第一节　校本规划拟订的意义
第二节　校本规划拟订的原则
第三节　校本规划拟订的程序
第四节　校本规划拟订的内容
第五节　校本规划拟订的要求
第六节　校本规划的文本列举
第四章　校本制度的建设
第一节　制度与校本制度
第二节　校本制度的建设原则
第三节　校本制度的案例评析
第五章　校本品牌的策划
第一节　校本品牌的概念
第二节　校本品牌的个性
第三节　校本品牌的效应
第四节　校本品牌的策划
第六章　校本特色的创建
第一节　校本特色的内涵
第二节　校本特色的形成
第三节　校本特色的评估
第四节　校本特色的思考
第七章　校本课程的开发
第一节　校本课程开发的概念
第二节　校本课程开发的意义
第三节　校本课程开发的原则
第四节　校本课程开发的程序

图 8-33　现代教育出版社 2007 年 4 月

第五节　校本课程开发的方式
第六节　校本课程开发的反思
第七节　校本课程开发的案例
第八章　校本培训的求索
第一节　校本培训的概念界定
第二节　校本培训的优势分析
第三节　校本培训的基本原则
第四节　校本培训的实践模式
第五节　校本培训的主要内容
第六节　校本培训的操作环节
第九章　校本教研的探新
第一节　校本教研的概念界定
第二节　校本教研的基本特征
第三节　校本教研的活动方式
第四节　校本教研的成果表达
第五节　校本教研的实践反思
第十章　校本危机的干预
第一节　学校危机的涵义探讨
第二节　学校危机的因果分析
第三节　学校危机的干预策略
第四节　学校危机应急预案文本样式

第十节　达善故事

除夕的活动

紧锣密鼓的新校园建设如期竣工，截至 2001 年 12 月 29 日工程队才全部

>>> 第八章 达善奋斗：丈夫志四海，万里犹比邻

撤走。为了给学生一个整洁的校园环境，2002年2月11日上午，学校党支部组织全校党团员进行了一次很有意义的义务劳动——打扫新校园。

2002年2月11日，太阳刚爬上玉皇山头，教师党团员们都早早来到了新校园。阳光透过稀疏的树叶洒落下来，形成了点点金色的光斑。大家都跃跃欲试，都期望为新校园做点什么。我给大家明确了分工，顿时，整个校园都热闹了起来，学校的每一个角落都充满了忙碌的身影……

猴子捞月亮

1998年7月下旬，学校组织教师去江苏无锡、扬州等地旅游。上午10点左右，我们乘车来到无锡影视基地——三国城。炎热的阳光肆意地照耀着大地，空气仿佛被炉火加热，使周围的一切都变得慵懒无力。汗水已将上衣浸透，大家的游兴受到了一定的影响，谁让我们是教师呢？平时不可能安排旅游。老师们带着孩子匆匆游览了三国城，热得实在吃不消了。特别是吴培荣老师，人称"阿胖"，肩上骑着女儿，累得直喘气。

中午，我们在一处农家乐吃了团队餐，下午导游安排我们去太湖边的一个戏水的场地玩耍。这下，整个团队欢欣满溢，孩子们发出了银铃般的笑声。我们到水上乐园时，望见太湖水非常清澈，那里已有许多游客正在玩水。我们一下车，便直奔太湖，游客们会游泳的如鱼得水，游东游西；不会游泳的套了个救生圈泡在水中，享受着这清凉的极乐世界。忽然，我发现刚才在我左边的一个小男孩不见了，我往外看去，只见在两米开外的湖中，发现深水中有个隐隐约约背影。我也顾不得危险，一个猛子就扎下去了。当我的手一触到小男孩的后背，他的身子突然翻转过来，用双手紧紧抱住了我的上身，几乎让我喘不过气来。我右边的陈百初似乎明白了怎么回事，也一个猛子扎下来，拉住了我的脚。真是心有灵犀一点通，吴培荣、谷庆苗也依次扎下来，拉住前者的脚。我们四人像猴子捞月那样把小男孩拽了上来。

这时，泡在水里的人都大喊起来："有人沉到湖底去了！"岸上的人这下都慌了，赶紧在水面上寻找自己小孩的身影。当我们把小男孩救到岸上时，

191

达善之旅 >>>

孩子的母亲惊呆了，久久说不出一句话，只是紧紧地抱住了孩子……

车站的维权

1999年5月1日—10月31日，以"人与自然——迈向21世纪"为主题的世界园艺博览会（下文简称"世博会"）在春城昆明成功举办，这也是中国举办的首届专业类世博会。那年8月初，学校组织老师去昆明游览世博会。整个园区以中国古典园林艺术设计布局，自然、弯

图8-34 部分教师在昆明世博园合影

曲的路径体现了追随自然、顺应自然的设计理念，真是美不胜收。在大自然中，随行的小朋友们玩得特别高兴。

将要返回的前一天，宁波英特旅行社的王经理告诉我，地接社订好的卧铺票被上海市的相关部门以政治任务为由被截走了。近几天直接从昆明到余姚的车次都订满了。现在唯一的办法是晚上乘车到贵阳，上午游览黄果树瀑布，下午从贵阳乘车返回余姚，旅程多了一天，每人要增加108元，我接受了这个方案。

返程当天傍晚，我们按时到达昆明车站。上了卧铺车厢，我们惊呆了。原来我们的卧铺上，有的已经有了乘客，有的乘客正往我们的铺位上挤，场面乱成一团，双方争执不下。客车服务员见状，看我们是团队好说话，叫我们下车。

我们下了车，与车站工作人员和列车长理论。要求给个说法，并希望得到妥善解决。得知有纠纷，昆明站的站长也来了，但他们迟迟不肯认错，根本不提解决方案。我们几位男士也不示弱，要求他们告知我铁道部门的监督电话，要马上投诉。看我态度坚决，他们最终妥协了。就在当次火车中，挂了一节普通车厢，该车厢让我们专用，每人占用三个座位躺下来。并写好了

192

条子让我们到贵阳站退卧铺票与硬座票的差价。我们上了车，两位列车员给我们在车厢两头把门，还送上了糖果、泡上了咖啡，这次维权大获成功。

校名的讨论

由于行政区划的调整，余姚镇中心小学的校名必须随之更改。对这所百年老校的校名更改市政府特别重视，专门召开了一个意见征求会。市政府、东北街道、市教委和校方派代表出席了这次意见征求会议，会议由东北街道党委书记谢桂灿主持。大家献计献策，提出了几个不同的校名。我的建议是尊重历史，更名为"余姚市第一小学"，因为在很长的岁月里，校名为"余姚县立第一小学"或"阳明镇第一小学"。但教委领导认为现在小学没有按序数取名的，只有一个学校按序数取名是不合适的。有人提出了取名为"余姚市东风小学"，因为在学校发展史上，有二次名称中有"东风小学"字样。得到了与会的副市长吴展的支持，因为吴副市长是我们的校友，他就读于"东风小学"，对学校有一定的感情。其他领导也纷纷表示取名为"余姚市东风小学"比较合适，就这样校名被定了下来。

更名为东风小学的消息传开后，本校教师展开了讨论。有的教师认为合适，沿用老校名；有的教师认为不合适，因为曾经有"破东风"之称，大家众说纷纭。听了大家的讨论，我想，不管哪种意见，都是出于对学校的热爱与关心。校名不可能再更改，统一大家的思想尤为重要。

一次教师会上，我提到了关于校名更改之事。认为"东风小学"在历史长河中辉煌过，也出现过低谷，声誉不好，但我们要辩证地看待。我说："数学上有一个定理，一个负数的绝对值越小，这个数越大。我们要借助这个定理来发展学校，学校的明天一定会更加美好！"

回赠冠名权

在争取建设资金缺口时，我曾信誓旦旦地对市长说："校园的建设资金请市政府保障，新添教学设施的资金学校自筹。"新校园都是老设施肯定是不行的，必须想办法筹措资金。这时，我想到了去新加坡考察时，有几个学校的图书馆是以个人的名字命名的。如两个学校有"玉芝图书馆"，因为图书馆是李光耀的夫人柯玉芝捐资建设的，学校就回赠了"冠名权"。

为筹措资金，我策划了"您为学校献爱心，学校回赠冠名权"活动。得到了社会各界和新老校友的积极响应，有效解决了添置教育教学设备设施的资金问题。如校门内外的四个宣传窗，学校音乐教室的钢琴等都是用在这次活动中筹措的资金添置的，后来学校也根据捐资者意愿回赠了冠名权。

杭城的结对

为了汲取先进的教育理念与方法，要让老师们从"井底"走出来，必须向大城市学校全方位学习。1996年下半年，我通过在杭校友叶德范，主动联系到了杭州市学军小学校长杨一清，提出了两校结对的意愿，要全方位向学军小学学习，得到了杨一清校长的积极响应。1997年5月，我带领副校长范红月、教导主任陈百初去杭州学军小学参加了两校的结对仪式。学军小学十分重视这次结对工作，当天校园被打扮得喜气洋洋，教学楼外墙上的两条直幅格外醒目："建立友好学校，促进共同进步""庆祝本校和余姚镇中心小学结为友好学校"。学军小学还精心安排了结对仪式，我和杨校长共同签订了结为友好学校的协议书，双方领导还在学军小学的前天井合影留念。

从此，我们两校开启了勤于交流、友好往来的模式，一直持续到三位校长的任期结束。这次与杭州学军小学的友好结对，对本校教师素质的提升起到了关键性的作用。

图 8-35 学军小学前天井合影留念

拾取的遗珠

我们坚持了几十年的节能环保教育，在有些教育专家的眼里是不务正业。他们只对语文、数学、科学、英语等感兴趣，认为学校抓这些学科才是正道。2002年，省教育厅发文组织评比"第二届（1998—2002）浙江省基础教学成果奖"时，我们信心满满地完成并送上了《以节能与环保校本课程为突破口，促进学生主动发展》的研究报告。这个报告在宁波市内的专家筛选时没有被重视，放到了不送省里的那一堆材料里（因为宁波市教育局打算将有望获得宁波市一、二等奖的报告送到省里），按照宁波专家的意思，我校的报告可能连宁波市三等奖都不一定能评上。宁波市教育局通知经宁波专家预评的一、二等奖的研究报告送专家撰写鉴定意见，待本省和上海的专家最终评审后送省教育厅。

外地专家评审时，宁波把自己预评的一、二等奖的报告交给他们。评审进行得很顺利，专家们迅速分辨出报告的优劣。时间还早，有位专家好奇去翻动那堆被宁波专家淘汰的研究报告。当他看到我们的报告时，大吃一惊，原来这里有颗遗珠。他将《以节能与环保校本课程为突破口，促进学生主动发展》的研究报告抽出来，请全体外来专家阅读，阅读后，大家都惊讶地发现这份报告是今天阅读过的最有新意的研究报告。大家一致认为，此报告必须送省。

外地专家评审的第二天，是省教育厅规定上送省里的截止日。宁波市教育局在外地专家评审当天的午后一时左右，通知我研究报告要送省参评，而且要有省级专家鉴定意见。接到电话后，我当机立断，租辆车子匆匆赶往杭州找专家去鉴定。第二天，研究报告由宁波市教育局送省，专家鉴定由我们自己送省。

图 5-36 省教学成果一等奖证书

是金子总会发光。《以节能与环保校本课程为突破口，促进学生主动发展》的研究报告获得了"第二届（1998—2002）浙江省基础教学成果奖"一等奖。

获此奖项在余姚市是第一次,在宁波市也仅是第二次。从此,我们的节能与环保教育品牌才开始打响。

函授之外传

学无止境。1999年暑假,通过几个月的复习,我考上了宁波教育学院的本科函授,在400多名考生中脱颖而出,考试成绩排第15名。特别是"学校管理"此学科考了93分,是本次考试中此学科的最高分。班上有好几个校长没有考到及格分,我还跟他们开玩笑说:"当校长我比你们更合适吧!"

本科函授余姚籍的同班同学有傅迪华、叶武东、马伟军、沈梅等,我们同车为伴,风雨兼程,互学互鉴,作业考试,历经三载,终于完成了宁波教育学院公共事业管理的全部本科课程,并于2002年5月如期毕业。

图 5-37　宁波教育学院本科毕业留影

第九章

学区作为：石以砥焉，化钝为利

2001年9月新建立的余姚城区东北、东南、西北、西南四个街道，不足5年便于2006年1月1日依次改名为凤山街道、梨洲街道、阳明街道、兰江街道，以彰显余姚城市的历史文化。每个街道设置了一个街道教育辅导室，主要职能是管理辖区内的中小学、幼儿园及民办学校等。从2001年10月开始，我先后担任了凤山街道与兰江街道的教育辅导室主任兼街道教育党总支书记。我为这两个街道的教育事业发展贡献了自己的绵薄之力，也受到了学区内校长与老师们的肯定。

第一节 凤山攻坚

攻坚克难开局　柳暗花明呈现

2001年10月，随着东北街道的建立，我被市教委任命为东北街道教育辅导室主任兼街道教育党总支书记。那时，我仍兼任着东风小学的书记与校长，再加上迁建校园，真是一人顶五人用，每天总是忙得不可开交。

"不经一番寒彻骨，怎得梅花扑鼻香。"学区建立时，辖区内有11所学校（其中，2所初中，8所小学，1所民工子女学校）。我了解情况后真的吓了一跳，学区学校出现了巨额的资金缺口。除了东风小学迁建工程的300万元资金缺口外，辖区内的子陵中学新建不久，但学校建设时在原设计的基础上增加了一层宿舍，超资125万元；阳明小学扩建工程刚开始，校园南面的民房正在拆除，市里下拨的800万元扩建经费已经用完，单是民房拆迁赔付就需要1280万元，需要新建的教学楼还在图纸上，估计资金缺口680万元。新建小学立项时概算325万元，结果竣工后需要资金660万元，资金缺口335万元。辖区学校合计资金缺口约1448万元。这个资金数目在当时的物价条件下，可以在余姚城区新建2个小学，资金缺口真是天文数字。

面对困境，作为教辅室主任，有两种截然不同的选择。可以"作为"，这样能减轻辖区校长们的压力，但辛苦了自己；可以"不作为"，任由校长们去哀求，去挣扎，自己当个旁观者也是可以的，别人也不好责备你什么，又不是你的错。我有过犹豫，但最后选择了"作为"，这是我换位思考的结果。

我主动与东北街道办事处王明央主任汇报了调研的结果——辖区内学校基建中1448万元的资金缺口。王主任也惊呆了，他刚从山区乡镇调入城区，心里也没有底，真的到了"山重水复疑无路"的境地。

车到山前必有路，办法总比困难多。我俩经过反复讨论，商量对策，决定采用因校制宜，逐个攻克的办法。

首先，我们落实了子陵中学的基建资金缺口。子陵中学原来是市教委直属的，我建议125万元的缺口让市教委承担。王明央主任、计琴飞副主任与我3人特意来到市教委，与市教委沈相国主任等相关领导进行了沟通与协商。我们的诉求是市教委下放学校，是不能连带债务的。要求市教委承担125万元资金缺口，否则子陵中学我们东北街道不接收。我们三人有唱红脸的，也有唱白脸的，分工明确。最后，市教委满足了我们的要求。

其次，我们解决了阳明小学的基建资金缺口。阳明小学的扩建工程是市里确定的，原余姚镇只是为市里代管。因此，我们要求市政府承担全部拆迁与建设费用。我们街道办事处可以代管，也可以不代管，一切由市政府定夺。最终，市政府采纳了我们的建议。

再次，我们落实新建小学的资金缺口。新建小学的迁建工程是原余姚镇的镇属工程，要市政府或市教委承担是不可能的。因此，必须另辟蹊径。经高人指点，街道办事处要求市政府出政策，解决新建小学的资金问题，即将新建小学原来带征的土地（带征土地是规划道路），市政府以商用土地回收。因为商用土地与教育用地差价很大。

最后，小卒过河，由我出面向市长反映东风小学的基建资金缺口问题。最后也得到了圆满解决。

为了落实基建资金，我和办事处领导忙了整整一个学期，攻坚克难，终于迎来了"柳暗花明"的局面，为本学区学校的发展开了个好头。

发挥引领作用　推进课程改革

在课程改革的浪潮中，凤山街道教辅室根据自身职能积极发挥引领作用，做到在组织规划上引领，在专业成长上引领，在课堂教学上引领，在校本课程开发上引领，在评价改革上引领，在设备添置上引领，扎实推进了学区学校的课程改革。

我们凤山学区自2004—2007年的3年中，本教辅室根据上级工作部署，认真贯彻《基础教育课程改革纲要（试行）》及"新课标"精神，自觉积极投身教改大潮，坚持充分发挥引领作用，扎实推进了学区学校的课程改革。我们的做法如下。

一、加强组织领导，引领课改推行

新课程改革是一项政策性强、涉及面广、专业要求高的工作。为确保实验工作健康有序地开展，首先必须加强组织领导，根据市基础教育课程改革工作领导小组的要求，街道成立了以教辅室主任为课改第一责任人的课改实验领导小组，并建立相应组织网络，要求各校成立以校长为组长的学校课改工作领导小组，具体负责实验的组织与管理工作。以课改实验领导小组为核心，制订了课改实验实施方案。街道所有学校根据学校课改工作的实际特点，建立了"领导小组决策调控—相关专家引领指导—教导处具体操作—教研组、课题组落实—教师群体积极参与"的课改工作运行机制，为课改实验的顺利实施做了充分准备。

为使课改工作扎实有效，街道建立了课改工作学科指导小组（教研组），以市级名师和骨干教师为组长，引领各校教研组和教师积极开展课程改革。每学年初，教辅室对中小学教研大组长的人选进行反复挑选，选择业务素质高、组织能力强的骨干教师担任学科大组长，然后发文公布。每学期我们组织好学科大组长会议，在承担市和街道课改实验活动的基础上提出各学科教研任务，在教研组里我们着重提出要以解决课堂教学中所面临的各种具体问题为研究对象，创建"以解决问题为目标，以课堂观察为手段，以课例分析为载体，以行动研究为主要方式"的教研模式。

二、重视队伍建设，引领专业成长

课程改革，成功与否，关键在教师。具有全新教育理念的教师队伍是新课程改革成功的关键。因此，我们对参加新一轮课改实验的师资队伍建设非常重视。认真组织教师开展新课程、新教材的研究，按照"边试验、边培训、边总结、边提高"的原则，指导和帮助实施新课程的教师。通过"教、研、训"有机结合，促进教师走进新课程。首先，我们根据市教研室等业务部门的要求，切实坚持"先培训，后上岗"的原则，选派一些改革意识强，易于接受新事物的骨干教师参加各级培训。其次，"通识培训"和"学科培训"相结合，尽快将新课程的理念与教师的教学观念相接轨，使全体教师立足课改、提升理念，形成全新的教师观与学生观。最后，建立培训、教学和科研相结合的培训机制，有目的、有计划、有步骤地开展校本培训工作。我们还要求全体实验教师每学期撰写一篇课改实验论文，上一节课改优质课，每学期撰写一篇教学反思和教学案例。通过一系列培训，有效拓宽了教师的教学视野，提高了教师的整体素养，促进各校课程改革向纵深发展。为引领教师专业成长，我们还采取了以下策略。

第一，政策导向。教辅室制定了《凤山街道名师工程奖励办法实施意见》，以调动教师在课改中自觉探索并在探索中成长的积极性和主动性。经过几年的导向和努力,一大批专业教师迅速成长。

第二,名师引领。名师队伍是街道教育线的宝贵财富,如何发挥街道现有名师和骨干教师的业务引领和辐射作用,使教育优质资源共享,是取得课改实验成果的重要途径。我们通过带徒、上展示课、送教、理论讲座等形式对街道所属学校中青年教师进行业务培训,并着力培养一批有发展前途的教坛新秀,使之成为街道教学的有生力量,全面带动全体教师,促使其素质提高与专业成长。

第三,课题提升。在新课程实施中,我们要求学校和教师运用教育科研的手段来参与课改,从而实现教师专业素养的提升。

运用课题进行提升是极为有效的策略,教师的专业在不断地成长。如城北小学的青年教师叶建松不到三年就从一个普通的语文教师成长为余姚市、宁波市教坛新秀。

第四,重点强化。在新课改推行中,我们发现有不平衡现象,我们从实际出发,进行重点强化。例如,我们通过调研发现80后新教师责任感不是很强,部分老年教师教学现代化技术不过关。为此,今年我们引领学校将工作重点放在这两方面,强化对教龄5年内新教师"教学五认真"的检查与督促;强化对老教师人人会用多媒体教学设施的调研与督导。

三、聚焦课堂教学,引领教学改革

课堂是课改实验的主流平台,是洞察课改成效的重要窗口。新课程对课堂教学的关注程度要求很高:能否建立平等、和谐、信任的新型师生关系是课堂教学顺利进行的前提;能否将教学内容按学生喜欢且易接受的方式呈现以及对学生学习兴趣的有效调动是课堂教学成功的关键;能否引导学生积极主动地发现问题、提出问题和解决问题是课堂教学高效的保证。3年来,学区的课改工作以校本教研为载体,以课堂教学改革为突破口,积极开展教学研究,在研究中求发展,在实践中求提高,努力实现学生学习方式的改变,积极倡导自主、合作、探究的学习方式,课堂中生命化色彩已初见端倪,各校在这方面都做了积极探索。

（一）尝试主题教研，研究课堂教学

街道和学校两级教研组以新课程"以学生发展为本"的先进理念，确定课堂教学的研究方向，以转变观念为前提，以学科为阵地，研究课堂教学。

语文、英语学科以"提高学生的语言素养"为主题的教学研究，通过引导学生主动学习，确立学生主体地位，使学生在主动学习的过程中积累和发展语言，掌握知识和技能，丰富思想感情，发展思维能力，培养创新和实践能力。

数学学科进行了以"生活化和趣味化"为主题的教学研究，捕捉学生实际生活素材，替换改造教学内容，创设生活情景，唤起学习兴趣，使数学知识成为看得见、摸得着、听得到的东西，借助生活情景让学生真正体会到生活中充满数学。

科学、艺术、思想品德等其他学科则进行"课堂教学活动化"主题教学研究，或活动介入，或实际参与活动，或搭建展示舞台，让学生去疑、去猜、去试、去探、去说、去发现、去解决、去运用，充分调动学生主观能动性，课堂活了，学生乐了。

（二）探究以学定教，锤炼教学设计

实施新课改，我们提出要重视"教学设计"并关注"动态生成"。设计，它关注的是"学"的研究，探究的是"以学定教"的问题。我们要求教师教学设计时要"以学定教"，心中要有学生，要有创造性，提倡教案的二度设计，呼吁教师要活用教材，用活教材，重视课堂的生成状况，适时改变教学策略，发挥教师的创造力。

（三）创新教研模式，提高研课能力

教师的课改新理念从量化的积累到质变的飞跃需要长期课堂改革的磨合与撞击。各校都积极开展了"备课—说课—上课—听课—评课"系列研讨，重点抓好"四课型"教研活动，即新教师的成长课、教坛新秀的观摩课、学科骨干的示范课、实验老师的研讨课。让教师通过个人课改实践进行总结反思，以独特的体会解读课改，批判地审视教学，汲取他人经验，挖掘自身潜力,在课堂教学实践中创造独具特色的教学方法。

四、抓好评价改革,实现正确导向

评价改革是牵动课改最敏感的神经,但科学的评价可以保证课改的正确方向。为此,我们在三方面进行着力:一是积极推行学生素质报告单的改革,形成了多维度、重过程的评价机制;二是积极推动学生成长记录册、成长档案袋的应用,深获家长和师生欢迎;三是引导学校进行个性化评价的探索。

如东风小学积极探索学生个性化评价的改革,取消"三好生"评比,实施个性化评价——"闪亮星"的评比,给每个学生搭建成功的舞台,促进学生个性特长的发展。

五、强化引领作用,开发校本课程

新一轮基础教育课程改革有两大途径:一是课程内容和学科教材的改革,二是课程结构与管理权限的改革。从全国各地课改实施情况看,前者"课程内容和学科教材的改革"受到了广泛重视,无论是"通识培训"还是"学科培训"都抓得非常扎实,也取得了比较好的效果。后者"课程结构与管理权限的改革"虽然也写入了课改的文件与方案,但总体实施情况不尽如人意。针对上述客观实际,本教辅室在这几年里审时度势,积极引领,重点抓学区学校的校本课程开发与教育工作,我们主要对以下四个环节进行了引领性探索。

(一)抓启动,引领认识

随着我国课程理论研究的深入开展,我国课程政策发生了重大转变即实施国家、地方和学校三级课程管理模式。校本课程开发被提上议事日程,研究和开发校本课程将成为我们中小学的工作任务之一。

为推动学区各校进行校本课程开发,2003年3月,我们组织召开了专题会议,各校校长、分管业务副校长、教导主任和教科室主任出席了这次会议。会上,教辅室领导首先向与会者阐述了新一轮基础教育课程改革的一条途径是进行校本课程开发,并向大家阐明了校本课程开发的意义、校本课程开发的策略和校本课程开发的注意点；然后，要求各校从实际出发，每校建立课题，着手开发校本课程。这个会议，既是学区校本课程开发的动员会，也是校本课程开发的培训会。通过这一会议，与会者对校本课程开发的重要性有了明确认识，并初步了解了进行校本课程开发的基本做法，为以后进行校本课程开发奠定了思想基础。

（二）抓实施，引领开发

校本课程开发，又叫学校中心课程规划，或学校中心课程革新。我国长期以来一直是国家统一设置课程和组织力量开发课程与教材，课程开发缺乏灵活性和多样性。1999年召开的全国教育工作会议做出实施国家课程、地方课程和学校课程的决策。至此，我国校本课程开发被正式提上议事日程。校本课程开发是一个多因素的、复杂的、动态的活动，而我国的师范教育没有设置课程学，广大现职教师缺乏课程开发的理论积淀和实践经验。为帮助学校有效进行校本课程开发，我们采用四种策略对其加以引领。

1. 典型引路

本学区进行校本课程开发有得天独厚的条件。学区内的东风小学敢为天下先，从1995年开始就进行《节能与环保》校本课程开发与教育的探索实践，其成果获得了浙江省人民政府颁发的省基础教育教学成果一等奖等多个奖项，已积累了校本课程开发与教育的实践经验。为此，教辅室就充分利用这一有利条件，在东风小学召开现场会议，请东风小学介绍《节能与环保》校本课程开发与教育的探索实践，组织观摩《节能与环保》校本课程课堂教学，并向各校赠送该校自主开发的《节能与环保》校本课程（教材）。这样，通过典型引路，使各校领导和业务骨干对校本课程开发与教育有了一定的感性认识。

2. 课题攻关

校本课程开发不是心血来潮，它是一个有组织、有目的、有计划的行动过程。在这个行动过程中，学校通过不断地发现问题、反思问题和解决问题，实现自我的不断完善和课程的不断改进。同时，我们还应该认识到"校本"还有别于"师本"，开发校本课程不能仅靠教师个体的力量，而需要教师有组织地合作。因此，学校组织教师进行课题攻关是行之有效的。为此，我们教辅室要求各校建立课题组织，组织集体攻关。这一策略为学区校本课程开发明确了方向，保证了校本课程开发工作的扎实实施。

3. 专题讲座

今天，随着新课改的推行和校本课程开发的兴起，要求教师不仅是课程的实施者，也要成为课程的编制者和评价者。我们要开发校本课程，增强教师的课程开发意识、提高教师的课程开发能力是当务之急。为此，我本人认真总结了在东风小学进行校本课程开发的实践，并进行了提炼和反思，撰写了《关于校本课程开发的探究》的专题材料，应邀去子陵中学等学校进行专题讲座。在讲座中，我向老师们介绍校本课程开发的起源与发展、校本课程开发的意义与效应、校本课程开发的特征与原则、校本课程开发的设计与实施、校本课程开发的评价与反思。这种"草根式"的专题讲座，给老师们留下了深刻的印象，有效提升了广大教师的课程开发能力。

4. 检查指导

在这几年的开学工作检查与平时的工作检查中，教辅室必查的是各校的校本课程开发进展情况。通过逐校的检查和具体指导，督促和帮助学校实施校本课程开发。

对学校来说，校本课程开发是新生事物，在开发过程中难免会碰到困惑和问题。大家碰到课程开发中的问题总会向教辅室领导咨询，教辅室领导总是热心地与大家讨论，积极地给大家建议，以解决课程在设计和开发中的实际问题。教辅室领导始终认为引领学区校长和教师专业成长是其职责。

（三）抓总结，引领提升

经过两年多的努力，截至2005年下半年，学区各校进行了不同程度的、多形式的校本课程开发活动，特别是8所小学均编写了校本课程（教材），学区校本课程开发与教育初见成效。为了总结各校进行校本课程开发与教育的宝贵经验，及时引领学区校长和教师提升课程开发的专业水平，2006年4

月，教辅室借市第四次新课程展示活动在本街道举行之东风，召开了凤山街道校本课程开发经验交流会。会前，我们要求各校认真总结学校进行校本课程开发的情况，并撰写课题结题报告交教辅室辑印成《校本课程开发经验交流会材料专辑》，会上，选择了双河小学、新建小学、同光小学和城北小学等学校交流汇报学校校本课程开发的经验，还对各校的校本课程开发课题结题报告进行了评奖，并当场颁发了证书和奖金。会上，我们还邀请市教科所的所长潘巨良和副所长郑汉良等专家进行了现场点评和指导。至今，学区10所学校都有了校本课程。

（四）抓反思，引领完善

校本课程作为改革中的新生事物，其发展是一个不断探索与积累经验的过程，因此，我们要使校本课程开发的实践活动健康有序地开展起来，使校本课程开发的质量有一定的保证，就必须不断对其实践活动进行反思和检讨，从而在实践中逐步完善。2006年开始，我们要求对本校校本课程开发的实践活动进行反思，并通过反思加以完善。

至今通过反思，不少学校都对原有校本课程进行了修正和完善。东风、城北、新建等学校还编写辑印了校本课程纲要或教学参考，以为今后开展校本课程教育提供便利。

六、引领设备建设，保证课改实施

新课程对教学设施的要求比较高。为保证课改实验的顺利进行，教辅室一方面为学校增添现代化教学设备想方设法争取经费，另一方面在设施添置上对学校进行引领，即教辅室实施了每年（或每2年）添置一项现代化教学设施工程的做法。2004年，全街道实施了添置或完善学校计算机教室工程，当年添置计算机309台；2005—2006年，实施多媒体进课堂工程，两年新添置多媒体138套，实现了所有学校多媒体班班进课堂的目标；2007年，实施了教师办公电脑配置工程，当年新增计算机123台。截至目前，全街道学校已新增加电脑765台，多媒体208套。4年来全街道累计投入课改实验资金820.8万元，其中，教辅室向街道办事处争取课改专项资金共376.6万元，为各学校课改实验的开展提供了强有力的物质保证。

制定学区规划　推进均衡发展

为更好地促进学区教育的均衡发展，我于2003年9月制定了学区教育发展规划，为学区教育的发展提供了目标与方向，详见下文：

扩大优质教育资源　推进城乡教育一体化
——余姚市东北街道（2003年9月—2008年8月）城乡教育一体化建设构想

党的十六大报告从全面建成小康社会，实现中华民族伟大复兴的全局出发，深刻阐述了新时期教育发展的目标和任务，战略地位和作用，党的教育方针及工作要求，是新世纪教育改革和发展的行动纲领和动员会，对新世纪教育，特别是对本街道学区的教育具有长期且深远的重要指导意义。

我们余姚市东北街道地处长三角经济圈，随着杭州湾跨海大桥的建设，区域城市化和城乡一体化进程加速推进，社会经济已出现了超常规、跨越式发展的趋势。为此，教育工作必须主动适应社会和经济发展的新要求，在城市化进程中发挥好基础性和先导性作用，为推进城市化和城乡一体化发挥自身独特的优势，做到与时俱进、开拓进取、抢抓机遇、谋求发展，不断丰富教育现代化内涵，努力实现城乡教育一体化，学区教育现代化，学校教育品牌化的发展目标，全面提升学区教育发展水平，为地方经济的发展营造良好的环境。发展目标有以下3个。

第一，城乡教育一体化。双河中学、星光小学移址新建；新建小学、双河小学如期扩建；城北小学、五星小学、同光小学紧跟城市化步伐新建或扩建校园。城郊学校在校舍设施、师资队伍、管理水平、教育质量等诸方面有跨越式发展，基本接近原老城区学校。

第二，学区教育现代化。学区内校校达到宁波市现代化达纲学校标准，并有80%的学校通过验收；有两校达到宁波市现代教育技术示范学校标准并通过验收；整个学区达到宁波市信息技术教育示范乡（镇）评估验收标准。

第三，学校教育品牌化。建设两所名校（东风、子陵）；造就一批名师；培育若干个特色项目；培养一大批特长生。主要措施有如下四种。

为确保实现城乡教育一体化建设构想提出的发展目标，我们必须采取切实可行的政策措施，重在深化改革，加强机制创新和队伍建设。不断加大教育投入，着力实施品牌工程，积极推进城乡一体化，扩大优质教育资源。

一、贯彻落实党的十六大精神，抢抓机遇谋求发展

继续学习贯彻党的十六大精神是我们当今及今后一个时期的重要任务。我们要深刻领会党的十六大精神，把党的十六大精神贯彻落实到实际工作中去，做到务虚与务实相结合。通过学习，促进认识的提高和观念的转变，推动学区教育方方面面的工作。当前要重点强化三种意识：发展意识、机遇意识和服务意识。

贯彻落实党的十六大精神，必须始终把发展作为第一要务，牢固树立发展意识。"发展是硬道理"，我们始终要保持一种敢于争先的锐气、自加压力的勇气、负重奋进的志气，一心一意谋求学校和教育的协调发展。

贯彻落实党的十六大精神，必须抢抓机遇。新老城区学校都要有强烈的机遇意识。特别是城郊学校，当前城市化进程日益加速，这为我们学校创造了发展空间，机遇昭示着希望，要使机遇变为现实，就得靠我们自身的努力去实现这个转化。

贯彻落实党的十六大精神，必须牢固树立服务意识。教育要为社会经济的发展服务，为人民服务。办好每一所学校是我们义不容辞的责任，也是实践"三个代表"重要思想的体现。

二、努力改善办学条件，积极推进城乡一体化

扩大优质教育资源是推进城乡一体化的助力器，也是实现教育均匀化和公平性的重要举措。办好城郊学校，能有效推动城市化进程。为此，我们要着力做好以下三项工作。

第一，适度超前，扩大城郊学校的校园占地面积和建筑面积。在城市化过程中需迁移的小学，按18~24班规模设计校舍，校园占地面积应达到24亩以上。有条件的，尽可能做到一次设计，一次建设，条件不成熟的，做到一次设计，分次实施。双河中学移址建设工程要争取市政府重视，努力扩大学校规模和校园面积，力争建设成为城区第六所大初中。

第二，要增添和改善现代化教育设施。办事处在教育附加费安排中，每年支持全街道各校新添或完善一项现代化教育设施（具体项目由教辅室在调研的基础上确定），并形成制度。

第三，各城郊学校要积极争取各行政村的支持，因校制宜，努力改善办学条件，努力提高教师奖金福利。以使全体教师更全身心地投入到教育工作中去，真正做到进得来，留得住，努力提高城郊学校师资的整体素质。

三、实施教育品牌战略，提升教育整体水平

实施教育品牌战略是本学区今后五学年工作的重点之一。企业的品牌效应给我们教育以极大的启示，我们要按照党委给我们提出的要求，认真组织实施名学校、名教师、特色项目、特长学生四项工程建设。

——实施名校工程建设

该工程的重点建设对象为东风小学和子陵中学，两校要以建设国内一流的现代化品牌学校为目标，在学校管理、队伍建设、全面质量、力学特色、教育科研、硬件设施、教育信息化等方面都要创造一流，追求卓越，努力做到高目标追求、高标准工作、高速度跨越。大幅度提升学校知名度，使学校成为引旺周边一方人气的亮点。

各校也要积极创造条件，因校制宜，准确定位，创建品牌，实现跨越式发展。

——实施名师工程建设

要加强师德建设和教师继续教育工作。通过岗位培训、校本培训、现代教育技术培训和学历进修等途径，提高教师队伍的整体素质。街道每年评比和表彰十佳师德标兵、十佳创新教师和十佳优秀班主任。

要加强特级教师、名师、学科带头人和骨干教师队伍的建设，注意培养和引进并重，对他们政治上关心、业务上培养、经济上奖励，以充分调动这支队伍的积极性，努力培养和造就一定数量的名教师。

——实施特色工程建设

创建学校特色是我们推进素质教育的重要内容，也是我们打响学校品牌的重要载体。各校在办学过程中，要创造性地贯彻教育方针，充分挖掘和发挥学校自身的传统和优势，在学校某些方面形成关联全局的、被社会及同行公认的、比较稳固显著的办学特点或项目。

学校特色项目选定时，要综合校情，挖掘潜力，扬长避短。既不能"人云亦云"，又不能满足于低层次；既不能不顾条件，又不能被条件所束缚。各校要选定较高的特色层次，跟上时代步伐，形成"人无我有，人有我优"的独特办学风格。特色项目要注重挖掘、培育、巩固、提高，要运用科研的方法培育学校特色，提高特色档次。

——实施特长工程建设

素质教育、创新教育都是张扬个性的教育。在实施素质教育过程中，我们既要注重全面素质提高，亦应培养兴趣特长；既应面向全体学生，亦应注意补差与拔尖。

学校要有品牌效应，抓好特长生的培养是至关重要的，各校要注重挖掘和培养特长学生。要充分利用兴趣小组、假日活动、个别辅导等途径，培养学科类、艺术类、科技类、体育类等特长学生，并力争在各级各类比赛中获较高的名次。

四、增加教育经费投入，保证教育改革与发展

首先，要落实科教兴国战略。我国把发展教育作为基础设施建设，

把教育投资作为一种基础性投资，千方百计增加教育投入，我们要保证《中华人民共和国教育法》规定的教育经费的"三个增长"，即各级政府教育财政拨款的增长要高于同级财政经常性收入的增长；在校学生人均教育经费逐步增长；教师工资和学生人均公用经费逐步增长。

其次，从2004年开始，在教育经费附加中安排一定资金用于保障和奖励名校工程和名师工程建设。名校工程重在项目经费的安排，名师工程采用津贴制，具体办法由教辅室拟订报办事处同意后实施。

再次，各校要坚持多渠道创收，切实增加教育的有效性投入。在学校特色项目培育和特长生培养上要舍得花精力、时间和财力，以保证打响学校特色、特长学生的品牌。

最后，要继续对科研获高级别奖励，中考成绩显著等单位和个人实施奖励。具体办法由教辅室向办事处提出奖励建议项目，由办事处给予嘉奖。

组建教育集团　促进均衡发展

2007年年底，时任余姚市经济开发区管委会主任的校友陆中新与我讨论怎样把园区迁建的星光小学（因为开发区学校有本教辅室代管）办好，办出声誉，以推动城东新区房地产的发展。我建议他可以向杭州等地学习，要求市教育局（教委已改称）组建东风小学教育集团，以名校带动星光小学发展，用名校效应带动城东新区房地产开发。这一建议得到了陆中新主任的采纳，他当即联系了市教育局，并得到了市教育局领导的支持。

2008年春，市教育局副局长葛云中专程找上了我，与我研究组建东风小学教育集团的事宜，大概是陆主任提到了我们的谈话，而东风小学与星光小学又属于我所在的凤山学区内。葛副局长提出了两种思路：一是松散型的教育集团（如已建立的舜水中学教育集团）；二是紧密型的教育集团（我市尚未有先例）。我旗帜鲜明地提出必须组建紧密型的教育集团。我们就相关工作做了具体研究，葛云中副局长要求我起草一个由余姚市教育局、余姚经济开发区管理委员会、余姚市凤山街道办事处的联合文件。两天后，余姚市经济开发区邀请市教育局、凤山街道等单位负责人参加专题座谈会，研究决定组建东风小学教育集团的具体事项。就这样，余姚教育史上第一个真正意义上的教育集团诞生了。下面是我起草的联合文件的文字样本。

关于组建余姚市东风小学教育集团的若干意见

为了构建社会主义和谐社会，满足人民群众对优质教育的迫切需求，充分发挥名校的优势和作用，扩大优质教育资源，促进区域教育均衡协调发展，化解教育均衡与教育优质、教育公平与教育效率之间的矛盾，让更多的孩子在家门口享受优质教育，较好地缓解与解决"择校热"的问题，我市义务教育阶段学校的办学模式已有必要进行改革与创新。

与此同时，为贯彻落实市委、市政府关于开发城东新区的决定，推动城东新区的快速发展与繁荣，加快城市化建设的进程，有必要办好新区新建成的学校，以满足新区群众对优质教育的需求。

改革与创新是教育发展的不竭动力。根据以上客观实际及市经济开发区管委会的建议，我们设想通过组建教育集团，建立一种新型的"名校+新校"的办学模式，探索推进区域教育均衡发展，提升新校教育"软实力"、扩大优质教育资源的新路子。为此，余姚市教育局、余姚经济开发区管理委员会、余姚市凤山街道办事处等部门共同研究商定，从2008年开始在余姚市东风小学与余姚市星光小学的基础上，组建余姚市东风小学教育集团。旨在通过学校管理模式的创新，充分利用与发挥余姚市东风小学的名校品牌和先发优势，重组和盘活现有教育资源，使之发挥最大效益，实现两校教育水平的整体提升。

为办好东风小学教育集团，现经以上三个部门联合商定，提出如下实施意见：

一、教育集团的机构设置

余姚市东风小学教育集团为总校，一个法人单位，一位法人代表。下设两个校区：余姚市东风小学教育集团"舜江名苑校区"和余姚市东风小学教育集团"东城星光校区"。

教育集团总校设校长一名,副校长三名,由市教育局发文任命。

教育集团的中层岗位在上级教育人事部门指导下设置,由教育集团按中层干部竞争上岗原则进行聘任,报街道教育辅导室备案。

二、教育集团的管理模式

教育集团实行总校校长负责制。三位副校长协助校长工作,其中两位副校长协助校长分别主持两个校区的日常教育教学管理工作。

教育集团采用扁平式管理模式,两个校区实现"六个统一",即"统一财务、统一人事、统一管理、统一评价、统一招生、统一标识"。

教育集团要从实际出发,按规定程序制定集团管理章程,按章程进行民主管理。

三、教育集团的队伍建设

教育集团两个校区现有的教师和新调入的教师由总校统一调配,两个校区应尽可能做到教师素质相对均衡,总校要鼓励原东风小学各科骨干教师去"东城星光校区"任教,保证"东城星光校区"具有较强的骨干教师队伍。为支持东风小学教育集团的师资队伍建设,市教育局在教师调配上采取调入优惠扶持措施:允许东风小学教育集团近三年内,在通过市教育局进城考试录取的小学教师中每年优先挑选5名教师。

四、教育集团的财务运作

(一)资金来源

集团因隶属关系不变,其人员经费(含教师奖金)、生均公用经费、专项经费等仍然由凤山街道办事处按预算拨入。

为扶持集团运作,余姚经济开发区管理委员会从2008年开始,补助集团用于发放教师奖金福利经费人民币每年60万元,连续补助6年(每年6月底前拨入),2008年另行补助集团成立宣传费用人民币20万元(今年4月15日前拨入)。

市人民教育基金会下拨补助资金全部纳入集团收入。

（二）财务审批

财务由总校统一安排，由法人代表（总校校长）审批。重大财务项目由集团领导班子集体讨论决定，特别重大的需经教职工代表大会通过。

为调动校区负责人的积极性，1000元以内的有关学校教育教学工作的日常开支，校区负责人可自行决策。

（三）教师奖金福利

教育集团内两个校区现职教师的奖金福利待遇完全统一；两个校区退休教师的有关待遇完全统一。

五、有关教育集团的其它事项

（一）在教育集团组建中，原东风小学校长范红月，副校长顾伟敏、柴利波分别任教育集团总校校长、副校长；原星光小学校长劳国平调余姚市双河小学任副校长。以上同志由市教育局另行发文任命。

（二）在教育集团组建后，原东风小学和原星光小学退休的教师（包括原并入星光小学学校的退休教师，以现有施教区为准）隶属教育集团管理，此项工作请凤山街道教育辅导室协调办理。

（三）在教育集团组建后，各方领导要继续关心支持其发展。余姚经济开发区管委会一是要鼓励所辖行政村一如既往地支持学校；二是要根据"东城星光校区"事业发展的实际，按设计要求逐年完善学校常规配套设施。市教育局和凤山街道办事处将继续重视教育集团这一新生事物，指导和帮助解决集团建立后出现的一些具体问题。

（四）现两校财务独立运行至2008年7月30日，8月合并两校账务。此项工作在凤山街道教育辅导室指导下进行。

余姚市教育局
余姚经济开发区管理委员会
余姚市凤山街道办事处
2008年3月6日

第二节　兰江努力

2010年8月，由于学校干部轮岗的需要，我被市教育局任命为兰江街道教辅室主任，并兼任街道教育党总支书记，那是一个全新的工作环境，熟识的街道领导、校长和教师相对较少。

8月初到岗，我在兰江街道教辅室人员的陪同下，在酷暑中，跑遍了学区中小学和幼儿园。兰江学区有3所初中，8所小学，1所民工子女学校，12所幼儿园。此前，我只去过梨洲中学、城南中学和城南小学三所学校。经过两周的奔波，我大致熟悉了学区学校与幼儿园的概貌。

在到校观察与校长们的座谈中，我发现了一个严峻的问题。2010年5月，市教育局发文并布置了一项重要工作，要求所有中小学和幼儿园要按标准配备校园安保设施和保安人员。此项工作必须在上半年完成，开学工作检查中要作为重点检查。因为开春时节，全国出现了好几例校外人员冲进学校伤害学生的重大事故。

我了解到街道在上半年已下拨过9万元经费，补助辖区内规模较大的学校与幼儿园添置校园安保设施。看到下属单位的配备情况与文件规定的标准相差甚远，我内心焦急万分。

当务之急是摸清实际情况，然后向办事处领导汇报，争取他们的支持，切实落实校园安保经费。我分别带上分管学校安全工作的沈国荣老师和分管幼教工作的史琴老师，第二次奔赴学区学校与幼儿园，逐校逐园调研，摸清了基本情况。

然后，我对照文件规定的配置标准，测算了各单位需要增加的校园安保经费和人员配备。经测算，全街道尚需增加安保设施经费124.8万元，需要增加配备保安33人。之后我撰写了"关于要求增加校园安保经费的报告"并复印了上级文件。

最后，我匆匆赶到兰江街道办事处分管教育的副主任韩光成处，向他详细汇报了事情的来龙去脉，说明其重要性，并送上报告、测算明细表及上级文件复印件。

韩副主任仔细审阅了报告与明细表，也十分吃惊，说："周主任，这么大的金额，我要向王主任汇报，增补与否要让王主任决断。"我表示理解。

第二天，我刚上班，韩主任给我来电，说："周主任，你送来的报告王主任批了，同意了你的要求。"我再三表示感谢。

我驱车来取报告批件，只见报告上有王主任的批文："同意街道教辅室关于要求增加校园安保经费的报告，先拨付设施经费124.8万元；同意按要求配备保安，人员经费在年终决算时追加。"

当天下午，我召开专题会议，重新布置校园安保工作。规定各单位必须按标准配备设施与人员，开学会将此工作作为检查重点。

为深入贯彻科研兴教，质量立校，教师强校战略，调动教师的工作热情，我于2011年年初，起草并报请街道办事处颁发了《兰江街道名师工程奖励办法》（兰江政发〔2011〕10号）文件。在年度预算中安排名师工程奖励专项经费20万元，对学年内教师在专业成长、专业技能竞赛、教育科研等方面取得显著成绩的教师，在每年教师节由街道办事处发文，进行表彰奖励。

制定奖励办法的目的是希望受到表彰的同志再接再厉，不断进取，勇于创新；激励其他教职工学习先进，勤奋工作，不断提高专业素养，共同为兰江教育事业的发展做出新贡献。

图 9-1　街道"名师工程"奖励文件

这一奖励办法的实施，有效激活了教师的内在动力，取得了事半功倍的效果。

为活跃学区学术氛围，2011年8月，兰江街道教育辅导室首创了"兰江教育讲坛"。讲坛既可安排在平时，也可结合暑假政治或业务学习举行。

"兰江教育讲坛"作为一道亮丽的学校风景线，发挥了独特的功能和作用。讲坛请的是学区内外的名家、名师、名人，讲的是政治智慧、文化理念、管理技术等文化大餐，传播的是文化精神、文化精髓，在学区校园文化建设中发挥着导向、引领作用。

讲坛有目的地邀请一些专家、学者开坛讲学，自然带来了最前沿的学术成果和思想理念，对许多一线教师来说提供了一个最便捷有效的了解学术前沿的窗口。

讲坛为满足广大教师多样化的精神需求，注意确保演讲者的多样性、层次性、特色性；确保内容上的多元化、丰富性；确保形式上的灵活性、新颖性。我们的"兰江教育讲坛"内容安排有学校管理方面的、有班主任工作方面的、有学科教学方面的……

曾经我也在"兰江教育讲坛"做过专题讲座《怎样当好学校的"一把手"》。

中小学实行校长负责制，校长是学校的"一把手"。一个学校一把手综合素质的高低，直接关系到一个学校的工作成效怎样，甚至关系到一个学校的兴衰成败。俗话说"千军易得，一将难求"，随着社会经济和教育事业的发展，时代对学校"一把手"的要求越来越高，一把手的作用越来越突出。那么，我们怎样当好"一把手"呢？

我结合自身的管理实践从6个方面与学区全体校长交流（因篇幅过长，这里仅列出标题）：

一、教育理想须守望；二、角色转换设计师；三、总揽全局抓大事；四、班子团结善维护；五、管理实践会创新；六、完善自我勤提升。

在学区管理中，关注细节是非常重要的。在兰江街道教辅室主任的岗位上，我关注了哪些细节呢？

一是关注年度教育经费预算。有的人认为这是总务主任的职责，主任可以放手，我不这么认为。主任可以不直接操作预算，但必须为年度预算确定重点项目，确定需要落实的专项经费，要将预算的主动权始终掌握在教辅室，并且保证严格执行预算。我也发现过有的地方，预算只是一种形式，只对上报告，看起来很好；对下不执行预算，全凭领导施舍。这样，学校的校长就尝到了"苦胆"。无论是在凤山，还是在兰江，我都很关注年度预算和年终决算。

二是关注学校和幼儿园的基建。姚江小学的建设，我与办事处领导商量组建了专业性很强的基建小组。严格招标，专程去绍兴考察中标单位。与基建小组共同选择装修建材，严格把关，保证了姚江小学的工程质量。街道中心幼儿园的装修工程，我落实了对装修有管理经验的蔡忠海老师专人负责，明确职责，严格按规定做好招标等工作，严格把好质量关。实践证明"一校一园"的工程质量都非常好。

关注本室内部和谐团结。每学年，如果教辅室成员有变动，我总是及时重新分工，明确职责。所有的工作职责到人，绝不交叉，避免出现矛盾。如2011年8月，教辅室新调入了原江南新城小学总务蔡忠海，教辅室原来的总务赵老师离退休还有近两年时间。为此，我在征求两人意见的基础上，明确了分工。让赵老师继续从事总务与会计工作，让蔡忠海拜他为师，协助其工作，重点负责兰江中心幼儿园的装修工程。这样，两位老师合作得十分愉快，也保证了学区的后勤工作。

第三节　学术领衔

振兴民族的希望在教育，振兴教育的希望在教师。

自2000年评上省特级教师开始，按照上级教育行政部门要求，我先后完成了特级教师带徒三届，学员共8人；担任余姚市名师工作室领衔人两届，成员 18 人。

2001 年，按照余姚市教委要求，每位特级教师要在市内带徒，我在市内小学语文教师中根据"自我申报，择优录取"的原则，带徒 3 人。3 人分别是东风小学胡亿钧、教研室陈燕、阳明小学沈黎萍。

2002 年，按照宁波市教委要求，在宁波市内开展首届特级教师跨区带徒活动。通过自我申报，由宁波市教委组织考试，择优录取。录取的学员有宁波华茂外国语学校郑小强、慈溪周巷镇中心小学蔡祎。

2004 年，按照宁波市教委要求，在宁波市内开展第二届特级教师带徒活动，申报录取方法同首届。录取的学员有江东区栎木小学应雀灵与戴婷婷、江北洪塘镇中心小学郎敏华。

那时，虽然组织了若干次活动，有上观摩课、听讲座等，但是由于忙于日常工作和缺乏带徒经验，带徒活动缺乏有序安排，活动主题不明，只是为活动组织活动，没有在专业上发挥好引领作用。如今回想起来，仍觉得有愧于那些徒弟。

为打造一支在省内外有影响、有贡献、有声望的教育"梦之队"，2005 年 5 月，余姚市教育局利用特级教师在教育教学和培养骨干教师方面的引领作用，启动了余姚市名师工作室的建设工作。经公开选拔，选出省特级教师在内等 5 名老师为市首批中小学名师工作室的领衔名师。随后，在全市自愿报名的 100 多名教师中，通过笔试和面试，吸收了 37 名优秀中青年教师为首批名师工作室学员，周仁康名师工作室就是在这样的背景下应运而生的。

建室三载　幸福回眸

周仁康（小学语文）名师工作室共有 10 位成员，来自全市各个学校。以本人为领衔人，特聘市语文教研员、宁波市名师陈燕为共同领衔人，工作室有 8 位学员，分别是叶建松、许桂香、邹渭灿、郑海珊、张振奋、徐华军、鲁调绒、魏玉婷。

周仁康名师工作室建室 3 年来，进行了卓有成效的探索与实践。我们以

图 9-2　周仁康名师工作室成员合影

课题研究"小学语文有效性的探究"为载体，以学员个人成长为任务驱动，将"专题性探究""主题性探究""编著性探究"有机结合，引领全室成员积极探索，提高教学效率，提升专业素养，并带动和引领全市的小学语文教学。3年来，工作室全体成员在学习中沉潜，在课堂中践行，在超越中成长，完成了一次又一次的幸福蜕变。

主题活动 专业引领

一、关注轻负高质，聚焦有效课堂

名师工作室成员在我和陈燕老师的引领下，积极融入"轻负高质"理念，努力做有效教学的推行者，从课堂引领和理论探讨的层面，实现"从教教材转向用教材、从教课文转向教语文、从学会知识转向教会学习"的"美丽转身"。

1. 聚焦规范预设、动态生成——走进双河小学。

2. 聚焦目标导向、生成阅读——走进东风小学。

3. 聚焦课内增效、课外减负——走进江南新城小学。

4. 聚焦语言实践、关注主体——走进舜水小学。

图 9-3　周仁康老师做专题讲座　　　图 9-4　叶建松老师执教

图 9-5　魏玉婷老师执教　　　图 9-6　鲁调绒老师执教

二、加强语言实践，回归语文本色

加强语言实践是语文教学的理念之一，也是名师工作室研讨的主题之一。语文教学回归本色就是让教学回归语言、回归实践、回归学生。引导我们的学生，通过一篇篇课文的学习，触摸语言、落实学习、张扬个性，在"习文"中"得法"，在"得法"中"学文"。"言意兼得"是加强实践的目标所在，"主体学习"是加强实践的载体。

达善之旅 >>>

1. 回归语文训练，工具人文相得益彰——走进朗霞小学。
2. 回归年段目标，预设生成相辅相成——走进东城小学。
3. 回归课文特色，内容形式相融相生——走进阳明小学。
4. 回归语文本色，练习设计智慧生成——走进东风小学。

图 9-7　张振奋老师执教

图 9-8　郑海珊老师执教

图 9-9　送教活动点评

图 9-10　徐华军老师执教

探究成果　智慧辐射

周仁康名师工作室建立 3 年来，充分发挥名师辐射引领作用，多次送教到乡镇及偏远小学，在那里播下了智慧的种子。集全体工作室人员的智慧结晶,《语文教学有效性探究》《语文教学有效性探新》《语文教学反思论——三探语文教学有效性》3本著作相继出版。

《语文教学有效性探究》由现代教育出版社于2009年3月出版,全书20万字。

在新一轮基础教育课程改革的浪潮中,作为改革主阵地的课堂教学发生了巨大的变化,就小学语文学科来看,教学的形式更加丰富,师生的交流更加畅通,等等;然而在欣喜的同时,总是感觉到不少的语文课堂,在热闹的背后也透射出放任与浮躁,语文课堂教学的效率并不理想。因此,如何使教师树立有效教学的理念,掌握提高课堂教学有效性的策略与技术,已成为课改推进中必须突破的瓶颈。基于这样的背景,余姚市周仁康小学语文名师

图9-11 现代教育出版社 2009年3月

工作室设计并启动了《语文课堂教学有效性探究》课题。"语文教学有效性探究"覆盖面广,我们工作室10位同志的探究不可能面面俱到。为此,我们采用了"专题研究"的方法,即每位同志选择自己比较关注的一个或几个涉及"教学有效性"的热点问题进行探究。我们的探究不求全面,但求实效;我们的探究立足学科,立足课堂,立足教学,是一种"草根式"的探究。为让更多的同志享受探究的初步成果,我们着手整理并出版本书。

本书由我与陈燕共同提出理论框架和设计初步写作专题,工作室同仁根据自己的"专题研究"各写作1章,全书共14章,由我修改和统稿。第一章,主要概述了有效教学的理念及内涵,提出了语文教学呼唤有效性,是全书的总纲和核心,其余13章均围绕"语文教学的有效性"这一核心,从不同的角度和层面探究了教学行动的原则和策略。第二章,提出语文教学要提高有效性,必须遵循"教学的价值性""教学的经济性""教学的民主性""教学的激励性"和"教学的开放性"等原则。第三、四、六章,主要探究了"教学目标""教学内容"和"教学环境"的有效性问题。第五、七章,

分别探究了"有效预设"和"动态生成"的内涵和实施策略。第八、九章，主要探究了"教学方法的有效性"和"如何提高学生听课的有效性"问题。第十、十一章，探究了"语文课堂练笔的有效性"和"课堂教学细节的有效性"问题。第十二章，探究了有效利用课程资源的基本原则和途径与策略，并对教师提出了实施要求。第十三章，主要探究了有效教学评价的原则、特征、内容及策略。第十四章为课后反思的有效性探究，主要探究了语文学科课后反思的意义、特征、实施途径及注意事项。

本书是根据以"余姚市周仁康小学语文名师工作室"为研究总课题，工作室成员"专题研究"的成果整理而成的，我们的探究是一种"草根式"的探究。本书中的每一个专题，在"省领雁工程余姚市语文骨干班"上都做专题讲座，受到了学员一致好评。

《语文教学有效性探新》由光明日报出版社于2010年3月出版，全书20万字。

为了将"语文教学有效性探究"引向深入，工作室全体成员在2008学年"专题研究"的基础上，于2009学年又开展了新一轮的"语文教学有效性探究"，因此，我们将新一轮的"专题研究"称为"语文教学有效性探新"，《语文教学有效性探新》一书由此得名。

《语文教学有效性探新》全书共15章。第一章阐述了语文课堂调控的有效性探究，主要介绍了"语文课堂调控的意义和作用""语文课堂调控的要求和原则""语文课堂调控的艺术与策略"。第二章阐述了语文课堂提问的有效性探究，主要介绍了"语文课堂教学提问的概述""语文课堂教学提问的误区""语文课堂提问有效性的策略"。第三章阐述了语文学法指导的有效性探究，主要介绍了"语文课堂学法指导的意义""语文课堂学法指导的误区""语文课堂学法指导的要求"。第四章阐述了教

图 9-12　光明日报出版社
　　　　　2010 年 3 月

师课堂语言的有效性探究,主要介绍了"教师课堂语言的要求""教师课堂语言的特征""教师课堂语言的提升策略"。第五章阐述了低年级阅读教学的有效性探究,主要介绍了"提高识字教学的有效性""关注教学内容的集中性""重视朗读教学的情趣性""讲究活动安排的实效性"。第六章阐述了综合性学习指导的有效性探究,主要介绍了"语文综合性学习的特点"和"语文综合性学习的指导策略"。第七章阐述了课堂作业设计的有效性探究,主要介绍了"课堂作业体验快乐有新意""作业内容广阔丰富又实际""作业形式灵活多样求实效"等内容。第八章阐述了预习作业设计的有效性探究,主要介绍了"学生预习的意义与现状""预习作业设计的方法与要求""提高预习作业有效性的基本策略"。第九章阐述了语文复习教学的有效性探究,主要介绍了"万丈高楼平地起——夯实基础""绝知此事要躬行——潜心阅读""一寸光阴一寸金——向课堂要效率"等观点。第十章阐述了多媒体手段应用的有效性探究,主要介绍了多媒体辅助手段应用的优势、误区及应用策略。第十一章阐述了朗读与默读指导的有效性探究,主要介绍了"朗读和默读的目的与意义""朗读和默读的作用与关系""朗读和默读的训练方法列举""朗读和默读的误区与注意点"。第十二章阐述了课堂习作教学的有效性探究,主要介绍了"习作教学的基本理念""习作教学的有效策略""习作教学的评价策略"。第十三章阐述了略读课文教学的有效性探究,主要介绍了"略读课文的地位与功能""略读课文教学的误区""略读教学的有效实施策略"。第十四章阐述了阅读试题命题的有效性探究,主要介绍了"阅读试题命题现状分析""阅读试题命题的有效性策略""优秀阅读试题命题范例"。第十五章阐述了课外阅读指导的有效性探究,主要介绍了"农村学生课外阅读现状及原因分析""解决农村学生课外阅读的基本对策"。

本书是由新一轮语文教学有效性"专题研究"的初步成果而结集的产物。本书由我与陈燕共同提出理论框架和设计初步写作专题,工作室同仁根据自己的"专题研究"各写作1~2章。

《语文教学反思论——三探语文教学有效性》由中国书籍出版社于2011

年3月出版，全书22.5万字。

《语文教学有效性探究》和《语文教学有效性探新》两书中的"专题研究"都是有关语文教学有效性的横向研究；为了将研究引向深入，2010学年工作室选择了"语文教学反思"这一专题进行了纵向研究，现将研究的初步成果结集出版。本书《语文教学反思论——三探语文教学有效性》由我与陈燕共同提出理论框架和设计写作提纲。本书共分三大部分：反思与理念、反思与行为、反思与对象。

图9-13 中国书籍出版社 2011年3月

反思与理念

法国最著名的牧师纳德·兰塞姆在聆听过一万多人的临终忏悔后，他说，假如时光可以倒流，世界上将有一半的人可以成为伟人。每个人最后的反思，不到最后一刻，谁也不知道。但是每个人都可以把反思提前几十年，做到了这点，便有50%的可能让自己成为一名了不起的人。假如我们的语文教学中，多一份反思，或许会多一份清醒，多一份成长，多一份成效。

反思与理念重点回答了"为什么要反思"的问题。第一章，阐述了语文教学反思的涵义、语文教学反思的支撑理论和语文教学反思的现实意义。第二章阐述了语文教学反思的"自觉性""超越性""批判性""创造性""个性化"等特征，同时，还阐述了语文教学反思的作用。

反思与行为

语文教学与反思相结合、语文教学与研究相结合，不仅可以使自己真正在教学实践和教学研究中始终处于主导地位，提高教学工作的自觉性、目的性和创造性，而且还可以帮助语文教师在劳动中获得理性的升华和情感上的欢悦，提升自己的思想境界和思维品质，从而使语文教师体会到自己工作的价值和意义。

反思与行为重点回答了"怎样进行反思"的问题。第三章介绍了语文教学反思的重要策略：在理念引领下反思，在问题牵引下反思，在教学全过程中反思，在相互合作中反思，在反思之后再反思。第四章介绍了语文教学反思的基本步骤：教学观察，写好日记，评析交流，自我评估，行动改进。第五章介绍了语文教学反思的常见形式主要有教学日志、教学案例、教学后记、课后备课、教研磨课。第六章主要介绍了语文教学反思"加批注""写总评""精点评""析得失""善采撷"等表达方法。第七章指出了语文教学反思的误区、影响及写教学反思的注意点。

反思与对象

语文教学反思的指向必须非常明确而集中，那就是我们的语文课堂教学实践。因此，在进行教学反思时，我们的思维不能游离于语文课堂教学之外，否则反思就容易"无的放矢"。以语文课堂教学实践活动为对象的反思，一般针对三方面：对教材的理解、教师的教和学生的学。

反思与对象重点回答了"反思什么"的问题。第八章阐述了"关于对教材理解的反思"，主要从"对语文教学目标的反思""对语文教学内容的反思""对语文教学设计的反思"3方面着手进行。第九章阐述了"关于对教师教学的反思"，主要从"对教师教学理念的反思""对课堂教学过程的反思""对语文教学方法的反思""对语文课堂管理的反思""对教学媒体使用的反思"5方面着手进行。第十章阐述了"关于对学生学习的反思"，主要从"对课堂学习情绪的反思""对语文学习方式的反思""对课堂学习过程的反思""对语文学习效果的反思"。

由于"语文教学有效性探究"刚刚起步，可供借鉴的资料还非常有限，再加上课题组负责人水平有限，书中提出的许多策略和观点尚待完善，恳请各位前辈与同仁多多指正，以促进小学语文教学的有效和高效。

2004年4月，在市名师工作站的重视下，本工作室又出版了《问道名师——周仁康名师工作室的教学实践与研究》由宁波出版社于2012年4月

达善之旅 >>>

出版。工作室课题成果《语文教学有效性探究》的研究报告，荣获省三等奖。

图9-14　宁波出版社2012年4月　　　图9-15　省级课题获奖证书

同时，工作室人员在学习中稳步成长，快速发展。截至2011年，周仁康名师工作室有特级教师1位，宁波市名师2位，宁波市学科骨干3位，宁波市教改之星1位，余姚市名师3位，余姚市学科骨干4位。（以上统计含1人兼有几种称号）

直至今天，这个工作室成员的专业水平更是有了飞跃式的提升。工作室成员陈燕于2019年评上浙江省特级教师及正高职称，工作室成员叶建松、徐华军二人于2023年评上浙江省特级教师及正高职称。周仁康名师工作室真是多喜临门。一个小小的学科工作室，仅10个成员，今天已有4位省特级教师。这在余姚教育史上是绝无仅有的。

2012年9月，第二届周仁康名师工作室开张，共有10位成员，其中，9位学员是来自实验小学的李昕、来自陆埠镇中心小学的鲁亚君、来自东风小学的沈丽君与周丽亚、来自新城市小学的宣丹君、来自兰江小学的叶俊、来自临山镇中心小学的应建君、来自长安小学的朱林辉。工作室特聘市小学语文教研员陈燕为共同领衔人。

第二届周仁康名师工作室建室也是3年。3年中，我们以课题研究"小学语文课堂走向生本的探索"为载体，进行了卓有成效的探索与实践，引领全室成员积极探索,提升专业素养,并继续带动和引领余姚全市的小学语文教学。与第一届一样,同样取得了可喜的成绩。因为操作模式与第一届类似,因而本节中不再展开叙述。

第四节　生活花絮

职称的故事

部属培养是建立强大团队的关键因素之一。学区教辅室主任的主要部属有两支队伍。一是学区学校的校长队伍,二是教辅室内部人员。这两支队伍是学区组织的核心力量。建设好这两支队伍,能确保组织的有效运转。作为学区的领导,关心他们的专业发展,有助于增强他们的工作动力和归属感,提高他们工作的满意度和忠诚度。

为此,我十分关注部属的专业发展,鼓励校长与教辅室工作人员申报高级职称,并主动积极为他们创造条件,如推评他们为优秀教师(或优秀教育工作者),年度考核中对符合申报条件的同志优先给予考核等次"优秀"建议等。其间,子陵中学校长董家文、梨洲中学校长袁凌聪、阳明小学校长裘明耀、城北小学校长徐冠立、东风小学校长范红月、副校长陈百初与胡亿钧、教辅室总务章德江等同志相继评上了中学高级教师职称,其他学区的校长和教辅室人员都很羡慕他们。

车子的"进化"

前文提到1979年,我花费125元买了第一辆车——永久牌自行车,引来了村民羡慕的目光。它陪伴了我整整18年,成为我生活的好帮手。在我读师范的两年,风雨兼程,它往返于畈周与慈溪东山头之间,它是我唯一的交通工具。在马渚工作的7年,它发挥的功能特别强大。它既是客车,有妻女一前一后乘坐着；又是货车，后面还要载上粮食与杂货。在实验小学工作的3年，它发挥的功能基本上与我在马渚工作时一样。国产的永久牌真的很永久。

1997年，因为"新人"的到来，永久牌退休了，但是它还完好无损，只要换零件，估计再骑上十年八载也没有问题。

那位"新人"是一辆福建厦门生产的平板摩托车。在万银巨、孙志权等年轻人的鼓动下，我终于下定决心，花15800元买了摩托车。那时感觉摩托车是比自行车方便。但它有个明显的缺点是只能带一个人，如果带两个人是违规的，交通警察遇见是要罚款的。摩托车也陪伴我度过了8个春秋。

科技的进步使车子更新的速度越来越快。2005年，我又经不起张德江、陈百初等同事的鼓动，花费158,000元购买了一辆现代索纳塔汽车。鸟枪换炮，太方便了，再也不用担心刮风下雨，再也不用担心烈日炎炎，再也不用担心天寒地冻。科技就像夏日午后的微风，带走了所有的忧虑，留下了无尽的温暖与喜悦。

2013年10月7日，受"菲特"台风影响，我们余姚遭遇了新中国成立以来最严重的水灾。70%以上的城区受淹，主城区城市交通瘫痪。为了接走在养老院的父亲，我的索纳塔在返家途中，在"海阔天空"西边的三岔路口抛锚报废了。

习惯，我们每个人或多或少都是它的奴隶。水灾后，原打算过一段时间再买车。但习惯了开车，没有车子太不方便。当年10月，我又购买了一辆丰田RAV4。一朝被蛇咬，十年怕井绳。买它是因为怕再发生水灾，车子高大一点比较安全。

退休了，看到女儿夫妇俩共用一辆车子。我的丰田车就让给了女儿开，但我自己去老家打理菜园又不太方便。

"众里寻他千百度，蓦然回首，那人却在灯火阑珊处。"正当我惦记着车子的时候，2022年，新能源汽车如雨后春笋般地出现在道路中。何不买一辆新能源汽车，作为我种菜、打牌的代步。这样，一辆小巧的新能源汽车又成了我的好伙伴。

自行车—摩托车—汽车—新能源汽车，短短40余年，这是中国千千万万个家庭的用车史，这不正见证了时代的变迁和我国社会的迅猛发展吗？

假期的旅游

学校的校长，平时工作忙碌，要操心的事数不胜数。暑期安排他们旅游，可以放松他们的身心，开拓其视野。暑期安排旅游，是校长最好的心理健康调节剂。在学区管理工作实践中，我认为安排好校长们的暑期旅游是我的工作职责。每当暑期来临之际，我总是早早筹划暑期的校级领导旅游，精心挑选旅行线路，周密安排出行生活，为校长们当好后勤兵。暑期休闲尽量安排到清凉一点的地方，国内旅游按由远及近的原则安排。西藏拉萨、新疆伊宁、黑龙江黑河、云南大理等都是很好的旅游线路。

2006年假期，我们去新疆旅游。至今还有印象的是两个景点。赛里木湖，它如同一颗明珠镶嵌在祖国的西北大地。阳光下，湖水熠熠生辉，湖水的蓝色与大自然的绿色和白色交融，构成了一幅绝美的画卷，让人仿佛到了仙境。

望着伊宁那拉提草原，仿佛进入了世外桃源。我们去时是7月下旬，那里的牧草已经长得及腰了，我没有看到一根杂草。草原上绿油油的草甸沿山爬到天边，像是覆盖着大地的绿毯。天苍苍，野茫茫，风吹草低见牛羊。大家还兴致勃勃地骑了马……

又一个暑假，我们去了西藏拉萨。拉萨的天空，宛如一块巨大的画布，任凭太阳、月亮和星星在上面自由挥洒。拉萨的美，是一种震撼人心的美，它的雪山、草原、冰川等自然景观与古老的藏传佛教建

图 9-16 本人与世南中学校长严炜合影

筑相互依存，形成了世界上最壮观的景象之一。

对于我安排的假期旅游，凤山与兰江两个学区的校长们感觉都很棒。有位校级领导曾经在老城区四个街道的学校都任过职，但他却对于我安排的假期旅游情有独钟。

第十章

退休赋闲：莫道桑榆晚，为霞尚满天

2016年10月，我光荣退休。兰江街道教育辅导室为我安排了欢送晚宴，陆续有10余个学校为我设宴欢送。感谢！感谢！再感谢！

莫道桑榆晚，为霞尚满天。轻轻拥抱岁月，细品时光的美好。在退休之后的日子里，让我们悠然自得，感受岁月的沉淀。

第一节 阅读欣赏

有人说，阅读能改变人生。我认为，阅读虽不能改变人生的长度，但可以改变人生的宽度与厚度。通过阅读，我们可以视通四海，思接千古，与智者交谈，与伟人对话。阅读让我们在超越世俗生活的层面上，建立起精神生活的世界。

工作时，阅读的功利性比较强。退休以后，我们没有了工作的压力与束缚，可以更加自由地选择自己感兴趣的书籍进行阅读。

人的兴趣往往受外界的影响。我是个电视爱好者，河北电视台的"中华好诗词"与中央台的"中国诗词大会"两个文化类栏目深深吸引了我。那段时间，我每期必看，于是对诗词产生了浓厚的兴趣。

为了增加自己的诗词储备，我阅读并抄背了《诗经》《楚辞》《唐诗三百首》《宋词三百首》《元曲三百首》《李白诗选》《杜甫诗选》《苏轼诗词选》《李清照全集》《毛泽东诗词解读》《最美古诗词》《元明清诗选》等。

我还阅读了《中国诗词大会》栏目组编著的《中国诗词大会》（第一季）（第二季）（第三季）（第四季）（第五季）等。

退休以后，有的是时间，古诗词我以理解与抄写为主的方式学习，有的篇幅比较长，就反复抄写，最多的抄写了7遍，如《离骚》《蜀道难》《琵琶行》《长恨歌》《春江花月夜》等。

中华民族是一个诗意的民族，而诗歌恰恰是中华文化中最美的篇章。沧桑岁月，大浪淘沙。诸多事物都随着时间的流转而纷纷消逝，但诗歌却永远留存了下来。几千年来，它跨越时空，穿越古今，形成了一股巨大的审美张力，吸引着国人，最终凝聚成一座丰富灿烂的民族文化宝库。

诗歌给我以启示，给我以智慧，给我以力量。对诗歌有了一定积累后，我对"四书五经"产生了浓厚的兴趣。我花了整整3年时间来阅读它。"四书五经"是"四书"与"五经"之合称。"四书"之名始于南宋朱熹，"五经"之名则始于汉武帝之时。向为历代儒学首要研学之经书。"四书"即《论语》《大学》《中庸》《孟子》。"五经"即《周易》《尚书》《诗经》《礼记》《春秋》。

"四书"我是按照上面排列的顺序阅读的，阅读的方法是边读边注，不放过任何一个生僻疑难的字词，绝不囫囵吞枣，务求读通读懂。为此，我还专门购买了《古代汉语字典》和《古代汉语词典》用作工具书。

《论语》与教育工作关系密切，在工作时，我便已读过两遍，退休后重温，深觉它是中华文明当之无愧的精髓，确实是品读的经典。10分钟精心阅读，一辈子受益无穷。它不仅蕴含了儒家思想的核心内容，也是儒家学说认识论和方法论的集中体现。

品读《大学》《中庸》，开启人生智慧。"大学之道，在明明德，在亲民，在止于至善。""欲治其国者，先齐其家；欲齐其家者，先修其身。""君子之道，辟如行远必自迩，辟如登高必自卑。""故君子尊德行而道问学，致广大而尽精微，极高明而道中庸，温故而知新，敦厚以崇礼。"

《孟子》一书是我最感兴趣的。它的思想核心包括性善论、仁政、王道等概念。孟子认为人性本善良，人们应当通过教育实现自我完善和社会和谐。孟子的政治思想强调仁爱、正义和礼义。他提出著名的"民为贵，社稷次之，君为轻"的民本思想，至今都有现实意义。

阅读"五经"后，我特别钟情于《易经》。为了更深刻理解它，我阅读了两遍，并且摘抄了它的主要内容及精句，感慨良多。

中华传统文化不仅源远流长，而且在思想上具有高度的原创性和独特性，《易经》就是最好的例证。正如"四书五经"丛书的总序中表述的那样：《易经》号称"万经之首"，是中华文明的灵魂和密码。它是古代汉民族思想、智慧的结晶，被誉为"大道之源"。它广大精微，包罗万象，其中更有中医典籍，古代兵法，风水玄学，亦是中华文明的源头活水。

如今的阅读，已经少了昔日的功利性，读起来比较从容，再加上岁月的积淀，思考起来往往也比较深刻，让我受益匪浅。

第二节　回归田园

父亲留下了一亩承包田，他健在的时候种了梨树，四周用枸杞作篱笆，后来，枸杞间长出了 8 株樟树，可能是鸟儿的贡献。樟树渐渐长大，它喧宾夺主，遮住了一大片农田。当我退休时，梨树老化了，我将果园改成了菜园。

种菜，我是老把式。辍学后的 5 年务农，让我掌握了农业劳动的全套基本功。退休赋闲正是回归田园的最佳选择。

田园生活，是一幅波澜壮阔的画卷，那里有明媚的阳光，有清新的空气，有婆娑的树影，有金黄的稻田。在这里，人们与自然和谐共存，享受着大自然的馈赠。

因为菜园四周被樟树环绕，那里成了鸟的天堂，早些年种的蔬菜是无法保存的。只有每年 10 月 1 日前后，稻子成熟了，鸟儿也有了粮仓，就不会来光顾我的菜园了。我就开始除草、掏地、划畦、播菜……

我先播种萝卜，有"六十日头"与"韩雪"两种品种，"六十日头"适合炖着吃，而"韩雪"适合做酱油萝卜，晒萝卜干。同时播种弯头菜、凤凰菜。接着播种"改良夏帅"与"黑大头青菜"。最后，播种"弥陀芥"与鸡心菜。

10 月份早上劳动，那时气温尚高。6 点时，太阳从地平线渐渐上升，阳光洒在大地上，赋予了每一寸土地生命与希望。农夫们在这片土地上耕耘，犹如艺术家在画布上挥洒色彩，呈现出一幅充满生机的田园画卷。

12 月份下午去菜园，那时总体气温较低。午后的阳光，温暖而柔和，洒在静静的菜园里，我悠闲地在其中劳作，享受着这个时间的宁静。施一点肥、除一下草、收一篮菜……基本上，我家一年中有半年的蔬菜是能自给的。

其次，就是种植一些豌豆、大豆之类的作物。这些作物的种子容易储藏，只要放在冰柜里，一年四季都可以享用。

田园生活，降低了我的"三高"，节约了健身成本，还收获了新鲜蔬菜，真是一举多得。

在畈周老房子四周的庭院里，我还种上了果树：砂糖橘、红美人、象山青、金橘、脆柿、水蜜桃、五月桃、枇杷、李子……

东边院子里，有一棵文旦树，那是我 10 岁时种下的，但是没有经过嫁接，虽然果实很多，但是不好吃。快要退休的时候，我请肖东二小的老校长袁银灿帮忙，介绍了一位果木嫁接专家，给这棵有 50 多年树龄的文旦树动了"手术"。现在，这棵嫁接的蜜柚焕发了青春，每年能贡献 100 多颗大蜜柚，而且味道越来越好。蜜柚收获的季节，给老友送几个，给同事送几个，给亲戚送几个，给邻居送几个，给周边的人送几个……把蜜柚分享给更多的人不是一件让人很惬意的事吗？

第三节　旅游休闲

乘着改革开放的东风，借着培训、考察学习的名义，我去过不少地方，国内的城市也去得不少。

我妻子黄素琴是个自由职业者，前几十年出去旅游的机会较少。我工作期间，家里的事务都是她操劳的，心里总觉得亏欠她很多。现在退休了，是时候可以弥补了。

我 2016 年 10 月退休时有个计划，准备夫妻俩从 2017 年开始，每年花 10 万元人民币到国外去走一走，最好能到达地球上的七个大洲，每个大洲选择一个或几个国家旅游，也不枉来到世上走一遭。计划从远到近，因为年迈时跑得太远是吃不消的，70 岁以后出国就不方便了。

2017 年 10 月，我们夫妻俩先去了泰国旅游。

2018 年 11 月 4 日，我们夫妻俩踏上了去欧洲的行程。

2018 年 11 月 5 日，我们游览了位于意大利首都罗马市内的罗马角斗场遗址，它是古罗马的象征。它是罗马帝国征服耶路撒冷后，为纪念皇帝威斯巴西安的丰功伟绩而建的，是世界文化遗产之一，它的建筑风格甚至一直影响着现代大型体育馆的建筑。

图 10-1　黄素琴在罗马角斗场遗址留影

11 月 6 日早餐后，我们前往意大利第二大都市、意大利经济及商业中心的米兰，前卫与时尚的设计理念在此汇聚，使米兰成为潮流的代名词。来到堪称北意大利哥特式建筑经典之作的米兰大教堂，观赏了经典的哥特式建筑，感受了它巧夺天工之妙。然后穿越气势非凡的埃马努埃尔二世长廊，前往斯卡拉歌剧院广场，寻访达芬奇雕像。我还在米兰奥林匹克篮球俱乐部商店为外孙女买了顶帽子，但买来后她不喜欢。

11月7日旅行团前往意大利亚得里亚海的明珠——水城威尼斯，那里昏暗小巷的热闹喧扰，幽静广场的灿烂阳光，随着潮起潮落与高亢歌声，谱出永恒的浪漫传说。

我们乘船抵达圣马可广场，沿途欣赏水都城市风光。此外，威尼斯共和国总督居所道奇宫、叹息桥等历史陈迹，令人思古抚今。我们还参观了冶炼玻璃艺术精品的水晶玻璃博物馆。

在这水天相连的都市，我们感受了当地人出行的日常和惬意。

图 10-2　夫妻俩在水城威尼斯的小艇上留影

图 10-3　周仁康在新天鹅堡留影

11月8日我们驱车来到了德国新天鹅城堡。它位于阿尔卑斯山麓。

新天鹅城堡是德国的象征，由于是迪士尼城堡的原型，也有人称其为灰姑娘城堡。

这座城堡是巴伐利亚国王路德维希二世的行宫之一。共有360个房间，其中只有14个房间依照设计完工，其他的346个房间则因为国王在1886年逝世而未完成。此城堡是德国境内游客拍照最多的建筑物，也是最受欢迎的旅游景点之一。

11月9日，我们来到了瑞士茵特拉肯观赏这个风景如画的名表小镇。在茵特拉肯观赏了小木屋，诗和远方大概如此！山脚下的湖边小木屋，恋人们的梦中情屋；在这里的草坪上，游客可以体验滑翔伞。当然，导游不会忘记让游客购买瑞士手表，安排逛名表店的时间是最充裕的。

图 10-4 黄素琴在瑞士茵特拉肯小镇留影

11月11日，我们来到了法国，参观了埃菲尔铁塔，它矗立在法国巴黎市战神广场上，旁靠塞纳河，是法国政府为举行1889年世界博览会，用以庆祝法国大革命胜利100周年进行建筑招标后，最终建立的。其始建于1887年1月26日，于1889年3月31日竣工，并成为当时世界最高的建筑。为了拍到全貌，我们只能走到远处进行拍摄。

图 10-5 黄素琴在埃菲尔铁塔旁留影

埃菲尔铁塔旁设计了一个免费的花园，使此地成为"埃菲尔铁塔体验"中的一个独立空间，在花园里可以进入广场随后进入埃菲尔铁塔。花园中有垂柳、雪松、七叶树等60多种树木，20,000株灌木，以及2000种四季皆宜的多年生植物，园内还有一棵1814年种植的梧桐树。

11月12日，我们参观了凯旋门。凯旋门正如其名，是一座迎接外出征战的军队凯旋的大

图 10-6 黄素琴在凯旋门前留影

门。它位于法国首都巴黎市中心城区香榭丽舍大街，地处巴黎戴高乐星形广场中央，是为颂扬奥斯特里茨战役胜利，由法兰西第一帝国皇帝拿破仑主持修建的一座纪念性建筑，是法国国家象征之一、法国四大代表建筑之一、巴黎市地标纪念碑。

然后，我们步行进入了香榭丽舍大街，欣赏了法国的各式建筑，品尝了法国大餐。

11月13日，我们参观了法国博物馆卢浮宫。它位于法国巴黎市中心的塞纳河北岸，位居世界四大博物馆之首。它始建于1204年，原是法国的王宫，居住过50位法国国王和王后，是法国古典主义时期最珍贵的建筑物之一，后来用以收藏丰富的古典绘画。

在卢浮宫里，有3件价值连城的传世之宝，分别是爱神维纳斯雕像《断臂维纳斯》《胜利女神像》和达芬奇的《梦娜丽萨》。

2019年10月22日，我们夫妻俩踏上了大洋洲这片神奇的土地。澳大利亚与新西兰，是两个美丽的国度，一次游历，双倍的快乐。

次日，我们游览了澳大利亚蓝山山脉国家公园。山上生长着各种桉树，满目翠蓝。桉树是常绿乔木，树干挺拔，木质坚硬，含有油质，可以提取挥发油，其挥发的油滴在空气中经过阳光折射呈现蓝光，因而得名蓝山。

图 10-7 黄素琴在澳大利亚兰山国家公园留影

蓝山气候宜人，曲径迤逦。这里有高450米的三姐妹峰、吉诺兰岩洞、温特沃思瀑布和鸟啄石等名胜。

10月24日，我们随团游览了悉尼歌剧院。悉尼歌剧院坐落在悉尼港的便利朗角，外形犹

图 10-8 本人在悉尼歌剧院外留影

第十章 退休赋闲：莫道桑榆晚，为霞尚满天

如即将乘风出海的白色风帆，由 10 块大"海贝"组成。其特有的风帆造型，加上作为背景的悉尼海港大桥，与周围景物相互呼应，构成了一幅美丽的画卷。

当天下午，我们又参观了悉尼大学。悉尼大学是世界著名公立研究型大学，是整个南半球首屈一指的学术殿堂和全球著名的高等学府之一，被誉为"世界最美大学"之一。

悉尼大学是世界上最早根据学术成绩录取学生的大学。悉尼大学的研究水平非常雄厚，悉尼大学的发明包括心脏起搏器、黑匣子、WIFI 无线网络技术等，为世界的文明和发展做出了不可磨灭的巨大贡献。

图 10-9　本人在悉尼大学留影

图 10-10　夫妻俩与考拉合影

10 月 25 日，我们参观了悉尼塔龙加动物园。塔龙加动物园位于新南威尔士州首府悉尼，地处悉尼港北岸临海的小丘陵上，悉尼歌剧院的斜对岸。它是悉尼的一座城市公园，也是悉尼著名的旅游景点。

塔龙加动物园内饲养着各种大洋洲代表性动物如考拉、袋鼠、袋熊、鸭嘴兽、鸸鹋等，还有黑猩猩、企鹅、水獭、犀牛、海豹、浣熊等。最吸引游客的是与考拉合影。我们夫妻俩也与考拉来了个亲密接触。

10 月 26 日，我们乘坐飞机跨越海峡来到了新西兰。从机场直奔奥克兰帆船码头。这个位于新西兰奥克兰市中心的船港码头，被誉为"千帆之都"。当地，每 5 户人家就有一户拥有船只，停船费用高昂。人们可以在这里享受海港风景、钓鱼和美食，感受海港生活的乐趣。

241

达善之旅 >>>

帆船码头出发，我们的旅行车开进了位于新西兰罗托鲁瓦市区的华卡雷瓦地热保护区。我们迈步进入园区，只见园区内烟雾缭绕，可以闻到很浓烈的硫黄味，不时喷发的擎天水柱，蔚为奇观，据导游说，这个间歇喷泉的一次喷发量堪称世界之最。

游客纷纷驻足摄影留念，我也拿起手机给夫人在这个地热间歇喷泉前留了个影。

从地热保护区出来，我们又游览了罗托鲁瓦市政花园。罗托鲁瓦市政花园内有许多特色建筑，其中包括罗托鲁瓦艺术和历史博物馆、波利尼西亚温泉。此外，园内环境宁静优雅，适合游客散步放松，欣赏热带风景。

图 10-11　黄素琴在奥克兰帆船码头留影

图 10-12　黄素琴在地热间歇喷泉留影

图 10-13　本人在罗托鲁瓦市政花园留影

10月28日，在我们从新西兰返回澳大利亚途中，我在新西兰机场购买了一件羊绒衫，它至今还温暖着我。

10月29日，我们来到了黄金海岸，它是澳大利亚的第七大城市，因为温暖的海水和金色的沙滩而享有盛誉。这里临近大西洋，有漫长的海岸线与天然的海滨浴场，每年都有数百万游客接踵而来。来到黄金海岸除了漫步海滩之外，还可以进行相当丰富的水上运动，如冲浪、划桨等。

在黄金海岸除了玩水，主题公园也是他们的一大特色。这里聚集了4个顶级主题乐园：华纳兄弟电影世界、梦幻世界、海洋世界、狂野水世界。

10月30日，我们还参观了墨尔本大学。它始建于1853年，是一所位于澳大利亚墨尔本的公立研究型大学。

图10-14 夫妻俩在黄金海岸留影

截至2023年，墨尔本大学共培养了4位澳大利亚总理、5位澳大利亚总督以及9位澳大利亚州长。墨尔本大学的校友、教授及研究人员中，共产生了8位诺贝尔奖得主、120位有"全球青年诺贝尔奖"的美誉的学者。

这次在大洋洲的旅游，我们欣赏到了异域风情，饱览了这里壮观的自然风景，感受了这里独特的文化。

休闲是指以各种"玩"的方式求得身心的调节与放松，达到生命保健、体能恢复、身心愉悦的目的的一种业余生活。科学文明的休闲方式，可以有效促进能量的储蓄和释放。休闲是一种心灵的体验。

图10-15 黄素琴在墨尔本大学留影

休闲的种类很多。我退休后日常的主要休闲方式有两种。一是约几个好友打打牌；二是与好友一起参加农家乐。

我们打的是"双红心"，两两成对。我们重在玩的过程，不赌钱，这样不会伤感情。但社会上打麻将的人比较多，打双红心的搭档难约，好在我工作时和许多领导与同事成了朋友。因此玩双红心的搭子还是比较多的。在凤

243

山学区，我们历任东风校长加上街道办事处的部分领导有一个双红心群；在兰江学区，我们又有一个以校长为主的多人双红心群；师范同届校友赵百杨的一个高中同学会所，也是我常去打双红心的地方；舜江名苑居民的架空层中，我也偶尔参与活动。所以每周能打双红心2~3次。

每周六或周日的下午，是兰江学区的双红心群约打牌的固定时间。午后1点半准时开始，傍晚5点左右结束，常有人主动请客，喝点小酒，谈天说地，不亦乐乎。

叶国良是我培训班的同学，后来调到兰江学区的世南小学任党支部书记，我俩接触的机会较多。他的休闲活动十分丰富，常去农家乐，也常约我前往。每年去五六次，每次五六天。我们去过磐安的乌石村、陈村，去过丽水遂昌的南尖岩、湖州安吉、诸暨五泄等。

农家乐是个不错的选择，性价比很高，包吃住每天只花100元左右。特别在每年6月到9月期间，也兼有避暑的功能。一堆朋友早上起来走走路，上午去往当地的小景点游览，饭后睡个午觉，下午打牌，

图10-16　黄素琴在磐安陈村农家乐附近景点留影

晚餐后散步，归来再打牌。炎热的夏天，我们就这样日复一日，清凉悠闲，其乐无穷。

第四节　房奴故事

用今天的汗水和努力，换取明日的舒适与安稳。做房奴，虽然责任在肩，但也是对未来美好生活的一项投资。

第十章 退休赋闲：莫道桑榆晚，为霞尚满天

在父母的再三催促下，1988年5月，我在畈周祖屋的地基上，建了两楼一平台的房子。那时，许多建材要凭票购买，水泥票是马渚区校的总务主任胡黎明老师帮我搞来的，红砖票是全家人去余姚城隍庙商场那边排队获得的，做窗栅栏的钢筋是我妻弟黄建康送我的，黄沙与石料是我们夫妻俩搬运的……

图 10-17 本人在老家畈周的小楼

木材没有购买，一切来自祖屋，其他建材也基本来自祖屋。

那时，自己没有多少钱，不够，亲戚朋友帮忙凑。记得借我最多的是师范校友熊守迪，因为他头脑灵活，边工作边做打火机配件生意，赚了不少钱，而他又乐于助人。

房子刚建好，尚未粉刷，遇上了当年的7号台风，又称"八八"台风（风力13级）。我们夫妻俩"要房不要命"，晚上居然睡在新建房子的楼上。虽有点小插曲，但最终化险为夷。几天后，听到台风当晚有新建房子倒塌的传闻，感到一阵后怕。

父母逝世以后，房子年久失修。2019年下半年，我只得重修畈周的房子，换了屋面，抬高了地面，新砌了南墙，重做了粉刷，外墙喷涂了真石漆，还垫高了四周的场地，浇筑了水泥地，搭建了凉棚……我花了35万元人民币，用了整整65天，终于在年底完工。

在余姚城区，我是个真正意义上的无房户，长期居住在学校宿舍也不是办法，但是购买商品房财力相差太远。

房屋的每一寸空间，都承载着我们对家庭的热爱与期待。成为房奴，让幸福从拥有一份属于自己的空间开始。

1995年10月的一个星期天午后，我接到了我的前任校长，现任的余姚镇教育辅导室副主任、小学教育党总支书记徐乾霖的电话，他告诉我，现在

有一套中学线的教师集资建房，问我要不要？价格比商品房便宜得多。这真是雪中送炭！老同学的友谊不是一般人能想象的，我心中热乎乎的，感激之情溢于言表。就这样，我在城区终于有了自己的房子。拿到这套面积79平方米房子，我立马装修，年底搬入了属于自己的小屋。我妻子满意地说："现在我们不用再为住房担忧了。"

6年过去，居住在集资房里的许多家庭陆续购买了商品房，我很羡慕，想把房子换大一点的念头出现了。2001年春，有一天碰到了余姚镇党政办主任祝建平（他在实验小学工作时与我搭班），我与他聊到了想换房子的事，他说："周老师，正巧余姚镇舜奇公司的几套科技人员的宿舍楼要处理掉，每套面积100多平方米，价格也比较优惠，你要抓紧机会。"于是，在祝建平的带领下，到舜奇科技楼挑选了301室，面积113平方米，还是套白胚房，三间朝南，还有大东窗，我一锤定音购买了下来。

2022年5月，学校所在的舜江名苑小区第一、二期建成了，它算是当时余姚最高档的住宅小区，建筑风格在当时的余姚也是最时髦的。看到建成的舜江名苑小区，心里特别羡慕，但是囊中羞涩。

一个星期天，我抱着去试试看的心理，将现有的两套房子挂在中介，我上午9点挂出，当我11点回家时，买主已捧着2万元现金堵在我家门口。就这样那套集资房以21万的价格卖掉了。

当天下午，我约了舜大房产负责这个小区建设的吴副总，去看尚未卖出的房子，看了10多套，没有一套中意的。吴副总对我说："周校长，现在看的都是人家拣下的，不可能买到满意的房子。我建议你在三期中挑一套，因为三期将开工，尚未销售，你是第一个挑的。"这样，就在吴副总办公室的图纸上挑了一套。说来也惭愧，这套房子总价42万元，我贷款26万元。当时我的工资是余姚小学线最高的，每月2950元，每月归还房贷2500元。生活拮据是可想而知的。

绝不是我一个人做房奴，我们这一代人几乎都是房奴。因为房屋是家的基石。做房奴，我们用责任和坚持，铸造了属于自己的温暖家园。

<<< 第十章　退休赋闲：莫道桑榆晚，为霞尚满天

第五节　悦事连连

夕阳童唱心头暖，乐享天伦醉语扬。在我们的婚龄时代，国家提倡一对夫妻生育一个孩子，因此我们只有一个女儿。女儿结婚后，也生了个女儿，取名黄一涵。根据五行学说，孩子缺水，故名中有个"涵"字；小夫妻俩开始给她取名黄语涵。我在网上尝试取名，发现将"语"字换成"一"字，评分从76分提高到99分，于是建议取名黄一涵。这个名字自然寄托了我们两辈人的期望。

外孙女上幼儿园是她爷爷接送的，那时，我们夫妻俩尚在上班。我们退休后，正遇上她上学，她的户口也报在我家，自然在东风小学上学。虽然我家离学校只有100米左右，我还是从一年级到小学毕业陪伴她上学与放学。中午与傍晚放学，是我们祖孙交流最频繁的时刻，她很愿意和我分享一天中班级或学校发生的各种趣事与见闻，偶尔也会咨询学习上的疑难问题。

在小学期间，她的学习我们从不用过问，因为她属于既有灵气又很自觉的孩子。小时候身体不是很好，经常感冒，一感冒就发高烧，我们很担心她感冒。有一次，她严重感冒，在家休息了一个月，回校当天正遇上语文考试，结果考了全班第一。后来语文老师曾将这件事作为正面教材教育班上的学生。

黄一涵初中是在余姚市实验学校就读的，因为学校重点高中的升学率高，学校声誉好，生源比较丰富，初中每个年级有14个班，学额也足。读初中接送是由我女儿夫妻俩负责的，他们都有工作要忙的时候，我就作为预备队员顶上。

图 10-18　黄一涵小学时的照片

247

初中至今已读了一年半，成绩也过得去。但她每次考试后总说考得不好，这个知识点答错了，那个题答得太粗心了。有一次科学考试后，她回家埋怨自己没有考好，情绪好像有点低落。我女婿与我们夫妻俩都不敢问她到底考了多少分。我女儿下班回家，问她考了多少分，她说95分。我女儿追问她班上最高分多少，她说95分，深入问下去，才知道她是班上唯一的最高分。

2023年10月，她从学校拿回了8000元奖学金，原来学校是根据初一年级的总成绩评定的，她获得了一等奖。我马上兑现了之前的承诺，当天奖励给她现金8000元，她爷爷也奖励了她。黄一涵和我夫人说："外婆，原来书读得好，感觉也是挺好的。"我们戏称她是个"小财迷"。

天伦之乐是人之本性，那是血缘关系导致的。但非血缘关系的人常常也能给我带来愉悦。老同事打个电话、发个微信问问好，学生专程过来探望我，同事与学生逢年过节送点年货……心中自然会有一股暖流涌现。特别是我师范毕业以后教的第一个班级——马渚区中心小学五年级甲班，几个小学同学相约前

图10-19　与马渚区校86届甲班几位毕业生在东风小学合影

来探望叙旧，安排聚餐，还在东风小学校园合影留念。第二年又邀约去宁波叙旧，既安排聚餐又赠送礼物，实在感动，我们只有一个学年的师生之缘。

2023年某一天，我接到了一个在老家畈周教过的学生周吉钿的电话，她告诉我戚可为与他在一起。戚可为是我在马渚教过的学生。今天戚可为已成长为宁波商业银行余姚丰南支行的行长了，她为联系辖区企业跑到了畈周村，与企业主聊天时聊到了自己的小学老师是畈周人。恰好企业主周吉钿也是我的学生。师出同门，一个45年前的学生，与一个35年前的学生，都还

惦记着曾经的启蒙老师，我内心感到特别温暖。

  赋闲以后，我很像课文《老牛》中的"老牛"，有事没事总去耕作过的地方晃悠。时常听到东风小学教育集团取得了一个个瞩目成就，内心总是暖洋洋的；带过的徒弟从慈溪、宁波报喜过来，特别为他们的成长而骄傲；名师工作室的学员政治上、业务上进步了，我会兴奋不已。特别是陈燕、叶建松、徐华军相继评上省特级教师，让我这个老农民感受到了丰收般的喜悦。

后 记

善为至宝，一生用之不尽；心作良田，百世耕之有余。我出生于余姚丰北畈周村，就读于畈周小学、民主初中、丰山中学（高中），高中肄业在家务农5年，初为人师当民办教师7年，锦堂师范读书2年，马渚区工作7年（其中，区中心小学3年半，区辅导学校3年半），市实验小学工作3年，余姚镇中心小学（后改名为"余姚市东风小学"）工作10年，街道教辅室工作15年（其中，凤山9年，兰江6年），退休后赋闲至今。我的前半生，一路前行，一路成长；一路付出，一路收获，堪称达善之旅。

人间有好人，人世自温暖。

十月胎恩重，三生报答轻。亲爱的父母，感谢你们给予我生命，为我照亮前行的道路，让我拥有今天的一切。

至高至明日月，至亲至疏夫妻。亲爱的家人，谢谢你们的陪伴，你们的无私付出，让我感受到了世间最真挚的情感。

师恩难忘意深浓，桃李人间茂万丛。丁玄龄、朱婉庭、白晓明、周建达等老师，你们的教诲如春风，吹拂着我的心田，你们的培养如阳光，照亮着我的人生。亲爱的老师，感谢您的培养，让我在知识的海洋中航行。

岁月如歌，青春如梦。同窗情谊如同人生的诗篇，留存着每一个美好的瞬间。徐乾霖、杨忠燕、陈新、陈洪逵、岑岳良等同学，感谢你在我学习路上的陪伴，你的启发与提携是我前行的动力，感恩有你。

贵人的帮助，是成长路上的明灯。魏新友、史久键、严建军、杨汉昌、杨一清、黄孝源等领导，你们是我生命中的贵人，谢谢你们的帮助，让我的

<<< 后 记

人生道路更加顺畅，我会珍惜这份感激之情。

同门为朋，同志为友。范红月、陈百初、胡亿钧、邵伯良、万银巨、柴利波、顾伟民、熊鹰、钟悦芳等同事，感谢你们，我的同事。你们的付出让我的工作更加高效；你们的努力和贡献是东风小学获得成功的关键，我深感骄傲和荣幸能和你们共事。

一路走来，我想对所有帮助过我的人说声谢谢。你们的善良和无私的付出，让我懂得了人间自有真情在。每一个微小的帮助，都为我人生的道路铺设了璀璨的砖石。这一切的一切，不都是达善之举吗？

回忆是一种温暖的力量，它总能带给我无尽的感慨与启示。当我回首往事时，曾经那些美好时光仿佛又呈现在我眼前，而我也仿佛回到了那个美好的时代。为此，在读完"四书五经"的赋闲时光里，撰写了这份回忆录（2023年12月3日开始动笔，2024年1月23日完成初稿）。在我撰稿过程中，得到了许多支持与帮助，在这里一并表示感谢。

感谢东风小学教育集团现任领导——学校党总支书记叶建松、总校长邹渭灿等对我撰写回忆录的大力支持与鼓励。

感谢徐秀清、苏宏青等老师积极为我提供学校档案；感谢蔡忠海老师为我提供兰江教辅室的档案去向，这使我的回忆录更加翔实准确，也节省了我撰稿的时间。

感谢任丰、马银娟、黄梦娇等教职员工为我提供计算机专业技术方面的帮助与支持，让我顺利输入了书稿，同时也学到了新兴技术。

感谢陈淑芬等老师为我四处寻找并提供东风小学新校园的模型，让我的书稿图文并茂。

回忆录是时间的见证，让我们在岁月的长河中留下自己的足迹，证明我们曾经来过这个世界，并留下自己的印记。

龙行龘龘，前程朤朤。新的一年即将到来，愿大家人生的达善之旅更加顺畅。

周仁康

2024年2月1日